novum pro

HERMINE **MERKL**

ERKENNE DEIN WAHRES SELBST UND LEBE DEIN LICHTVOLLES POTENTIAL!

novum pro

Bibliografische Information der Deutschen Nationalbibliothek:

Die Deutsche Nationalbibliothek verzeichnet diese Publikation in der Deutschen Nationalbibliografie. Detaillierte bibliografische Daten sind im Internet über http://www.d-nb.de abrufbar.

© 2021 novum Verlag

ISBN 978-3-99131-119-5
Lektorat: Leon Haußmann
Umschlagfoto:
Vieriu Adrian | Dreamstime.com
Umschlaggestaltung, Layout & Satz:
novum Verlag

Gedruckt in der Europäischen Union auf umweltfreundlichem, chlor- und säurefrei gebleichtem Papier.

www.novumverlag.com

Inhaltsverzeichnis

Widmung

Ein Leben ohne Gott ist kein wirkliches Leben. Ein Leben mit Gott jedoch reinste Seligkeit!
Ich danke Gott aus ganzem Herzen, dass er mich auf seine wunderbare Art und Weise durch mein Leben führt.
DANKESCHÖN!

Einführung

„Erst wenn unser normaler Alltag nicht mehr normal ist, merken wir, wie wertvoll ein normaler Alltag ist." – *Autor Meerweh*[1]

„Corona" – Ist es wirklich dieser kleine Virus, der uns derzeit so sehr beschäftigt, oder hat die Situation, in der wir uns weltweit alle miteinander befinden, nicht einen ganz anderen, viel tieferen Ursprung?

Unser aller Leben ändert sich gerade gravierend. Wir sehen uns vor Herausforderungen gestellt, deren Ausmaße wir noch gar nicht abschätzen können. Das Einzige, was derzeit klar ist, ist, dass wir allesamt in eine eklatante Krise geraten sind, aus der wir nur mit vereinten Kräften wieder herausfinden können. Wenn ich „vereinte Kräfte" sage, beabsichtige ich damit jedoch keinen Aufruf zu einer Demonstration. Das ist nicht mein Weg. Demonstrationen dienen zwar immer wieder mal der Bewusstwerdung, dass es zu all den Maßnahmen von staatlicher Seite her auch massive Gegenstimmen gibt. So gesehen hat eine Demonstration durchaus ihre Berechtigung, solange sie friedlich verläuft. Doch ich will an dieser Stelle mit Ihnen nicht über den Sinn von Demonstrationen reden, sondern verfolge ein ganz anderes Ziel. Nach meinem Dafürhalten kann eine Veränderung, die wir im Außen so dringend bräuchten, nur dann nachhaltig, zielführend und sinnvoll sein, wenn die Veränderung zunächst in uns selbst geschieht. Was ist damit gemeint?

---

1 Quellenangabe: Meerweh. VisualStatements. Abrufdatum 15.07.2021, von https://www.visualstatements.net/visuals/visualstatements/erst-wenn-unser-normaler-alltag-nicht-mehr-normal-ist-merken-wir-wie-wertvoll-ein-normaler-alltag-eigentlich-ist-autor-meerweh/

Erst wenn uns bewusstwird, dass wir uns durch unsere eigenen Gedanken und Handlungen in genau die Situation gebracht haben, in der wir heute sind, und dass JEDER von uns – ganz egal, ob uns dies gefällt oder nicht – seinen Beitrag dazu geleistet hat, kann durch den Prozess der Bewusstwerdung unseres Denkens und Handelns sowohl in uns als auch im Außen eine Veränderung zum Positiven hin geschehen.

Ich kann Ihre anfängliche Irritation, Skepsis, vielleicht sogar Verärgerung über meine Worte sehr gut nachvollziehen und verstehen. Schließlich ging es mir vor ein paar Jahren genauso, als mir bewusstwerden sollte, dass ich für alles, was mir widerfahren war, niemanden im Außen verantwortlich machen konnte, sondern dass es mein eigenes Denken und Handeln waren, die mich in diese Situation gebracht hatten, die ich in meinem ersten Buch *Meine Seele will endlich fliegen. Raus aus der Ohnmacht – rein in die Schöpferkraft!* bereits thematisiert habe. Ich will Ihnen meine Geschichte nicht noch einmal erzählen, sondern diesmal vielmehr darauf eingehen, warum in meinem Leben Krise und Krankheit unausweichlich waren. Zwar brachten sie mein komplettes Leben durcheinander, sodass von dem „Puzzle" („Mosaik") meines Lebens kein „Puzzle-Steinchen" („Mosaik-Steinchen") mehr auf dem anderen blieb, doch war diese Erfahrung sehr, sehr wichtig für mich. Hat sie mich letztlich doch zu dem Menschen gemacht, der ich heute bin. Die Person, die ich damals war, gibt es nicht mehr. Dieses „alte Kleid" habe ich inzwischen abgelegt. Dabei ging es mir ähnlich wie den Tieren (Schlangen, Echsen …), die sich ebenfalls im Laufe der Zeit immer wieder einmal häuten. Häuten warum? Häuten wozu? – Um all das Alte, das nicht mehr passend ist, abzustreifen. Es abzulegen.

Auch mir passte das „Korsett der Vergangenheit" nicht mehr, in dem ich 55 Jahre gelebt und – so gut ich konnte – funktioniert hatte. Zwar war ich mir damals noch nicht bewusst, dass mich Krankheit und Krise durch einen so lebensverändernden Prozess führen sollten, doch heute kann ich sagen, dass ich inzwischen froh bin, dass die Dinge waren, wie sie waren, weil sie mich unwahrscheinlich Vieles gelehrt haben. Wenn ich mein Bewusstsein von damals und heute vergleiche, dann liegen da Welten dazwischen. Unfassbar, was mit uns geschieht, wenn wir uns einverstanden damit zeigen, das Alte, das Vergangene loszulassen, damit etwas Neues entstehen kann.

Loslassen wurde für mich zu einer Pflicht. Egal, ob dies Überzeugungen, Glaubenssätze über mich, andere Menschen, meine Arbeit sowie mein Denken über Gott und die Welt waren. Kommen wir dieser „Pflicht" uns selbst gegenüber nicht nach, bleiben wir ewig in den alten erlernten Mustern unserer Gedanken und Verhaltensweisen aus Kindertagen gefangen, die uns jedoch nicht länger guttun, denn sie alle sind Muster, die uns begrenzen. Gedanken, die uns ohnmächtig, klein und unscheinbar halten. Die uns daran hindern, unser wahres Potenzial zu erkennen und dieses bewusst zu leben.

Wer meine ersten beiden Bücher gelesen hat, der weiß, durch welche Prozesse ich in den letzten Jahren geführt wurde. Und ich darf an dieser Stelle tatsächlich von „geführt" sprechen, denn es war Gott, der mich durch diese ganze Zeit intensiv begleitet hat. Er hat mich so vieles gelehrt, wofür ich ihm unendlich dankbar bin. Und wenn ich eines mit absoluter Gewissheit sagen kann, dann ist es dies: Gott ist nicht nur für mich da. Er ist für uns alle da und wünscht sich nichts mehr, als dass wir wieder mehr in Kontakt mit ihm kommen. Dass wir uns seiner wieder bewusstwerden. Ihn wieder mehr zu einem festen Bestandteil unseres Lebens machen, denn alles, was sich uns an Heilung und positiver Veränderung im Leben zeigt, haben wir ausschließlich ihm zu verdanken.

Es gibt zwar viele Menschen, die glauben, dass Krise und Krankheit oder gar der Krieg ebenfalls von Gott gemacht sind, weil er zulässt, dass uns derartige Schicksalsschläge ereilen. Doch sind sie wirklich von Gott gemacht? – NEIN! – NEIN! NEIN! NEIN! – Sie sind allesamt von uns selbst gemacht. Zwar gab es bereits zu allen Zeiten immer wieder Menschen, die behaupteten, dass sie selbst Kriege im Namen Gottes führten, um das scheinbar „Böse" aus der Welt zu verbannen oder um diese Macht zumindest zu schwächen. Doch stimmt das? Hat Gott ihnen tatsächlich den Auftrag dazu erteilt? Meine Antwort darauf ist ein klares „NEIN".

Wir leben zwar in einer Welt der Dualität, in der es neben „schwarz" auch „weiß" und neben dem „Frieden" folglich auch den „Krieg" gibt. Doch ist es Gottes Absicht, uns bewusst in einen Zustand des Krieges zu führen, der letztlich alles zerstört, was Gott erschaffen hat? Ich glaube, Sie stimmen mir hier zu und sagen selbst ebenfalls beherzt „NEIN", denn das kann nicht sein. Das würde ja bedeuten, dass es neben dem Gott, der der Schöpfer der Welt ist, auch einen Gott geben muss, der das, was er erschaffen hat, willentlich auch wieder zerstört. Glauben Sie das? Glauben Sie das wirklich? – Meiner Meinung nach kann dies definitiv nicht sein, denn das ergibt überhaupt keinen Sinn.

Zwar lässt Gott es zu, dass es in diesem „Welten-Theater" neben dem „Guten" auch das sogenannte „Böse", das „Negative" gibt. Doch warum? – Damit wir an all diesen negativen Beispielen lernen können, was uns nicht wirklich guttut. Auf diese Art will er uns helfen, zu erkennen, was es zu meiden gilt, denn indem wir die Auswirkungen des Negativen schmerzhaft erleben, wird es indirekt durch jeden einzelnen von uns so in Schach gehalten, dass es nicht zu mächtig wird oder eines Tages gar die Überhand bekommt. Gott hält uns sozusagen mit beidem, dem Guten wie dem Schlechten, einen Spiegel vor, in den wir schauen können, um festzustellen, ob uns das, was wir darin sehen, gefällt.

In Wirklichkeit reicht Gott jedem einzelnen von uns seine Hand, wie wir dies am Schönsten in dem Fresko „Die Erschaffung Adams" von Michelangelo Buonarroti sehen können, das wir in der Sixtinischen Kapelle in Rom bewundern können. Doch ob wir diese Hand ergreifen, darüber entscheidet letztlich jeder von uns selbst. Hier können uns weder Vater noch Mutter, noch Partner/Partnerin, noch Freund/Freundin helfen. Es ist vielmehr eine Entscheidung, die jeder für sich selbst treffen muss, denn sie muss aus dem Herzen kommen. Eine Entscheidung für Gott kann keine halbe Sache sein. So wie er jeden von uns bedingungslos liebt, sollten auch wir ihn lieben, ganz egal, wie sich uns die Dinge im Außen zeigen.

Für Gott gibt es kein „Jein". Soll heißen: wir können Gott nicht halbherzig in unser Leben einladen und dann darauf hoffen, dass Gott auch weiterhin all das Gute in unserem Leben bewirkt. So wie das „Ja" zu Gott seine Konsequenzen hat und unser Leben beeinflusst, so tut dies auch das „Nein". Doch Gott liebt jedes seiner Geschöpfe so sehr, dass er unsere Entscheidung akzeptiert. Zwar wünscht auch er sich ein Leben an unserer Seite. Doch selbst dann, wenn wir uns aus welchen Gründen auch immer gegen ihn entscheiden, wird er uns dennoch lieben, da wir seine Geschöpfe sind. Interessant sind für mich vielmehr die Fragen: Warum treten so viele Menschen aus der Kirche aus? Warum tun sich so viele Menschen schwer, überhaupt an die Existenz eines Gottes zu glauben? Warum meiden viele Menschen Gott? Wie viele von uns wagen es nicht, den Namen „Gott" laut auszusprechen, geschweige denn, sich zu ihm zu bekennen?

Ich frage mich, was ist da irgendwann passiert, dass das so ist? Er ist immerhin unser himmlischer Vater. Auch wenn es manche Menschen nicht glauben: Er ist die Quelle allen Seins und lebt in jedem Einzelnen von uns. Wir können Gott nicht leugnen. Aus menschlicher Sicht ja. Da mag uns unser Ego einreden, dass es Gott nicht gibt, weil wir noch keine reale Erfahrung mit ihm gemacht haben, doch wenn wir unser Herz und unsere Seele fragen, fällt uns zum Glück die einzig richtige Antwort irgendwann wieder ein.

Dazu gibt es sogar eine wunderschöne Geschichte, die ich an dieser Stelle sehr gerne mit Ihnen teilen will. Wer mein erstes Buch gelesen hat, der kennt diese kleine Geschichte bereits, doch ich finde, dass sie auch in diesem Buch Erwähnung finden sollte. Gefunden habe ich die Geschichte „Das Versteck der Weisheit"[2] im Internet.

---

2 Quellenangabe: Das Versteck der Weisheit – eine kluge Geschichte. Abrufdatum 06.01.2021, von https://www.lichtkreis.at/gedankenwelten/weise-geschichten/versteck der weisheit/

Das Versteck der Weisheit

Vor langer Zeit überlegten die Götter, dass es sehr schlecht wäre, wenn die Menschen die Weisheit des Universums finden würden, bevor sie tatsächlich reif genug dafür wären. Also entschieden die Götter, die Weisheit des Universums so lange an einem Ort zu verstecken, wo die Menschen sie so lange nicht finden würden, bis sie reif genug sein würden.

Einer der Götter schlug vor, die Weisheit auf dem höchsten Berg der Erde zu verstecken. Aber schnell erkannten die Götter, dass der Mensch bald alle Berge erklimmen würde und die Weisheit dort nicht sicher genug versteckt wäre. Ein anderer schlug vor, die Weisheit an der tiefsten Stelle im Meer zu verstecken. Aber auch dort sahen die Götter die Gefahr, dass die Menschen die Weisheit zu früh finden würden.

Dann äußerte der weiseste aller Götter seinen Vorschlag: „Ich weiß, was zu tun ist. Lasst uns die Weisheit des Universums im Menschen selbst verstecken. Er wird dort erst dann danach suchen, wenn er reif genug ist, denn er muss dazu den Weg in sein Inneres gehen."

Die anderen Götter waren von diesem Vorschlag begeistert und so versteckten sie die Weisheit des Universums im Menschen selbst. − *Verfasser: Unbekannt*

Vielleicht ist dies für manche nicht nachvollziehbar oder nur eine Geschichte, die man kleinen Kindern erzählt. Ich selbst konnte jedoch die Erfahrung machen, dass die Aussage dieser Geschichte die Wahrheit ist, denn ich habe Gott tatsächlich in mir gefunden. Zu diesem Zeitpunkt kannte ich die Geschichte noch nicht einmal. Soll heißen: Die Antwort für das, was ich zuerst in meinem Inneren, also tief in meinem Herzen wahrnehmen und fühlen konnte, erhielt ich Monate später durch diese Geschichte. Sie war für mich die Bestätigung, dass Gott tatsächlich in jedem Einzelnen von uns wohnt, denn jetzt war ich mir sicher, dass ich mich auch wirklich auf mein eigenes Fühlen und Wahrnehmen von Gott verlassen kann, weil ich ihn zuvor bereits so deutlich spüren konnte …

Aufgrund meiner persönlichen Geschichte habe ich für mich beschlossen, dass ich mich nicht mehr länger von der Welt im Außen täuschen lassen und blind darauf vertrauen will, was mir andere sagen. Ich glaube nicht mehr an das, was sie für richtig und wichtig erachten, sondern vertraue nur noch auf das, was mir die Stimme meines Herzens sagt.

Ich habe schon viel zu lange „blind, taub und brav" vor mich hingelebt, anstatt der einzigartigen Verbindung zu vertrauen, die ich als kleines Kind in mir noch gespürt und wahrgenommen hatte, dann aber von Lebensjahr zu Lebensjahr immer mehr aus den Augen verlor, weil ich mich von so viel anderen Dingen gefangen nehmen und auch täuschen ließ. Als kleines Kind (bis etwa zum vierten Lebensjahr) war die Welt noch in Ordnung. Damals konnte ich noch an die Engel und an Gott glauben. Erst durch die Erfahrungen, die ich im Verlauf meines Lebens machen sollte, stellte ich Gott immer mehr in Frage.

Heute weiß ich, dass ich die ganze Zeit über mit einem gänzlich falschen Blick auf Gott und auf das Leben geschaut hatte. Statt mir den Gott meiner *frühen* Kindheit in Erinnerung zu behalten, in der für mich das Leben noch leicht und unbeschwert war, lernte ich spätestens ab Eintritt in die Schule, aufgrund eigener Erfahrungen sowie der Erzählungen der Erwachsenen, dass das Leben nicht nur schön ist, sondern dass es uns vieles abverlangt und uns täglich aufs Neue fordert. Viele Geschichten der Erwachsenen, die ich hörte, waren oft so voller Schwere, Kummer, Leid, Sorgen und Angst, dass ich – ohne nachzufragen warum das so ist – ihren Worten Glauben schenkte. Und so lernte ich, dass das Leben zwar hin und wieder auch Spaß machen kann und Freude bringt (zum Beispiel an Geburtstagen oder an Festtagen), doch dass es größtenteils Mühsal, Plackerei und Arbeit bedeutet. Und das so lange, bis uns eines Tages der Tod von diesem irdischen Dasein wieder befreit.

Wenn ich das alles mit meinem Wissen von heute so niederschreibe, dann erschrecke ich förmlich über die Wahl meiner Worte, die ich zur Beschreibung dessen verwende, was sich mir meiner Erinnerung nach als Kind und Teenager vom Leben zeigte. Allein wenn ich mich in diese wenigen Worte einfühle, dann kann ich die Ohnmacht, den ganzen Kummer, das Leid, das sie in sich tragen, wahrnehmen. Dann sitze ich quasi mittendrin in diesem Erleben und spüre den Druck und die Schwere dieses ganzen emotionalen Ballasts regelrecht auf meinen Schultern sitzen. Dann fällt mir sogar das Atmen schwer.

Was ich als Kind und Jugendliche diesen ganzen Erzählungen entnahm, war, dass das Leben definitiv kein Honig-Schlecken ist, sondern im Grunde genommen nur ein Ziel kennt: die Arbeit. Zwischendurch versuchen die Menschen zwar, sich mit Essen, Kleidung, Urlaubsreisen, Medien etc. etwas Erleichterung von ihrer Situation zu verschaffen, doch sobald dieses „Unterhaltungsprogramm", das ihrer Ablenkung dienen soll, endet, hat sich der Mensch wieder dem Ernst des Lebens zuzuwenden, denn schließlich kommen nur die Guten und Fleißigen ins Himmelreich. Für all die Müßiggänger und vom Weg abgekommenen hat Gott ja angeblich das Fegefeuer bzw. die Hölle vorgesehen.

Diese Bilder, dass das Leben so sein soll, ängstigten und erschreckten mich sehr. Und da ich sowohl meine Eltern als auch die anderen Menschen überwiegend nur bei irgendeiner Arbeit sah, festigte sich in mir das Bild, dass das Leben anstrengend ist. Auch in der Schule lernten wir Kinder von Anfang an, dass man nur dann mit Fleiß-Bildchen und guten Noten belohnt wird, wenn man als Schüler entsprechend fleißig ist und gute Ergebnisse erzielt. Alle anderen hingegen wurden getadelt, zählten als dumm und faul, oder mussten sich sogar anhören: „Was mag aus dir wohl mal werden?" Selbst sonntags setzte der Geistliche von der Kanzel herab meistens noch ein „Krönchen" obendrauf und predigte mit gebärdenvoller Sprache von Kummer und Leid, das die Menschheit zu ertragen hat, weil die Welt so schlecht ist, dass es der Mensch gar nicht anders verdient. „Tut Buße! Beichtet! Bekennt eure Sünden! …"

Worte, die für einen jungen Menschen, der hochsensibel ist und sich alles sehr zu Herzen nimmt, alles andere als einladend sind, um mit Freude den Gottesdiensten beizuwohnen. Diese Predigten haben mich jedes Mal extrem belastet, denn da wurde im Grunde genommen eigentlich nur Negatives thematisiert. Doch wie bitte kann man lernen, sich des Lebens zu erfreuen, wenn man von den verschiedensten Seiten her mit so viel Pessimismus und Negativität konfrontiert wird?

Ich kann mich noch gut daran erinnern, dass sich erst mit der ersten Generation neuer Geistlicher (damals war ich bereits zwölf Jahre alt) die Wahl ihrer Worte zum Positiven hin veränderte. Endlich wurde nicht mehr nur über die Schlechtheit der Menschheit monologisiert, sondern die jungen Theologen bemühten sich, mit der Gemeinde mehr in Kontakt zu treten. Was mir dabei besonders auffiel, war, dass diese Priester interessanterweise der Kanzel nicht mehr bedurften. Was für eine schöne Entwicklung, die ich als sehr angenehm empfand. Endlich wurde nicht mehr mit weit ausladenden Gesten von oben herab zur Gemeinde gesprochen, sondern vielmehr ein Kontakt auf Augenhöhe zu den Gottesdienstbesuchern gesucht. Doch trotz dieser positiven Veränderung hatten sich die Erlebnisse der früheren Jahre bereits so sehr in meinem Bewusstsein eingeprägt, dass ich Schwierigkeiten hatte, mein ursprünglich erlerntes Bild von Gott zu revidieren. Zwar habe ich es immer wieder versucht, doch es sollte mir nicht wirklich gelingen. Viel zu sehr hatte sich in mir bereits der Gedanke festgesetzt, dass Gott für uns Menschen unnahbar ist, dass er mit uns genauso hadert und schimpft, wie es die Geistlichen als die sogenannten Vertreter Gottes hier auf Erden tun, und dass er uns einst richten wird.

Ich war so eingeschüchtert von diesen ganzen Worten, dass ich davon überzeugt war, dass der Mensch schlecht ist und im Verlauf seines Lebens im „Büßergewand" sein Dasein fristen muss, um sich bei Gott auf diese Art den Nachlass seiner Sünden zu verdienen. Tatsächlich war ich so naiv zu glauben, dass ihre Worte die Wahrheit sind. Zu sehr hatten sich mir diese Botschaften bereits in jede Zelle meines Körpers und Geistes eingebrannt. Doch statt selbst nach dem wahren Gott zu suchen, übernahm ich – brav wie ich war – die Bilder der Erwachsenen, mit denen ich aufgewachsen war. Diese Art zu denken war aber alles andere als gesund für mich. Zudem war mir nicht klar, dass ich mich aufgrund dieser pessimistischen Sichtweise auf Gott so schwertat, in Gott überhaupt einen liebenden Gott zu sehen. Einen Gott, der es gut mit uns meint. Versuchte ich dann noch in der Bibel zu lesen (Altes Testament), stolperte ich über noch mehr Geschichten, die mir Gott als den zürnenden Gott zeigten, aber leider nicht als den liebenden. Warum ist das so?

Aufgrund all dieser Erlebnisse und Erfahrungen begann ich immer mehr daran zu zweifeln, ob es diesen wohlwollenden Gott denn überhaupt gibt, denn auch angesichts so mancher Ungerechtigkeit, die ich sowohl in meiner kleinen als auch in der großen Welt wahrnahm, bestätigte sich mir vielmehr der Glaube, dass Gott tatsächlich eines Tages den Richtspruch über seine Kinder verhängen wird, die gegen ihn und seine Gebote verstoßen und gesündigt haben. Was in meiner Phantasie sehr stark lebte und mich unwahrscheinlich ängstigte, waren die Bilder vom Höllensturz und dem Jüngsten Gericht.

Ich kann mich noch gut an ein Buch über Heilige erinnern, das ich zusammen mit meinem Bruder öfter angeschaut hatte. Neben den Geschichten über die Heiligen selbst gab es ein paar Bilder, die einen solchen Höllen-Sturz der Menschen zeigten. Bilder, die uns einerseits fesselten, uns andererseits aber auch eine extreme Angst einflößten, weil wir nicht wussten, ob es diesen Gerichtstag Gottes jemals geben wird und wann dieser sein wird.

Wundert es da, wenn Menschen, die sensibel sind und die Ungerechtigkeiten der Welt extrem stark empfinden und sich noch dazu die Thematik um den Höllensturz des Menschen sehr stark zu Herzen nehmen, die Existenz eines liebenden Gottes in Frage stellen, weil sie in all dem, was sie sehen und erleben, keinen liebenden Gott erkennen können? Wer fängt diese Menschen auf? Wer zeigt ihnen die Wahrheit. Die *richtige* Wahrheit, damit sie auch wirklich die *richtigen* Bilder über Gott in ihren Herzen tragen können?

Nimmt im Leben dieser Menschen dann noch das Schicksal mit Krise, Krankheit etc. seinen Lauf und konfrontiert sie mit den verschiedensten Herausforderungen, ist es oftmals nicht mehr verwunderlich, wenn sie von ihrem Glauben her mehr abfallen, anstatt sich auf diesen zu besinnen. Wie soll man denn überhaupt eine gute Beziehung zu Gott aufbauen, wenn der Grundstein für eine *positive* und damit auch *gesunde* Beziehung zu ihm nicht von Anfang an gelegt wird?

Als Jugendliche haben mich die ganzen Erlebnisse sehr beschäftigt, doch wusste ich nicht, wem ich mich diesbezüglich anvertrauen sollte, weil meine Art, die Dinge wahrzunehmen, eine ganz andere war, als ich sie in meinem Umfeld beobachten konnte. Zwar hatte ich viele Fragen, doch stellte ich sie nicht, weil ich Angst vor den Reaktionen derer hatte, die so gottesfürchtig lebten und für die scheinbar alles so normal war. Folglich dachte ich, dass der Fehler bei mir liegen muss und ich ein schlechter Mensch bin, weil ich so denke, obwohl ich in einem sehr christlichen Haushalt aufgewachsen bin. Auch der Religionsunterricht half mir nicht weiter, einen besseren Zugang zu Gott zu finden und mein Gottesbild zu klären. Noch heute frage ich mich: Warum werden Kinder mit Angst erzogen. Warum wurde ihnen von Seiten der Kirche das Bild eines strafenden Gottes anerzogen? Warum wurde es in der Bibel versäumt, den Menschen mehr über den liebenden Gott zu erzählen als über den Gott, der angeblich Opfergaben verlangt, etc. – Fragen über Fragen. Wie geht es Ihnen damit?

Mit 14/15/16 Jahren hatte ich so viele Fragen im Hinblick auf den Sinn meines Lebens im Kopf, dass mich diese ganzen Fragen vergleichbar einem viel zu schweren Rucksack niederdrückten. Doch wem sollte ich sie stellen? Wem mich anvertrauen? Heute weiß ich, dass ich bereits zu dieser Zeit Anzeichen einer Depression in mir trug, die jedoch von niemandem zur Kenntnis genommen wurden. Heute weiß ich, dass es auch daran lag, dass ich auf Seelenebene tiefe Verletzungen in mir trug, weil ich mich als Kind und Teenager viel zu wenig wahrgenommen, gesehen oder gehört fühlte. Mich beschäftigten so viele Dinge, die ich weder mit meinen damaligen Freundinnen noch mit meiner Familie teilen konnte, weil ich immer das Gefühl hatte, irgendwie leben sie und ich in völlig unterschiedlichen Welten. Das, was sie interessiert, das interessiert mich nicht wirklich. Und das, was mich interessiert, findet bei ihnen keinen Gefallen. Oft kam ich mir vor, als wäre ich von einem anderen Stern heruntergefallen und mitten unter Menschen gelandet, mit denen ich im Grunde genommen keine wirklichen Gemeinsamkeiten habe. Dieses Gefühl von nicht wirklich zu ihnen zu gehören, belastete mich sehr. Der einzige Rückhalt, der sich mir zu dieser Zeit bot, war bereits damals meine Liebe zu den Büchern. Zum Glück konnte ich mir in der Stadtbibliothek unserer Kleinstadt Bücher von R. M. Rilke und Hermann Hesse etc. ausleihen, die ich damals regelrecht verschlang. Irgendwann stellte ich dann fest, dass mir die Bücher wichtiger waren als die Menschen, weil ich dadurch zumindest teilweise Antworten auf manche meiner Fragen bekam.

Eine ungesunde Angewohnheit, die ich mir dadurch jedoch zu eigen machte, war, mich immer mehr von den anderen (sowohl von der Familie als auch von Freunden) zurückzuziehen und mich stattdessen in der Literatur zu vergraben, um dort mit mir und meinen Gedanken alleine zu sein. Ein Vorteil, den das Ganze mit sich brachte, war, dass ich dort ungestört war und durch nichts und niemanden verletzt werden konnte. Ein Nachteil: Dass ich mich zusehends selbst von den anderen immer mehr isolierte. Nach und nach trennten sich so die Wege zwischen meinen Freundinnen und mir, weil unsere Interessen immer stärker auseinandertrifteten. Schon bald hatten wir immer weniger Gemeinsames, das wir miteinander hätten teilen können. Doch ich war damals so sehr davon überzeugt, dass für mich alles besser und leichter wird, wenn ich meinen Weg gehe, auch auf die Gefahr hin, dadurch für die anderen nicht mehr interessant und attraktiv genug zu sein. Ich folgte einfach meinem Gefühl, das mir sagte: „Konzentriere dich mehr auf das Buch.“

Natürlich verschloss ich mich auf diese Art und Weise sowohl den Gleichaltrigen als auch den Erwachsenen gegenüber immer mehr. Zudem redete ich mir ein, dass ich mit dem, was mich beschäftigt, ohnedies keine Beachtung finden würde, geschweige denn verstanden werde. Dass ich mit meinem Verhalten nicht lernte, mich mit anderen über meine Gedanken und Gefühle zu unterhalten, das kam mir damals gar nicht in den Sinn. Mein „Rettungsanker“ durch die Zeit meiner Jugend waren die Bücher. Sie waren das einzige für mich, indem ich Halt finden konnte. Und so gewöhnte ich es mir immer mehr an, die Dinge mit mir alleine auszumachen, und nutzte das Buch als den mir wichtigsten Ratgeber.

Was mir bei alledem nicht bewusst war, war, dass dies nur so lange gut funktionierte, solange in der Welt um mich her alles in Ordnung war. Doch war dies nicht der Fall, und ich hatte das Gefühl, dass ich mit den Anforderungen durch Schule, Familie etc. nicht mehr klarkomme, dann fühlte ich mich oft auch von den Büchern im Stich gelassen, weil sie mir für die aktuelle Situation, in der ich gerade Hilfe und Unterstützung gebraucht hätte, keine unmittelbaren Helfer waren. Nicht besonders geschickt gemacht. Ich weiß. Doch damals wusste ich von all den Auswirkungen unseres Denkens, unserer Worte und unseres Verhaltens auf Körper, Geist und Seele noch nichts. Das sollte ich alles erst nach meinem fünfundfünfzigsten Lebensjahr lernen.

Mein Leben änderte sich erst, als ich mit zwanzig Jahren zum Studium in die Großstadt kam. Nach und nach wurde vieles anders, nachdem ich beschlossen hatte, dass ich jetzt die Chancen nutzen will, die mir das Leben bot. Von daher versuchte ich, wieder offener zu werden und auch mal aus mir selbst heraus auf andere Menschen zuzugehen. Was mir dabei half, war, dass es den anderen Studenten letztlich genauso ging wie mir. Auch sie mussten lernen, mit der neuen Situation umzugehen. Hatten mitunter die gleichen Anfangsschwierigkeiten wie ich, um auf Anhieb den richten Hörsaal oder Seminarraum zu finden, so dass sich auf den Wegen dorthin immer wieder nette Gespräche ergaben, die mir guttaten und mir halfen, dieser neuen Phase meines Lebens optimistischer entgegenzusehen. Zwar fühlte ich mich zu manchen Zeiten schon noch ziemlich allein, doch das war gut, denn es zwang mich, mir zu überlegen, wie es weitergehen soll. Und so öffnete ich nach und nach immer mehr die Türen, hinter denen ich mich in den letzten Jahren viel zu sehr verschanzt hatte. Mit der Zeit blühten so neue Bekanntschaften und Freundschaften auf.

Zwar war ich mir bewusst, dass ich viel Zeit für mich und das Studium brauche, doch irgendwie fiel mir in den kommenden Jahren das Leben zum ersten Mal leichter und fühlte sich immer öfter sogar richtiggehend gut an. So bekamen die Dinge um mich her langsam ein völlig anderes Gesicht und veränderten damit auch mich. Soll heißen: Sowohl mein Blick auf die Welt als auch meine Interessen veränderten sich. Da ich das Glück hatte, durch meinen damaligen Freund ein Zimmer im Studentenwohnheim zu bekommen, lernte ich auch dort jede Menge anderer Menschen kennen. Menschen, die aufgrund ihrer Erziehung mitunter schon ganz anders lebten und dachten als ich. Ihre Sicht auf die Welt, ihre Gedanken und Lebenseinstellungen waren äußerst interessant für mich, kannte ich doch vieles davon nicht. So erweiterte sich nach und nach meine kleine Welt. Und neugierig und aufgeschlossen, wie ich war, schaute ich mir diese andere Art des In-der-Welt-Seins mit großen Augen an und erweiterte so – wo auch immer ich nur konnte – meinen eigenen Horizont.

Außerdem konnte ich mit Hilfe dieser neuen Bekanntschaften und Freundschaften so manche Verhaltensweise, die ich mir im Laufe der Zeit angewöhnt hatte, dahingehend prüfen, ob sie mir denn überhaupt guttut. Wenn nicht, war es an mir, sie jetzt zu korrigieren, wenn mir das Neue als besser und attraktiver erschien. Die Zeit des Studiums brachte mir somit nicht nur das nötige Fachwissen, das ich später einmal für meinen Beruf brauchen sollte, viel spannender waren für mich der Kontakt und das „Studium“ anderer Menschen. Was mich faszinierte, waren ihre Wesensart, ihr Denken, ihre Art zu Sein. Wie ein Schwamm saugte ich alles auf, was ich lernen konnte. Mich dürstete förmlich danach, zu erfahren, auf welche Art und Weise wir noch so alles in der Welt sein können als mir dies mein Elternhaus und die Schule bisher vermitteln konnten. Und so – eingenommen von diesem neuen Leben – veränderten sich im Lauf der Zeit immer mehr auch meine persönlichen Interessen.

Das „Welten-Theater", die verschiedenen „Schaubühnen des Lebens", hatten mich in der Hand und ermöglichten es mir, mich weiterzuentwickeln, wofür ich sehr, sehr dankbar bin. Denn wäre ich nach wie vor die Alte geblieben, wer weiß, ob es mich dann noch gäbe, denn die Einsamkeit bringt einem erst so richtig die ganzen Schattenseiten des eigenen Lebens ans Licht und konfrontiert uns mitunter auch sehr stark mit den Themen von Leben und Tod. Doch die traurige Phase meiner Jugendzeit hatte ich zum Glück mithilfe der neuen Beziehungen überwunden. – War ich froh!

Jetzt hatte ich vielmehr die Chance, noch ganz andere Seiten des Menschseins zu entdecken. Mehr oder weniger bewusst halfen mir die anderen dabei. Doch im Grunde lernten wir alle voneinander, was ja auch die tiefere Bedeutung jeglicher Beziehungen ist. Zwischen meinem zwanzigsten und achtundzwanzigsten Lebensjahr erlebte ich so meine erste kleine „Hoch-Zeit" (ich habe das Wort ganz bewusst so geschrieben, weil ich ja nicht verheiratet, aber dennoch in einer sehr schönen Beziehung war, die mir sehr viel bedeutet hat). Leider sollte dieses Glück nicht von Dauer sein. Das Schicksal hatte anderes mit uns vor. Ein entsetzlicher Trennungsschmerz für mich, doch das Leben wollte weitergehen. Um im Schmerz nicht unterzugehen, konzentrierte ich mich auf meinen Beruf. Hatte ich doch schon früh gelernt: Arbeit tut gut. Und ja, es hat funktioniert. Was mir ebenfalls dabei half, war, dass ich – beruflich bedingt – innerhalb weniger Jahre mehrfach den Wohnort wechselte.

Mit zweiunddreißig Jahren lernte ich dann meinen Mann kennen. Und wie könnte es auch anders sein: Es folgten vier wunderschöne Jahre, die im Ergebnis dazu führten, dass wir heirateten. Was wir jedoch nicht geplant hatten, war, dass ich im Januar unseres Hochzeitsjahres an Krebs (Hodgkin) erkranken sollte. Zu meinem Glück wurde dieser jedoch in einer so frühen Phase festgestellt, dass ich mich – was die Behandlung betraf – gegen eine Chemo-, dafür für eine Bestrahlungstherapie entschied. So konnte ich – wenn ich's genau nehme – an meinem Hochzeitstag gleich zwei „Feste" feiern. Sowohl den Sieg über die Krankheit als auch den eigentlichen Grund, weswegen wir zu diesem Fest zusammengekommen waren. Auch wenn es zwischenzeitlich diese etwas kritische Phase mit zunächst ungewissem Ausgang gab, meinte es das Leben dennoch gut mit uns.

Trotz der Diagnose Krebs änderte sich im Grunde genommen nicht allzu viel in meinem Leben. Sie führte zwar dazu, dass ich kurzfristig mal innehielt. Nachdenklicher wurde. Über das Leben noch einmal ganz anders reflektierte. Mir viele gute Vorsätze überlegte … Doch sobald ich wieder gesundet war, standen wieder die anderen Bedürfnisse einer Partnerschaft, die gelebt sein will, sowie mein Beruf im Vordergrund. Wenn ich es mir genau betrachte, ging das Leben da weiter, wo es eineinhalb Jahre zuvor bedingt durch die Diagnose und die Zeit der Behandlung stehen geblieben war. Eh ich mich versah, blieben die guten Vorsätze gute Vorsätze, und ich war wieder in den alten Gewohnheiten und Mustern drin, die ich mir über all die Jahre hinweg angewöhnt hatte.

Zudem gab es noch so viel anderes, was mir zu dieser Zeit wichtig war. Kaum gesundet, fing ich ein gutes Jahr später an, mich beruflich weiterzuentwickeln und in neue zusätzliche Aufgabenbereiche hineinzuwachsen. Arbeit sah ich als die beste Ablenkung an, um wieder auf andere Gedanken zu kommen und um möglichst gut am sogenannten „normalen" Leben wieder teilhaben zu können. So drängte ich die Erinnerung an die Krankheit immer weiter zurück und lebte von einem Tag auf den anderen bis circa zu meinem 48. Lebensjahr. Hatte lange Zeit ein schönes, angenehmes und erfülltes Privatleben und beruflich jede Menge zu tun, sodass meine Tage bestens ausgefüllt waren. Doch es war in Ordnung, so wie es war. Schließlich hatte ich es mir ja selbst so ausgesucht. Ich wollte es ja gar nicht anders haben. Und die Arbeit mit den Kindern und Jugendlichen sowie mit den Referendaren tat mir gut. So etwas wie Langeweile kannte ich nicht. Schließlich gab es immer etwas zu tun.

2007/08 hatte ich dann das nächste Etappenziel meiner beruflichen Laufbahn erreicht und wurde zur Konrektorin an einer Staatlichen Realschule ernannt. Doch was mir persönlich zur Freude gereichen sollte, machte andere weniger glücklich. Allen voran meinen Mann, der zwar bis dahin meine berufliche Laufbahn guthieß, doch kaum hatte ich die Stelle angetreten, konnte er sich mit mir darüber nicht mehr wirklich freuen. Zwar akzeptierte er meine Entscheidung, doch irgendwie begann sich zwischen uns zwar ganz langsam, dafür aber stetig, das Klima zu verändern. Zwar hoffte ich, dass sich das mit der Zeit wieder legen wird, doch in Wahrheit entwickelten sich unsere Wege ab diesem Zeitpunkt bereits immer mehr auseinander. Ich hoffte zwar, dass sich das Blatt irgendwann wieder wenden würde. Dass sich das Ganze im Laufe der Zeit wieder einspielen kann. Doch letztendlich war ich so sehr auf mein neues Arbeitsfeld, meine drei Deutschklassen, den Wechsel an eine neue Schule sowie alles andere fixiert, dass mir viel zu wenig auffiel, wie sich in unserer Beziehung die Vorzeichen immer mehr von Dur nach Moll hinbewegten.

Unser wohl größtes Problem war, dass wir beide – harmoniebedürftig wie wir sind – das Streiten sowie das Ausdiskutieren von Problemen nicht wirklich gelernt hatten. Nach außen hin schien vieles in Ordnung zu sein, doch tief in uns selbst fanden bereits Veränderungsprozesse statt, die wir anfangs lange Zeit noch verdrängten, die letztendlich aber nicht mehr abzuwenden waren. Leider dauerte die Phase des Nichtwahrhabenwollens und des Nichthinschauens auf Themen, die der Klärung bedürfen, viel zu lange, sodass es letztlich noch anderer Hinweise bedurfte, um uns laut und deutlich zu sagen: „Seht ihr denn beide nicht, dass hier etwas nicht mehr stimmt?“ – Während mein Mann immer mehr dem Schweigen und dem persönlichen Rückzug verfiel, versteckte ich mich immer noch mehr in meiner Arbeit, bis mein Körper sich wieder einmal auf seine Art meldete und sagte: „Es reicht!" – Doch reichte es wirklich? – Wurde ich durch weitere gesundheitliche Herausforderungen wirklich klüger? – NEIN!

Zwar schaltete ich vorübergehend wieder einmal einen Gang zurück, doch hatte ich nicht wirklich pausiert oder gar über einen längeren Zeitraum hinweg ein anderes Fahrtempo gewählt. Bereits nach kurzer Zeit fuhr ich wieder – um es mit einem Bild zu sagen – mit mehr als 200 km/h auf der Überholspur der Autobahn dahin und gab Gas, um mein Berufsziel zu erreichen, das ich mir gesetzt hatte. Auch wenn mein Auto (sprich mein Körper) etlichen Schaden erlitten hatte, trieb es mich, solange der Motor (mein Herz) lief, auch weiterhin dazu an, mit all dem weiterzumachen, was ich begonnen hatte. Aufgeben war für mich KEINE Option.

2011/12 war es dann so weit. Und obwohl ich zwischenzeitlich im wahrsten Sinne des Wortes sehr viele Federn gelassen hatte, freute ich mich auf meine Ernennung zur Realschuldirektorin. Das bedeutete zwar wieder einen Wechsel der Schule mit Hineinwachsen in ein neues Kollegium mit rund 55 Kollegen und circa 600 Schülern, sowie die erneute Übernahme eines mir noch weitgehend unbekannten Aufgabenbereichs. Doch ich war am Ziel meiner Träume. Zumindest meiner beruflichen Träume, denn privat sah es immer weniger rosig aus. Irgendwie sollte es sein, dass unsere Ehe in den Jahren zwischen 2007 und 2013 vor der größten Prüfung stand, die wir leider beide – jeder auf seine Art – nicht bestehen sollten. Der Traum unseres gemeinsamen Glücks war vorbei. 2014 wurde die Trennung dann auch offiziell vollzogen.

Wie es das Schicksal wollte, hatte ich beruflich alles erreicht, doch privat alles verloren. Leider erschien mir die Arbeit zu dieser Zeit wichtiger als das private Glück. Der Ehrgeiz, der mich beruflich gepackt hatte, trieb sein Spiel mit mir, doch da ich keine Spieler-Natur bin, musste ich lernen: Voller Einsatz – jedoch „verspieltes Glück"!

Persönlich sollte ich mit dieser Niederlage einer Trennung jedoch noch nicht am Ende meiner Prüfungen für dieses Leben angekommen sein, denn kaum, dass ich einigermaßen wieder Luft holen konnte, sah ich mich der nächsten „Pech-Strähne" gegenüber. Ein gutes Jahr nach der Trennung von meinem Mann verliebte ich mich wieder. Doch war diese Liebe – so wie es sich mir im Nachhinein herausgestellt hatte – zum einen nur sehr einseitig sowie nur von sehr kurzer Dauer und endete alles andere als schön. Näher will ich jedoch auf diese Geschichte nicht noch einmal eingehen. Wer sich mehr für die ganzen Herausforderungen interessiert, die mir zwischen 2007 und 2016 widerfahren sind, dem empfehle ich mein erstes Buch *Meine Seele will endlich wieder fliegen. Raus aus der Ohnmacht – rein in die Schöpferkraft!* Dort gehe ich auf vieles näher ein, um zu erklären, was mich letztendlich 2016 im Alter von 55 Jahren gänzlich aus meinem Leben geworfen hat, so dass ich 2017 sowohl meinem bisherigen privaten wie beruflichen Leben ein Ende zu setzen hatte.

Heute, fünf Jahre später, bin ich im Frieden mit allem, was war, doch bis ich dahin kam, war es ein sehr, sehr langer Prozess und mitunter eine sehr harte, aber auch eine sehr aufschlussreiche und interessante Zeit. Und zum Glück hatte ich den allerbesten Wegbegleiter, den ich mir nur vorstellen kann. Obwohl ich in meiner Jugendzeit mit Gott so sehr haderte und ihn gut dreißig Jahre lang ziemlich vernachlässigt hatte, weil mir alles andere im Leben wichtiger erschien, war er in diesen letzten Jahren die ganze Zeit über für mich da und half mir, wieder Land unter den Füßen zu gewinnen, so dass ich heute wieder besseren Zeiten entgegensehen darf. Zudem half er mir, mein Bild, das ich von ihm hatte, vollständig zu revidieren. War ich als Kind so eingeschüchtert und von Angst erfüllt, dass ich in ihm nur den strengen himmlischen Vater sehen konnte, der über die Menschheit eines Tages zu Gericht sitzen wird, so durfte ich ihn in all den letzten Jahren als den erkennen, der er in Wahrheit ist. BEDINGUNGSLOSE LIEBE!

Wie schade, dass wir es als Kinder anders vermittelt bekamen. Doch darüber zu urteilen, steht mir nicht zu. Es war, wie es war. Vergangen ist vergangen. Und da nichts im Leben umsonst geschieht, muss auf einer höheren Ebene auch dies seinen Sinn in meinem Leben gehabt haben, sonst hätte ich es so ja nicht erlebt.

Gott half mir nicht nur dabei, wieder auf die Füße zu kommen und wesentliche Entscheidungen für mich und mein weiteres Leben zu treffen. Er half mir auch, alles, was sich bislang in meinem Leben zugetragen hatte, um ein Vielfaches besser zu verstehen und klärte mich darüber auf, dass ich selbst es war, die sich durch die Art zu denken, zu fühlen und zu handeln die ganzen „Stolperfallen" selbst im Leben manifestiert hatte. Jetzt war es für mich an der Zeit, dass ich erkennen sollte, warum ich diese ganzen Erfahrungen zu machen hatte. Die Lebensmitte ist die beste Zeit dafür, um Rückschau zu halten auf das, was bisher im Leben gut lief, aber auch, um verstehen zu lernen, was dringend einer Veränderung bedarf, damit ich mir für mein weiteres Leben eine bessere und vor allem eine gesündere Ausgangsposition erschaffen kann.

Was ich dabei als allererstes zu lernen hatte, war, dass ich im Außen niemanden für meine Situation und meine Probleme verantwortlich machen kann, sondern dass alles, was war, letztlich in mir selbst begründet liegt. Wir sollten von daher in diesen entscheidenden Umbruchphasen unseres Lebens vermehrt innehalten und uns darüber bewusstwerden, was bislang gut, was aber auch weniger gut lief und worin vor allem unser Scheitern begründet liegt. Ich staunte nicht schlecht, als ich dies zum ersten Mal hörte, weil ich zunächst gar nicht verstehen konnte, wie sich dies zugetragen haben soll, doch Gott erklärte es mir liebevoll.

Dabei zeigte er mir auf, dass ich mir den Großteil meiner Probleme bereits als Kind und als Teenager selbst ins Leben zog. Aufgrund meines für mich dramatischen Starts in dieses Leben hatte ich von Anfang an keine gute Beziehung zu meiner Mutter, die sich wie ein roter Faden durch mein gesamtes Leben zog. Diese Beziehungsstörung führte letztlich dazu, dass ich mich von ihr nicht wahrgenommen, gesehen, gehört, wertgeschätzt, geliebt etc. fühlte. Aufgrund dieser Gedanken und Gefühle, die ich in mir trug, sowie meines Verletztseins darüber, erschuf ich mir damit jedoch immer und immer wieder neue Situationen, die mir von Mal zu Mal die Welt dieser negativen Gedanken und Gefühle bestätigten. Doch statt meine Probleme im Außen zu klären, zog ich mich immer mehr in meine eigene kleine Welt des verletzten Kindes zurück und schmollte dort vor mich hin, weil ich nicht gelernt hatte, wie ich sonst mit diesen ganzen Gedanken und Gefühlen umgehen kann. Jahrelang sah ich dabei mit einem beleidigten und neidvollen Blick auf die Beziehung der anderen Familienmitglieder zueinander. Als ich dann noch in die Pubertät kam und mich mit Schule, Pubertätskrise und Mutterkrise heillos überfordert sah, führte dies letztlich dann dazu, dass ich mich der Welt im Außen immer noch mehr verschloss, als ich das bisher schon getan hatte. Doch gerade dieses Rückzugsverhalten sowie der damit im Zusammenhang stehende mangelnde Kontakt zu den anderen führte dazu, dass ich – was mein Denken und Fühlen anging – gar keine ausreichenden Korrekturen mehr durch andere erfuhr. Da ich mich zudem von allen nur noch im Stich gelassen fühlte, beschloss ich fortan, die Dinge ganz mit mir alleine auszumachen und mich gar niemandem mehr anzuvertrauen. Kein guter Vorsatz, denn damit konnten sich erst recht all die negativen Gedankenmuster, Glaubenssätze und Verhaltensweisen in meinem Bewusstsein festigen, die für mich alles andere als gesund waren. Dies wirkte sich über kurz oder lang dann natürlich auch auf alle meine Beziehungen aus, egal ob zu den anderen Familienmitgliedern oder Freunden/ Freundinnen aus der Jugendzeit.

In meinen beiden ersten Büchern habe ich anhand des Stufenmodells der psychosozialen Entwicklung, das von Erik H. Erikson und seiner Frau entwickelt wurde, bereits thematisiert, dass unser Leben in verschiedenen Phasen verläuft, und dass wir, wenn wir eine dieser Phasen zu gegebener Zeit NICHT ausreichend gelebt und uns damit weiterentwickelt haben, wir diese Phase zu einem späteren Zeitpunkt noch einmal zu durchleben haben, um jetzt das Versäumte nachzuholen und es in unser Bewusstsein zu integrieren.

In Kurzform gesagt bedeutete dies für mich, dass ich jetzt, in der Mitte des Lebens, genau dieses Versäumte nachzuholen hatte, weil ich mich aufgrund der neuen Herausforderungen, die sich mir in diesem Lebensabschnitt sowohl privat als auch beruflich zeigten, wieder in meinen alten Verhaltensweisen und Denkmustern verloren hatte, denn auch jetzt hatte ich gefühltermaßen niemanden an meiner Seite, dem ich mich hätte anvertrauen können. Wieder war ich eine Gefangene meiner Selbst geworden und hatte mich erneut entschieden, die Dinge mit mir alleine auszumachen, was mich natürlich gleich doppelt und dreifach unter Stress setzte, weil ich durch all das, was sich in den Jahren ab 2007 zutrug, nur noch heillos überfordert sah.

Erst jetzt in den letzten Jahren sollte ich lernen, dass es genau diese Übermacht an negativen Gedanken sowie die Unterdrückung meiner Gefühle waren, die ich schon aus der Zeit meiner Pubertät kannte, die es mir schon damals schwer machten, meinem Leben überhaupt etwas Schönes abgewinnen zu können. Vierzig Jahre später holte mich somit erneut ein, was ich in der Zeit der Pubertät nicht ins Leben integriert hatte. Hatte ich als Kind die Pubertät unzureichend gelebt, so hatte ich jetzt diese Phase der Rebellion gegen Gott und all die Menschen, die mich meines Dafürhaltens nach alleingelassen hatten, nachzuholen. Hätte ich damals als Jugendliche von meiner Umwelt mehr Aufmerksamkeit, Zuwendung und damit auch Unterstützung bekommen, wäre manches vielleicht anders gekommen. Doch wer weiß. Es war, wie es war.

Heute trauere ich dem Ganzen nicht mehr nach, denn inzwischen habe ich gelernt, dass dies alles nicht von ungefähr geschah, sondern dass es der Wunsch meiner Seele war, durch diese ganzen Lernprozesse so zu gehen, wie sich mir das Ganze zeigen sollte, um heute genau die Person sein zu können, die ich inzwischen bin. Wäre mir dies alles nicht „passiert", hätte ich unter Umständen vielleicht ein leichteres und kurzfristig schöneres

Teenager-Leben gehabt, doch hätte ich dann all das gelernt, was ich inzwischen weiß? – Mit Sicherheit NEIN.

Was mir Gott noch erklärt hat, war: Unser menschliches Ego hat ganz bestimmte Bedürfnisse, die erfüllt sein wollen, damit wir uns wohlfühlen und das Gefühl haben, dass unser Leben gelingt. Wird das eine oder andere dieser Bedürfnisse nicht bzw. zu wenig erfüllt, dann geschieht dies nicht, um uns zu bestrafen, sondern dann stehen Lernaufgaben an, die wir uns selbst als Seele für dieses Leben ausgesucht haben, um auf unserem spirituellen Weg – dem Weg der Seele – zu reifen und zu wachsen. Was es hier zu verstehen gilt, ist: Im Grunde genommen gibt es NICHTS, was umsonst geschieht. Alles, was passiert, hat in Wirklichkeit einen tieferen Sinn. Gemeinsam mit dem Unterbewusstsein führt uns unsere Seele immer wieder einmal in die verschiedensten Lernbereiche hinein, die uns zum Innehalten und Nachdenken bringen sollen, damit unsere Seele wieder etwas Neues lernen kann.

Ob uns diese Herausforderungen im Alltag immer so gefallen, sei dahingestellt, denn neben bestimmten Menschen und den diversen Herausforderungen des Alltags gehören auch Krankheiten und Krisen dazu. Doch sind wir nicht in dieses Leben gekommen, um es ausschließlich nur schön zu haben und gemütlich vor uns hinzuleben. Wir sind hier, weil unsere Seele beschlossen hat, dass sie genau diese Erfahrungen machen will, die sich uns als sogenannte „Hausaufgaben bzw. Prüfungen" zeigen. Haben wir letztlich die Prüfungen erfolgreich absolviert und die dazugehörigen Lektionen gelernt und dabei erkannt, was das Lernthema für uns war, dann fällt uns auf, dass wir im Falle der Wiederholung einer bestimmten Situation, die uns bislang gefordert hat, viel ruhiger reagieren. Wir merken es daran, dass uns bestimmte Personen, die für uns zum Erlernen der Aufgabe wichtige Spiegelpartner sind, nicht mehr triggern, und dass wir auf bestimmte Sachverhalte viel gelassener, ja sogar neutral reagieren. Ab dann braucht uns unser Gegenüber ein bestimmtes Verhalten nicht mehr zu spiegeln, was das menschliche Miteinander – egal ob beruflich oder privat – um ein Vielfaches angenehmer und leichter macht. Mitunter kann es sogar so weit kommen, dass sich die Beziehung vollkommen zum Positiven hin wandelt, was natürlich der schönste Lerneffekt von dem Ganzen ist.

Nur schade und traurig, dass uns keiner früh genug verrät, dass das „Spiel des Lebens“ so und nicht anders funktioniert. – Wie gut, dass sich uns die Wahrheit inzwischen immer mehr zeigt, so dass wir immer besser verstehen, dass wir letzten Endes dann doch wieder als Gewinner aus den Herausforderungen des Lebens hervorgehen können. Vorausgesetzt, wir haben gelernt, alle Situationen des Lebens so anzunehmen, wie sie sind, die Dinge gelassener zu nehmen, zu akzeptieren, dass es gerade ist, wie es ist, mit Zuversicht und Optimismus auf das Ganze zu reagieren, dabei lösungsorientiert zu denken und bewusst damit umzugehen.

Mein Weg zurück zu Gott

Was ich ab 2016/17 erfahren sollte, war, dass Gott tatsächlich dieser liebende Vater ist, von dem uns in der Bibel im Gleichnis von der „Heimkehr des verlorenen Sohnes" berichtet wird (Lukas 15, 11–23). Wenn ich zurückdenke, dann war bei mir über mehrere Tage hinweg die Erinnerung an dieses Gleichnis so stark mein täglicher Begleiter, dass ich mir irgendwann in der Bibel die entsprechende Textstelle suchte, um nachzulesen, was dort genau geschrieben steht. Für mich fühlte es sich so an, als hätte Gott mir die Bibel selbst in die Hand gelegt, mir einmal über die Wangen gestreichelt, mich in den Arm genommen und mir dann gesagt: „Schau, mein liebes Kind, was ich schon einmal für eines meiner Kinder getan habe, werde ich immer wieder tun. Auch für dich. Denn ich liebe dich so sehr, dass ich immer für dich da bin. Du bist und bleibst mein geliebtes Kind. Doch entscheide selbst, ob du dich mir anvertrauen willst oder wie bisher dein Leben allein auf dich gestellt führen willst ..."

Gott war mir in diesem Moment so nah und ich von seiner tiefen Liebe zu mir so tief berührt, dass ich nicht anders konnte, als diesem ganzen Schmerz, den ich so lange Zeit zurückgehalten hatte, einfach Raum zu geben. Und in einem Wortschwall, den ich so von mir gar nicht gewohnt war, erzählte ich ihm von mir. So war für mich vieles erst einmal ausgesprochen, auch wenn ich keine Ahnung davon hatte, wie es weitergehen soll. Gott hörte mir mit einer Geduld, die ihresgleichen sucht, die ganze Zeit über sehr aufmerksam zu und nahm mich zunächst einmal einfach nur in den Arm. Dann flüsterte er mir ins Ohr: „Mein liebes Kind, ich bin immer für dich da. Bei Tag wie in der Nacht. Nimm dir die Zeit, die du brauchst, um dir bewusst darüber zu werden, welchen Weg du weitergehen willst. Welchen Weg du auch immer für dich wählen wirst, ich stelle meine Engel an deine Seite. Sie sind immer für dich da. Wenn du etwas brauchst, dann erzähle es ihnen. Lass sie wissen, was dich gerade beschäftigt und bedrückt. Lass sie wissen, wenn du Hilfe brauchst. Ich bin für dich da. Du entscheidest, welchen Weg du gehen willst. Den Weg zu mir oder den Weg, den die meisten von euch gehen."

Nach diesem Gespräch mit Gott fing ich als Erstes an, mich ihm schreibend zuzuwenden. Schließlich hatte ich ihm noch jede Menge zu erzählen. Und das war nicht nur schön, denn alle Gefühle, die sich in mir bislang aufgestaut hatten, entluden sich nach und nach immer mehr. Letztlich endete es dann damit, dass ich nahezu jeden Tag morgens und abends meine Gedanken mit ihm teilte. Manchmal waren dies nur einzelne Worte. Ein anderes Mal seitenlange Briefe. Je nachdem, welches Thema sich mir gerade zeigte. Um Gott die Briefe auszuhändigen, besorgte ich mir eine schöne Geschenke-Schatulle. Klebte einen Aufkleber drauf mit dem Hinweis: „Briefe an Gott!" So wurden sie von mir sehr lange Zeit getrennt von all den anderen Unterlagen archiviert, damit er sie auch ja finden konnte. In diesen Briefen erzählte ich ihm von mir und teilte mit ihm auf diese Art meinen ganzen Schmerz. Im Grunde genommen plapperte ich einfach nur drauf los, so als wäre Gott meine beste Freundin, mein bester Freund. Ein Wortschwall nach dem anderen. Fürs Erste musste einfach alles mal raus. Die ganze Spannung, die ich über so viele Jahre hinweg in mir aufgebaut hatte, entlud sich nach und nach. Nur gut, dass ich bei alledem völlig ungestört war. Nur ich, die Engel und Gott.

Das Schöne dabei war, dass die Tageszeit für diese Briefe an Gott vollkommen egal war. War mir danach, sie nachts um drei Uhr zu schreiben, so tat ich dies. Ein anderes Mal war es der Nachmittag. Doch meistens waren meine intensivsten Schreibphasen morgens zwischen acht und zehn. Und jedes Mal dauerte es einfach so lange, wie es dauerte, bis ich Gott mein Herz ausgeschüttet und ihm von mir erzählt hatte. So entstand zwischen ihm und mir immer mehr eine Verbindung, die sich anfangs noch sehr stark in dieser schriftlichen Form zeigte, doch nach einiger Zeit wechselte ich dann die Art der Kommunikation.

Aus seitenlangen Briefen entwickelte sich immer mehr ein Gespräch. Lange Zeit war dies nur ein Monolog. Doch irgendwann kamen erste Antworten zu mir. Und nachdem ich gelernt hatte, mich mindestens zweimal am Tag Gott ganz bewusst in der Meditation zuzuwenden, erhielt ich immer mehr Informationen darüber, was ich tun kann und auch tun soll, damit es mir wieder besser geht. So übte ich mich darin, in kleinen Schritten mit der Situation, in der ich mich befand, auf eine neue Art und Weise umzugehen. Und siehe da: bei allem, was ich tat, fühlte ich mich stets geführt. Egal, ob ich mit Erzengel Raphael zum Lebensmittel-Einkauf ging, mein Essen zubereitete, spazieren ging, Bücher kaufte … Am klarsten erlebte ich die Führung durch die Engel tatsächlich beim Kauf der Bücher. Mal war es die Buchhandlung in Prien, in Bad Endorf oder Wasserburg, in die mich die Engel schickten. Spannend war, dass ich nahezu jedes Mal vor genau dem Regal stehen blieb und mein erster Griff ins Regal dem Buch galt, mit dem ich mit Gott gerade in einem Gespräch war. Da Gott um meine Liebe zu den Büchern weiß, bin ich davon überzeugt, dass er für mich genau diesen Weg wählte, um mir weitere Antworten auf alle meine Fragen zu geben. So überließ ich mich der himmlischen Führung und tauchte nach und nach immer mehr ein in die Literatur von Psychologie, Pädagogik, Epigenetik, Psychoneuroimmunologie etc. Gott sorgte sogar für die Wochenenden vor. An manchen Tagen kaufte ich mir nämlich nicht nur ein, sondern gleich drei oder fünf Bücher. Zuhause fragte ich mich dann oft: „Und jetzt? Wo fang ich das Lesen an?" Entweder fiel mir das entsprechende Buch dann auf den Boden oder fühlte sich in der Hand wärmer als die anderen an. Gott weiß immer, wie er sich uns am besten mitteilen kann.

Das nächste Mal, wenn er merkte, dass ich es mal wieder nicht vermochte, meine Gefühle zu äußern, bekam ich den Impuls, mir ein entsprechendes Musikstück anzuhören, was dann jedes Mal genau der Volltreffer war, um meine blockierten und aufgestauten Gefühle mittels der Sprache der Musik zum Fließen zu bringen. Ich wusste gar nicht, dass der Mensch so viel weinen kann. Oder er schickte mich raus in die Natur und gab mir dabei sogar mein Lauftempo vor. Mal sollte dies ganz bewusst langsam sein. Schritt für Schritt, sodass ich das Gefühl hatte, dass es langsamer nicht mehr geht. Dann wusste ich, jetzt gilt es, sich wieder in der Achtsamkeit zu üben, welche Zeichen und Botschaften des Himmels während der Zeit des Spazierengehens zu mir kommen. Doch das war nicht immer so. Das nächste Mal *lief* ich mehr, als dass ich spazieren ging. Dann wusste ich, dass dies gerade notwendig war, um die aufgestaute Energie der letzten Stunden loszulassen … Die Liste, die ich hier aufzählen könnte, ist lang. Es ist immer wieder spannend und einzigartig, wie Gott auf seine liebevolle Art und Weise Einfluss auf unser Handeln nimmt, vorausgesetzt wir sagen zu dieser Art von Führung durch ihn auch wirklich beherzt „JA“. Denn Gott tut nichts gegen unseren freien Willen. Auch seine Engel dürfen uns nur dann helfen, wenn dieses Handeln im Einklang mit Gottes Willen steht, bzw. wir selbst ganz bewusst Gott bzw. die Engel um Hilfe gebeten haben.

Gott will, dass wir vollkommen frei entscheiden, ob wir die Zeit hier auf Erden gemeinsam mit ihm gestalten wollen, oder ob wir uns den Weg erwählen, der mehr unserem „niederen Ich“, unserem „Ego“ entspringt. Doch egal, wie diese Entscheidung ausfällt, ist uns seine Liebe dennoch immer gewiss. Und diese Liebe ist wahrlich bedingungslos, selbst dann, wenn unser Handeln im Widerspruch zu Gottes Gesetzen steht. Er heißt dann zwar nicht gut, was wir tun, doch da er uns den freien Willen gegeben hat, lässt er uns all die Erfahrungen machen, von denen wir glauben, dass wir sie brauchen. Ja selbst dann, wenn diese Situationen alles andere als gut für uns sind, weiß er doch, dass alle Erfahrungen im Zusammenhang mit unseren Seelen-Lektionen stehen, und dass der Mensch am besten genau dann lernt, wenn er durch den Schmerz einer bitteren Erfahrung geht.

Egal ob Krankheit, Krise, Trennung … Ist der Schmerz, der Druck, die Enttäuschung, Verbitterung etc. groß genug, dann wendet sich der Mensch in aller Regel Gott wieder zu. Man könnte hier auch sagen: Durch diese Erfahrungen wird der Mensch sozusagen „aufgebrochen“ für eine Begegnung mit Gott. Bei mir führte dies letztlich dazu, dass aus dem Hilfe-Ruf, der aus der Not heraus entstanden ist, wieder ein Kontakt mit Gott wurde. Ja sogar mehr, denn für mich war es die große Chance, mir noch einmal ganz bewusst das Gottesbild meiner Kindheit anzuschauen und dieses letztlich aufgrund der ganzen Erfahrungen, die ich mit Gott neu gewinnen sollte, zu revidieren. Doch egal wie sich diese Begegnung bei jedem Einzelnen von uns letztlich gestaltet, dürfen wir uns – das weiß ich heute – stets sicher sein, dass uns Gott zu jeder Zeit bedingungslos liebt. Und zwar uns alle. Für ihn gibt es in seiner Liebe zu uns keinen Unterschied. Er liebt alle (!) Menschen gleich, so wie er einfach alles liebt, was er erschaffen hat. In seiner Liebe wartet er nur darauf, dass wir selbst es sind, die sich wieder auf ihn besinnen, denn auch für ihn gibt es nichts Schöneres, als dass die Liebe, die er uns schenkt, auch durch unsere Liebe zu ihm beantwortet wird. So gesehen wartet Gott geduldig auf jeden Einzelnen von uns, bis wir uns ihm wieder aus freien Stücken zuwenden. Dass er uns trotz all unserer menschlichen Unzulänglichkeiten bedingungslos liebt, das macht seine Liebe so einzigartig. – Kann es etwas Schöneres geben?

Interessant ist, dass sich der Mensch in den meisten Fällen erst dann veranlasst fühlt, sich Gott zuzuwenden, wenn er unzufrieden bzw. sein Leid am größten ist. Aber warum nur dann? Warum erinnern wir uns an Gott nur wenn wir leiden? – Warum lernen wir nicht schon viel früher, auch die guten Dinge unseres Lebens mit ihm zu teilen? Warum erzählen wir ihm nicht regelmäßig, was uns beschäftigt und wie es uns geht? Wie viele von uns danken ihm regelmäßig für all die vielen kleinen und großen Wunder, die tagein tagaus in unser aller Leben geschehen? Wieviel Lob und Dank spenden wir Gott? – ???

Eine Frage, die ich mir in letzter Zeit des Öfteren gestellt habe, ist: „Wie muss sich Gott fühlen, wenn sich seine Geschöpfe, die er mit so viel Liebe erschaffen hat, sich ihm nur dann zuwenden, wenn sie Probleme haben? Wie muss er sich fühlen, der uns immerzu mit seiner bedingungslosen Liebe beschenkt, während wir uns mit unserer Liebe zu ihm sehr bedeckt halten oder diese nicht auszudrücken wissen? Wie geht es wohl jemandem, der immer nur gibt, aber selbst so wenig an Liebe empfängt?"

Warum ist Gott uns so fremd, obwohl er unser himmlischer Vater und unsere himmlische Mutter zugleich ist? Was ist da passiert, dass dies so ist? War das Gottes Wille oder wurde dies nach und nach von den Menschen so gemacht? Was ich über Gott noch lernen sollte, war: Wir werden zwar durch biologische Eltern gezeugt und durch eine weltliche Mutter geboren, doch sind unsere Eltern nicht nur unsere Eltern im biologischen Sinne. Sie sind unsere Spiegelpartner, so wie auch wir als Kinder ihre Spiegelpartner sind. Soll heißen: Die Themen, die wir mit Mutter oder Vater bzw. beiden haben, spiegeln zum Teil auch unsere Beziehung zu Gott. Insofern können wir anhand der Themen, die wir mit Mutter oder Vater haben, indirekt auch erkennen, was in uns noch der Heilung innerhalb unserer Beziehung mit Gott bedarf.

So war zum Beispiel meine „Beziehungsstörung" mit meiner Mutter nicht einfach nur eine Störung, die letztlich aus meinem kindlichen Verletztsein heraus geschah, sondern vielmehr auch eine „Beziehungsstörung" mit Gott, der sich uns gegenüber in unseren weltlichen Eltern verkörpert. Zeigen sich uns die Probleme mit Vater und Mutter bereits ab Geburt bis circa zum zehnten Lebensjahr, sind sie in aller Regel karmischen Ursprungs und resultieren bereits aus früheren Leben. Zeigen sie sich uns später, dann haben wir sie erst in diesem Leben kreiert.

Doch egal welchen Ursprungs sie sind, letztlich thematisieren sie die Bereiche, in denen wir – egal ob bewusst oder unbewusst – ein Thema mit Gott haben. Sehr oft sind dies sogar generationenübergreifende Themen, denn in den meisten Fällen sind sich die Eltern des eigenen Themas mit Gott sowie ihrer Themen mit ihren Eltern oder Geschwistern nicht bewusst, sodass sie dieses dann ungelöst leider auf die eigenen Kinder übertragen. Diese Art von Weitergabe an Familienthemen geschieht so lange, bis eines der Kinder die eigene Problematik zum Anlass nimmt, um sich diese Familiengeschichten anzuschauen.

Geschieht dies, löst sich dieses Thema auch für den Rest der Familie auf und muss künftig nicht mehr von Generation zu Generation weitergegeben werden.

In meinem Fall war dieses Thema mit meiner Mutter dieses für mich unsägliche Thema von „mutterseelenallein", das ich bereits in meinem ersten Buch zur Genüge thematisiert habe. Was ich dank Gottes Hilfe jedoch erkennen sollte, war, dass dies nicht nur mein Trauma war, sondern ein Sachverhalt, der sich bereits seit mehreren Generationen innerhalb unserer weiblichen Ahnenreihe zeigt. Im Grunde genommen geht es darum, dass sich das Mädchen gegenüber den männlichen Geschwistern an den Rand gedrängt fühlt, sich nicht wirklich wahrgenommen, wertgeschätzt, gesehen, gehört, geschweige denn geliebt fühlt. Dass sie sich vielmehr wie eine Magd fühlt, die sich dem mütterlichen Willen unterzuordnen hat, der es nicht erlaubt, ein eigenes Weltbild zu entwickeln. Gehorsam und Unterordnung unter ein bestimmtes System sowie die Übernahme von Werten der Familie sind wichtiger als die Entwicklung der eigenen Individualität. In diesen Familien hat die Mutter das Sagen. Ihr obliegt die Organisation der Familienstruktur, womit ihr eine große Macht zugesprochen wird. Wie bewusst und positiv sie für alle Beteiligten damit umgeht, liegt allein in ihrem eigenen Ermessensspielraum und orientiert sich letztlich wiederum an den Erfahrungen, die sie selbst als Kind gemacht hat.

Auf der Grundlage dieses Themas erschuf ich mir bereits von klein auf mit meinen Gefühlen und Gedanken eine Welt, in der ich zu den verschiedensten Zeiten immer wieder einmal die Bestätigung dieser komplexen Beziehung zwischen Mutter und Tochter im Außen erhielt. Dabei wäre das Thema ganz einfach zu lösen gewesen, wenn sich Mutter und Tochter auf gleicher Augenhöhe hätten begegnen können, statt jahrzehntelang in Konkurrenz zueinander zu stehen. Im Grunde genommen hätten wir diese Beziehungsthematik ganz einfach lösen können, hätten wir beide den Mut gehabt, gemeinsam offen darüber zu reden, was unsere Wahrnehmung von der Energie des anderen war. Doch jahrzehntelang verhinderten unsere Ängste ein solches Gespräch. So hatte ich Zeit meines Lebens darunter gelitten, mich mit meiner Mutter nicht wirklich aussprechen zu können bzw. mich ihr überhaupt anzuvertrauen. Während ich für sie wohl nie die Tochter war, die sich eine Mutter als Tochter an ihrer Seite wünscht.

Zu diesem grundständigen Thema kamen bei mir dann noch weitere Themen im Hinblick auf mein Frau-Sein dazu. Themen wie mangelnder Selbstwert, mangelnder Glaube an mich selbst, mangelndes Selbstvertrauen, mangelnde Selbstachtung, Ablehnung meiner Weiblichkeit und damit auch meines Körpers bis hin zum Mangel an Selbstliebe und bestimmter Selbstzerstörungsmechanismen. Alles Themen, die eine entscheidende Rolle spielen, wenn es um die Beziehung zu uns selbst geht.

So sehr wie ich über Jahrzehnte hinweg im Bewusstsein eines Mangels vor mich hinlebte, kann ich heute nachvollziehen und verstehen, warum sich mein Leben zu bestimmten Zeiten stets wie ein nicht enden wollender Kampf gegen mich selbst angefühlt hat. Und das Ganze dann noch gepaart mit meinem beruflichen Ehrgeiz, dem der Perfektionismus dann noch auf seine Art ein „Krönchen" aufzusetzen wusste. Manchmal frage ich mich, wie ich dem Ganzen denn überhaupt so lange habe Stand halten können. Ein Wunder, dass mich mein Körper nicht schon viel früher aus der Bahn geworfen hat. Doch zum Glück leben auch Qualitäten meiner Mutter in mir wie eine gewisse Zähigkeit, ein starker Überlebenswille, den ich schon als Baby bewiesen habe, eine Kämpfernatur, ein „Steh-auf-Männchen" …

Ein paar meiner Themen, die ich mit meiner Mutter hatte, mit ihr jedoch nicht klären konnte, habe ich im Laufe der Zeit interessanterweise dann auf Gott übertragen. Zum Beispiel das Thema mit dem mangelnden Vertrauen. So wie ich meiner Mutter nicht vertrauen konnte, so fehlte es mir auch an einem vollständigen Vertrauen und damit aber auch an den Glauben in Gott. Zudem warf ich ihm in meinem Schmerz und meinem Verletztsein vor, dass es die Jungen (also das männliche Geschlecht) im Leben viel leichter und einfacher haben als die Mädchen. Dies empfand ich als eine absolute Ungerechtigkeit. Und egal auf welche Situation ich auch immer schaute, wurde mein Denken in dieser Hinsicht gleich mehrfach bestätigt. Weiters schaute ich – wie ich an anderer Stelle schon gesagt hatte – mit Augen voller Eifersucht und Neid auf die Söhne, die von ihrer Mutter – meinen (!) Gefühlen nach – mehr geliebt werden als die Töchter. In diesem Zusammenhang stehend warf ich Gott zudem vor, dass er bei der Verteilung der Fähigkeiten und Talente dem männlichen Geschlecht anscheinend mehr an Potential zugestand als dem weiblichen, weil ich weder als Kind noch als Teenager erkennen konnte, worin die Vorzüge des Frau-Seins begründet liegen. Ein Thema, das bei mir irgendwie immer mitlief, war „Was fängt Frau im Leben denn eigentlich ohne einen Mann an?" Frausein war für mich reduziert auf die drei sogenannten „Ks": Kinder, Küche und Kirche. Doch genau gegen diese drei rebellierte ich innerlich, auch wenn mir diese Rebellion lange Zeit nicht wirklich bewusst war. Zuletzt lebte in mir dieses vollkommen verängstigte Kind, das in Gott nicht den liebenden Gott sehen konnte, sondern den Gott, der bedingten Gehorsam einfordert, der die Menschen einschüchtert und eines Tages beim Jüngsten Gericht über sie richten wird. – Hört sich das gut an? – NEIN!

Mit diesem ganzen emotionalen Gepäck plus den von mir selbst noch erwählten Herausforderungen, die ich mir für dieses Leben ausgesucht hatte, bin ich also in dieses Leben gestartet, um mir zum einen die alten Themen noch einmal zu vergegenwärtigen, damit ich sie Gott zur Heilung und Transformation übergeben kann, zum anderen, um letztlich noch so viel Neues dazuzulernen.

Wie steht es um unsere Beziehungen?

Damit unsere Beziehungen zu Eltern, Geschwistern, Partnern, Freunden etc. gelingen, ist es wichtig, dass wir zunächst einmal eine gute Beziehung zu uns selbst haben. Doch um uns so annehmen zu können, wie wir sind, bedarf es ebenfalls einer *wirklich guten und wahrhaftigen Beziehung zu Gott*, denn nur durch ihn wird es uns möglich, in den *wahren inneren Frieden* zu finden, um so letztlich auch wieder in die *wahre Liebe zu uns selbst* kommen zu können, denn beides bedingt sich. Beides ist ein Prozess, der uns nicht von heute auf morgen gelingen kann, denn viel zu lange waren wir bereits sowohl in diesem als auch in früheren Leben getrennt von Gott und sind dem Weg unseres Egos gefolgt. Haben dabei aufgrund der Art und Weise, wie wir diese Leben geführt haben, mitunter sehr viele Menschen verletzt oder sind selbst verletzt worden. Mal waren wir Opfer, mal Täter. Diese Tatsache gehört zum Spiel des Lebens in dieser 3D-Welt der Dualität dazu. Wir sind also allesamt keine „Heilige", auch wenn das manche von uns vielleicht gerne wären. Jeder einzelne von uns besteht nicht nur aus Licht, sondern trägt auch viel Schattenanteile in sich, die wir zwar gerne leugnen, weil sie Erinnerungen in uns hervorrufen, die wir lieber vermeiden wollen. Doch wollen wir *wirklich gesunde Beziehungen* haben, dann kommen wir um diese Art der Auseinandersetzung mit uns selbst sowie um die Integration dieser Schatten nicht herum. Dann haben wir uns für eine gewisse Zeit auch der Dunkelheit zu stellen, um herausfinden zu können, wer wir in Wahrheit sind. Kommen wir dieser Aufgabe nicht nach, bleiben wir Gefangene in uns selbst. Gefangene negativer Muster. Gefangen in diversen alten Verstrickungen, die wir bereits seit vielen Leben mit uns tragen. Doch die Wahrheit ist, dass wir in diesem Leben allesamt dazu angetreten sind, um die alten Mechanismen, Energien und Strukturen aufzulösen, damit wir endlich diesen ganzen Ballast von uns werfen können, um uns zu befreien.

Gott hilft uns dabei. Sein Anliegen ist es, uns aus diesem Zustand von Schuld, Trennung, Krankheit, Krise … herauszuführen. Er wünscht sich nichts sehnlicher, als dass wir uns wieder mit ihm vereinen. Doch kann dies nur geschehen, wenn wir nicht nur Gott die ganze Arbeit machen lassen, sondern auch unseren eigenen Part bewusst dazu beitragen, damit diese Wiedervereinigung mit Gott gelingt.

Hierbei gilt es zu verstehen, dass wir – wie ich es schon in meinem ersten Buch ausgeführt habe – nicht planlos auf diese Erde gekommen sind. Wir sind nicht einfach von einem Stern heruntergefallen und versuchen jetzt orientierungslos irgendwie in dieser Welt Fuß zu fassen und irgendwo anzukommen. Wir sind nicht grundlos hier. In diesem Leben sind wir *allesamt* mit einer ganz bestimmten Absicht hier und diese heißt *HEILUNG*. – Heilung von was?

Heilung von der Vergangenheit. Heilung von all den destruktiven und negativen Energien. Heilung unserer persönlichen wie kollektiven Schatten. Heilung, um aus der Dunkelheit, in der wir uns über die Jahrtausende hinweg immer mehr verfangen haben, wieder heraustreten zu können ins Licht. Heilung, um uns wieder mit verlorengegangenen Seelenanteilen zu verbinden. Heilung unserer Beziehungen zu Eltern, Geschwistern, Partnern, Kollegen. Heilung unserer Beziehung zu Gott. Heilung, um wieder ganz der Mensch zu werden, als den uns Gott gemeint hat. Heilung von allem, was uns an unserem wahren Selbstausdruck behindert. Heilung, um wieder wahren Frieden zu finden. Heilung, um wieder Liebe zu sein und Liebe sowohl sich selbst als auch anderen bedingungslos geben zu können. Während wir diese ganzen Schritte der Heilung gehen, wird uns von Mal zu Mal wieder bewusst, dass wir im Ursprung göttliche Wesen sind.

Die ersten Menschen, Adam und Eva, waren sich dessen noch bewusst. Doch schon mit ihnen begann das Spiel von Licht & Schatten, weil sie bereits der ersten Versuchung, vor die Gott sie stellte, erlagen. Bis zu diesem Zeitpunkt waren sie wie Gott reiner Geist, denn Gott hatte sie nicht nur erschaffen, sondern ihnen auch den Atem des Lebens eingehaucht. Und mit diesem zusammen den göttlichen Schöpfergeist.

Hätten sie den Verlockungen der Schlange (des Teufels bzw. des Egos) widerstanden, wäre es ihnen möglich gewesen, ihre eigenen Nachkommen auf die gleiche Art zu erschaffen, wie Gott dies tut. Doch da sie sich bereits bei der ersten Gelegenheit von der Schlange verführen ließen, hatten sie fortan nun auch die Konsequenzen aus ihrem Verhalten zu tragen. Gott ließ sie um ihre Zukunft wissen. Darum, dass sie ihr Leben künftig mit Arbeit zuzubringen hatten, statt sich an dem zu erfreuen, was Gott ihnen gab. So blieb ihnen die „geistige Geburt" ihrer Nachkommen versagt und Eva musste ihre Kinder unter genauso starken körperlichen Schmerzen gebären, wie dies auch heute noch das Los jeder Frau ist. Und bereits bei ihren ersten Kindern – Kain und Abel – zeigte sich, dass die Erde der Ort der Dualität von Gut und Böse ist, und dass der Mensch fortan auch weiterhin den Versuchungen des Egos unterliegt. Und dies so lange, bis sich der Mensch seiner wahren Herkunft wieder bewusst wird, sich wieder auf Gott besinnt, den Verlockungen des Egos widersteht, um eines Tages gemeinsam mit Gott als seinem Schöpfer einen paradiesischen Zustand für die Welt zu erschaffen.

So endete nicht nur für Adam und Eva der Aufenthalt im Paradies mit der Trennung von Gott. Diese Trennung vollzog sich für uns alle, sodass wir heute noch immer mit dieser Erbschuld belastet sind. Zwar hat Gott den Menschen immer wieder Brücken gebaut, um sie zu sich zurückzuführen, hat auch viele göttliche Wesen und Heilige auf die Erde geschickt, deren Aufgabe darin bestand, die Menschen wieder mit Gott zu vereinen, doch so sehr sie uns auch ein Beispiel dafür gaben, wie es gelingen kann, die Trennung zwischen Gott und den Menschen wieder zu überwinden, so erkannte die Menschheit leider nicht, was die wahre Botschaft ist, die diese von Gott Auserwählten uns zu überbringen versuchten.

Statt sich des eigenen Fehlverhaltens bewusst zu werden, unterlag der Mensch über alle Länder und Kontinente hinweg immer mehr den Verlockungen seines Egos und ließ dies zum

Leidwesen aller immer kraftvoller und bestimmender werden. So setzten schon sehr bald die ersten größeren Machtspiele ein, die die Menschen immer noch mehr von Gott entfernen sollten und den einzelnen dazu brachten, sich jeweils mit dem anderen zu messen. Nach und nach teilte sich so die Welt sowohl im Kleinen wie im Großen immer mehr in Dunkelheit und Licht. Letztendlich gingen einige Menschen sogar so weit, zu behaupten, dass sie die Kriege sogar im Namen Gottes führen, um abtrünnige Menschen ihrem Willen unterwerfen zu können. Kein Wunder, dass die Dunkelheit immer mehr an Kraft gewann und mit ihr leider auch der Neid, die Missgunst, der Hass, die Habgier, die Wut, die Aggression, Verbitterung, die Eifersucht etc.

Egal wie weit wir in der Geschichte der Menschheit zurückgehen, zu allen Zeiten finden sich zahlreiche Beispiele, die uns das menschliche Ränkespiel um die Macht dokumentieren. Das Traurige daran ist, dass die Taten des Menschen immer grausamer und vernichtender wurden, je machthungriger der Mensch selbst wurde und sich jeweils an die Spitze der Macht zu setzen versuchte. Über wie viele unschuldige Tote er dabei ging, machte sich entweder keiner wirklich bewusst, oder er kalkulierte diese zigtausende an Menschenopfer zum Erwerb bzw. zum Erhalt oder zur Ausdehnung seiner Macht von vorneherein mit ein, ohne scheinbar groß darüber nachzudenken, welche Auswirkungen dies alles für die gesamte Entwicklung der Menschheit haben wird. Viel wichtiger als ein zufriedenes, würdevolles und friedliches Miteinander erschien diesen Despoten ihr persönlicher Ruhm, der letztlich wiederum dazu führte, dass diese ganzen Spiele um die Macht immer noch sinnloser und menschenverachtender wurden. Stellt sich mir hier doch die Frage: Was ist der wahre Auslöser dafür, dass der Mensch so egoistisch und machtbesessen ist? Warum hat er es nie gelernt, mit der ihm gegebenen Macht souverän und verantwortungsbewusst umzugehen? Warum verliert sich der Mensch so leicht darin, die Macht, die ihm gegeben ist, mehr auf negative Art und Weise einzusetzen, anstatt sie konstruktiv zu nutzen?

Warum hat es die Menschheit immer mehr verlernt, auf eine gesunde, wertschätzende und wohlwollende Art miteinander umzugehen und sich auf Augenhöhe zu begegnen. Ein Zustand, der sich leider nicht nur im Außen, im Weltengeschehen beobachten lässt, sondern sich sehr oft auch in den privaten und beruflichen Beziehungen zeigt. Was treibt manche Menschen so sehr an, dass sie es nötig haben, sich auf eine negative Art und Weise über andere zu stellen? Was verleitet sie dazu? Warum hat sich der Mensch, der vom Ursprung her reine Liebe ist, so sehr von seinem wahren Wesen entfernt? Und warum sehen wir nicht, dass wir letztlich mit all der Feindschaft und dem „Bruderzwist", der bereits mit Kain und Abel begann, uns selbst zugrunde richten?

Wie weit will der Mensch sein Spiel um Erfolg und Macht noch treiben, bevor er erkennt, dass er im Grunde genommen die Waffen nicht gegen einen vermeintlichen Feind im Außen richtet, sondern gegen sich selbst? Wann wird ihm bewusst, dass es in Wirklichkeit zwei widerstrebende Kräfte in ihm selbst sind, gegen die er zu Felde zieht? Warum fällt ihm nicht auf, dass er diese Kräfte im Gerangel um das Macht-Monopol ständig nach außen projiziert? Welche dieser Kräfte wird im Kampf um die Macht letztlich siegen? Die Dunkelheit oder das Licht? Wird es auch weiterhin mehr die Welt der Schatten sein, die dieses Weltentheater bestimmt? Wer wird letztlich der Stärkere sein? Wer wird Sieger?

In meinem ersten Buch findet sich eine kleine Geschichte, die ich an dieser Stelle noch einmal in Erinnerung bringen will, denn die *Geschichte von den zwei Wölfen*[3] kann uns dabei helfen, die einzig richtige Antwort auf dieses scheinbar nicht enden wollende „Macht-Gerangel" zu finden.

Fakt ist, dass die Welt im Kleinen wie im Großen immer darauf antworten wird, was jeder Einzelne von uns an innerer

---

3 Quellenangabe: Die Geschichte von den zwei Wölfen. Abrufdatum 06.01.2021, von https://einfachachtsam.de/geschichte-zwei-woelfe/

Haltung in sich trägt. Diese kann je nach den Lebensumständen, in denen wir uns gerade befinden, mal positiver, mal negativer Natur sein. Dies zu erkennen, es sich bewusst zu machen und dann noch dazu richtig zu handeln, ist wichtig, sowohl für jeden einzelnen von uns als auch für ein gesundes Fortbestehen der Menschheit insgesamt.

Die Geschichte von den zwei Wölfen

Eines Abends erzählte ein alter Cherokee-Indianer seinem Enkelsohn am Lagerfeuer von einem Kampf, der in jedem Menschen tobt.

Er sagte: „Mein Sohn, der Kampf wird von zwei Wölfen ausgefochten, die in jedem von uns wohnen. Einer ist böse. Er ist der Zorn, der Neid, die Eifersucht, die Sorgen, der Schmerz, die Gier, die Arroganz, das Selbstmitleid, die Schuld, die Vorurteile, die Minderwertigkeitsgefühle, die Lügen, der falsche Stolz und das Ego.

Der andere ist gut. Er ist die Freude, der Friede, die Liebe, die Hoffnung, die Heiterkeit, die Demut, die Güte, das Wohlwollen, die Zuneigung, die Großzügigkeit, die Aufrichtigkeit, das Mitgefühl und der Glaube."

Der Enkel dachte einige Zeit über die Worte seines Großvaters nach und fragte dann: „Welcher der beiden Wölfe gewinnt?"

Der alte Cherokee antwortete: „Der, den du fütterst." – *Autor unbekannt*

Auch wenn die Geschichte nicht vieler Worte bedarf und sich sehr einfach liest, ist ihre Botschaft umso wichtiger, denn sie thematisiert indirekt das *Resonanzgesetz*. Was uns diese Geschichte lehrt, ist, dass es letztlich unsere innere Ausrichtung (unsere Gedanken, Gefühle, Worte und Handlungen) ist, die so unglaublich mächtig ist, dass sie sowohl das Gute als auch das Schlechte in uns zu befördern vermag. Ob wir dann letztlich unsere mentalen Kräfte positiv oder negativ gebrauchen, hängt sehr stark von unserer Charakterstärke, unserer Willenskraft, unserer Art wie wir die Welt sehen, unserem Streben nach Erfolg, sowie von den Erfahrungen ab, die wir bislang im Leben gemacht haben. Da diese Kräfte sehr stark sind und nur allzu leicht missbräuchlich gebraucht werden können, ist es wichtig, das Resonanzgesetz zu verstehen, denn falsch eingesetzt reicht es uns zum Schaden. Egal, ob wir uns dessen bewusst sind oder nicht. Zu erkennen gilt: Unsere innere Welt geht *IMMER* mit der äußeren Welt in Resonanz. Wie innen so außen. Wie oben so unten. Oder um es mit Sprichwörtern zu sagen, die das Resonanzgesetz indirekt thematisieren: „Wie du in den Wald hineinrufst, so schallt es zurück." – „Was du nicht willst, das man dir tut, das füge auch keinem anderen zu."

Im Grunde genommen hatte uns Jesus mit seinen Worten und seiner bilderreichen Sprache die Wirkweise des Resonanzgesetzes bereits erklärt. Doch ist sich der Mensch der Bedeutung seiner Worte auch wirklich bewusst geworden? Haben wir jemals darüber nachgedacht, was uns Jesus da sagt? Bei Matthäus 7, 1–5: *Vom Richten* steht: „1 Richtet nicht, damit ihr nicht gerichtet werdet! 2 Denn wie ihr richtet, so werdet ihr gerichtet werden und nach dem Maß, mit dem ihr messt, werdet ihr gemessen werden. 3 Warum siehst du den Splitter im Auge deines Bruders, aber den Balken in deinem Auge bemerkst du nicht? 4 Oder wie kannst du zu deinem Bruder sagen: Lass mich den Splitter aus deinem Auge herausziehen! – und siehe, in deinem Auge steckt ein Balken! 5 Du Heuchler! Zieh zuerst den Balken aus deinem Auge, dann kannst du zusehen, den Splitter aus dem Auge deines Bruders herauszuziehen!"[4]

---

4 Quellenangabe: Einheitsübersetzung der Heiligen Schrift, vollständig durchgesehene und überarbeitete Ausgabe © 2016 Katholische Bibelanstalt, Stuttgart. Abrufdatum 06.01.2021, von https://www.bibleserver.com/EU/Matthäus7

Wie steht es um unsere Gedanken und unser Handeln?

Was uns das Resonanzgesetz als ein universelles, göttliches Gesetz sagen will, ist, dass es für jeden einzelnen von uns wichtig ist, nicht über den anderen zu urteilen, sondern sich in allem, was ist, stets des eigenen Anteils an der Entwicklung einer bestimmten Situation *bewusst* zu sein. Letztlich können wir mit dem Wissen um dieses Gesetz aus unseren Fehlern für die Zukunft lernen, vorausgesetzt, wir entscheiden uns dazu, künftig nicht nur zum eigenen, sondern vermehrt zum Wohle aller *bewusst* zu denken, zu fühlen, zu sprechen und zu handeln. Auf diese Art kann uns das Wissen um das Resonanzgesetz helfen, mehr Verantwortung für uns, unsere Beziehungen und unser gesamtes Leben zu übernehmen. Erklärt es doch, dass es nicht damit getan ist, den Schuldigen nur im anderen zu sehen.

Das Resonanzgesetz wird oft auch in Zusammenhang gebracht mit dem *Gesetz von Ursache und Wirkung*, das als die Grundlage aller Lebensgesetze gilt und letztlich alle Lebensbereiche betrifft. Es kann auch umschrieben werden mit den Worten „Du erntest, was du säst!", denn mit jedem Gedanken und jeder Handlung setzen wir eine ganze Kaskade an bestimmten Ursachen in Gang, die über kurz oder lang im Außen ihre Wirkung zeigt.

Auf das Beispiel mit der Macht übertragen bedeutet dies, dass wir selbst es sind, die durch unser Denken und Handeln sowie durch unsere Worte und das Ausleben bestimmter Gefühle sowohl in uns selbst als auch um uns herum ein Energiefeld erschaffen, das dem „Wolf" die entsprechende Nahrung gibt. Welchen „Wolf" wir dabei füttern, hängt von der Qualität unseres Bewusstseins sowie von der Klarheit und Motivation unserer Gedanken ab.

Letztendlich sind wir es jedoch selbst, die den anderen die Möglichkeit geben, entsprechende Macht-Positionen einzunehmen, je nachdem, wieviel Macht wir ihnen zugestehen. Was es hierbei zu erkennen gilt, ist, dass wir *unbewusst* mit unserem eigenen Denken und Handeln das Denken und Handeln dieser Menschen stärken, die das entsprechende Führungspotential haben, um im Außen genau das verkörpern zu können, was wir ihnen an Macht zugestehen. Im Grunde genommen sind wir es also selbst, die den „Wolf" füttern, der dann wiederum als Stellvertreter für uns im Außen agiert. Soll heißen: Unser Gegenüber wird nur so stark, wie wir ihm durch unser eigenes Zutun an Macht über uns selbst bzw. über andere geben. Je mehr Aggressionspotential und negative Energie wir (!) diesem „Wolf" geben, wird sein Handeln entscheidend mitbestimmen, ganz egal, ob uns dies dann letztlich gefällt oder nicht.

Das Problem an der ganzen Situation ist, dass wir ihn – wenn auch unbewusst – irgendwann zum Stellvertreter unseres eigenen Denkens und Handelns gemacht haben. Wir selbst sind es, die ihn in diese Position gebracht haben, während wir unsere eigene Macht geschwächt haben. Letztlich sitzen wir damit dann alle in der Falle unseres eigenen unbewussten und unreflektierten Denkens, Handelns und Seins.

Dieses „Spiel von Macht und Ohnmacht" funktioniert stets nach dem gleichen Prinzip. Egal, ob wir als Kinder und halbwüchsige Teenager durch ein zu braves und überangepasstes Verhalten unseren Eltern zu viel Macht über uns gegeben haben, oder unserem Partner ein zu viel an Macht und Einfluss in unserem Leben geben. Was wir hier allesamt zu lernen haben, ist zum einen, sich dieser Problematik bewusst zu werden, um rechtzeitig das Spiel beenden bzw. in eine andere Richtung lenken zu können. Zugleich fordert es uns aber auch auf, uns unserer Bedürfnisse sowie unseres Denkens und Handelns bewusster zu werden und dementsprechend auf das Ganze einzuwirken, indem wir lernen, früh genug Grenzen zu setzen und Nein zu sagen, wenn wir auch wirklich ein Nein meinen. Wir müssen uns viel, viel mehr damit auseinandersetzen, dass jegliches Denken und Verhalten, das wir zeigen, auch entsprechende Konsequenzen nach sich zieht.

Die Frage, die wir uns als Nation und als Menschheit allesamt
zu stellen haben, ist: Welchen Wolf nähren wir mit unserer eigenen Energie? Den bösen oder den guten? Was sind die Energien, die wir tagaus tagein grundsätzlich ins Feld geben? Sind
diese vermehrt positiv oder negativ? Was können wir daraus lernen? Wo wollen wir als Nation bzw. als Menschheit hin? Was
streben wir an? Was streben wir im Kleinen (innerhalb der Familie bzw. Partnerschaft) sowie im Großen (als Gesellschaft und
Nation) an? Wo wollen wir hin? Was wollen wir wirklich erreichen? Was genau ist unser Ziel? Ist es wirklich unser aller Ziel,
oder gibt es versteckt immer noch allzu ehrgeizige Menschen,
die diesen Zielen und Werten einer bestimmten Gemeinschaft
zuwiderlaufen? Wollen wir sowohl als Einzelperson wie auch
als Mitglied einer größeren Gemeinschaft den Frieden oder den
Krieg? Wozu tendieren wir? Fühlen wir uns alle im Hinblick
auf die Erfüllung unserer Bedürfnisse so erfüllt, dass damit die
Vorstellung einer gesunden Friedenspolitik auch tatsächlich realistisch werden kann? Was, wenn dem nicht so ist? Was wären
erste Maßnahmen, die es zu ergreifen gilt, damit eine soziale Gerechtigkeit und somit das Wohlergehen aller sowohl im Kleinen
(Familie) als auch im Großen (Nation) möglich wird? Was wäre
eine realistische Friedenspolitik? Was versteht denn überhaupt
jeder einzelne unter Frieden? Wie definieren wir ihn? Was ist
unsere Erwartungshaltung, die hier wiederum federführend für
unser Denken und Handeln ist? …

Was auch immer wir tun und wofür wir uns letztlich entscheiden, wir können nicht länger leugnen, dass wir – jeder einzelne
von uns – die Konsequenzen aus alledem zu tragen haben, was
wir in das energetische Feld der Menschheit geben. Wir haben
es uns vielleicht angewöhnt, mit einem strafenden Finger auf die
zu schauen, die wir gerne in der Verantwortung für alles wüss-
ten, was nicht gut gelaufen ist, doch die Wahrheit ist, dass wir
selbst es sind, die das, was sich uns im Außen zeigt, selbst mit-
verursacht haben. Vielleicht der eine weniger, dafür der andere
etwas mehr. Wer hier zu rechnen beginnt, hat das Wesentliche
noch nicht gelernt. Unsere Probleme im Außen sind ein Spiegel

unserer Probleme in uns selbst. Wollen wir im Außen eine Veränderung bewirken, muss diese erst in uns selbst beginnen. Um diesen Prozess der Selbsterkenntnis und Bewusstwerdung kommen wir nicht herum. Bereits Mahatma Gandhi[5] hat uns indirekt auf das Wirken des Geistigen Gesetzes von Ursache und Wirkung hingewiesen, als er sagte:

„Sei du selbst die Veränderung, die du dir wünscht für diese Welt!" – *Mahatma Gandhi*

Egal ob Führungskräfte wie Politiker und Arbeitgeber oder Privatpersonen wie Eltern, Partner, Freunde … sie alle sind unsere Spiegelpartner. Indem wir in diesen „Spiegel" sehen, erkennen wir am besten, wo wir im Augenblick selbst stehen. Das gilt auch für Eltern und Kinder. Es gibt keinen besseren Spiegel für die Eltern als ihre Kinder. Das gilt natürlich auch umgekehrt. Warum dies so ist, habe ich in meinem zweiten Buch *Die Kraft, die aus der Liebe wächst. Von Mut, in Erziehung und Beziehung neue Wege in Liebe zu gehen* (siehe Literaturverzeichnis) bereits ausführlich thematisiert. Zwischen uns und unserem Gegenüber ist *IMMER* das *Spiegelgesetz* bzw. das *Spiegelbildgesetz* aktiv.

„Erst im Spiegel des anderen erkennt man sein eigenes Ich." – *Zenta Maurina*[6]

Oder anders gesagt: „Das, was mich am anderen stört, gehört zu mir." Erst im Spiegelbild des anderen, das uns unser eigenes Verhalten zeigt, erkennen wir unsere eigenen Stärken und Schwächen, denn wir ziehen genau die Menschen an, die uns unsere

---

5 Quellenangabe: Mahatma Gandhi. Zitate zum Nachdenken. Abrufdatum 06.01.2021, von https://zitatezumnachdenken.com/mahatma-gandhi/ 1706
6 Quellenangabe: Zenta Maurina. Zitate eu. Abrufdatum 15.06.2021, von https://www.zitate.eu/autor/zenta-maurina-zitate?page=2

eigenen Muster widerspiegeln. Sie bringen sozusagen genau die „Saiten" in uns zum Klingen, die bei uns selbst noch einer „Feinabstimmung" bedürfen, weil sie uns bisher noch unbewusst sind. Je mehr uns ein bestimmtes Verhalten des anderen stört und uns veranlasst, darauf mit Wut oder Kritik zu reagieren, desto deutlicher wird uns unsere eigene Schwäche vorgeführt. So bekommen wir durch die Verhaltensweisen des anderen aufgezeigt, was es in uns selbst zu heilen bzw. zu verändern gilt, damit uns unser Leben in Zukunft besser gelingt.

Wenn wir lernen, mit diesem Gesetz richtig umzugehen, verhilft es uns zu einem besseren und liebevolleren Verständnis sowohl der eigenen Charaktereigenschaften, Schwächen und Fehler als auch zu mehr Verständnis gegenüber denen unseres Gegenübers. Letztlich lässt es uns sogar unsere Gespräche und Beziehungen wertschätzender und liebevoller gestalten und erleichtert die Kommunikation, weil wir uns und den anderen in Anbetracht der Situation letztlich um so vieles besser verstehen. So kann uns dieses Gesetz sowohl bei der Selbsterkenntnis eine große Hilfe sein als auch bei der Weiterentwicklung unserer Seele.

„Das Glück deines Lebens hängt von der Beschaffenheit deiner Gedanken ab. Unser Leben ist das Produkt unserer Gedanken." – *Marc Aurel*[7]

Ich bin keineswegs davon überzeugt, dass die Situation, in der wir uns gerade befinden, durch Maßnahmen im Außen eine wirklich nachhaltige Veränderung zum Positiven hin erfahren kann. Wäre dies der Fall, dann müssten sich jetzt nach über einem Jahr Corona-Ausnahmezustand (März 2020 – Mai 2021) zumindest kleine positive Veränderungen zeigen. Diese nehme ich jedoch nirgends wahr. Was ich vielmehr sehe, ist, dass wir uns unablässig im Kreise drehen und trotz diverser Maßnahmen keinen Schritt

---

7 Quellenangabe: Marc Aurel. Aphorismen.de. Abrufdatum 15.07.2021 von https://www.aphorismen.de/zitat/15933

nach vorne bewegen. Warum also nicht einmal über einen ganz anderen Weg nachdenken und diesen ausprobieren? Zu diesem Weg will ich Sie, liebe Leser und Leserinnen, einladen und, soweit es mir möglich ist, diesen Weg mit Ihnen gemeinsam gehen. Ob Sie sich auf dieses kleine „Abenteuer" einlassen wollen, entscheiden natürlich Sie. Es ist Ihr Leben. Ihre Zukunft. Meine Absicht ist es einfach nur, das mit Ihnen zu teilen, was ich in den letzten vier Jahren lernen sollte.

Aufgrund meiner eigenen Krise, deren Höhepunkt ich bereits 2016 erfuhr, tut mir die Corona-Situation persönlich nicht mehr weh, weil ich bereits damals alles verloren hatte, woran ich je geglaubt oder woran ich festgehalten hatte. Bildhaft gesprochen kann ich sagen: Das „Haus meines Lebens", das ich mir einmal erbaut hatte, hat den Stürmen des Lebens nicht standgehalten, weil ich mir das falsche Fundament dazu ausgesucht hatte, auf das ich mein Haus gebaut hatte. Den Erschütterungen, denen es ausgesetzt war, konnte es nicht standhalten. Irgendwann war es einfach zu viel. Zu viel an Enttäuschungen. Zu viel an Verletzungen. Zu viel an Kränkungen. Zu viel an Krankheiten. Zu viel an falschen Entscheidungen, die ich im Laufe meines Lebens bis zu diesem Zeitpunkt getroffen hatte. Dies alles bekam innerhalb kürzester Zeit so viel an negativer Kraft, dass ich mir letztlich vorkam, als stünde ich vor einem gewaltigen Berg, mitten im Sog dieser negativen Energie. Einem Berg, den zu besteigen ich aus eigener Kraft nicht mehr bewältigen konnte. Mein bisheriges Leben sollte 2016 daran zerbrechen.

Diese negative Energie nehme ich heute zuhauf wahr. Damals war es mir gar nicht bewusst, in was für einem negativ überreizten Feld ich überhaupt lebe. Einem Feld, dem wir allesamt ausgesetzt sind. Zugegeben, der eine etwas mehr, der andere vielleicht weniger, doch insgesamt gesehen ist dies letztlich egal. Wir stecken fest. Alle. Weltweit. – Doch hat uns das jemals wirklich ernsthaft zum Nachdenken gebracht?

Denken wir selbst oder lassen wir andere für uns denken, weil Letzteres der leichtere Weg zu sein scheint? Man sagt uns, was wir zu tun haben. So können wir wenigstens kritisieren. Wenn das nicht mehr reicht, den eigenen Geist bemühen und uns überlegen, ob wir mit der Meinung der Masse konform gehen wollen oder uns alternative Wege suchen. Zwar hat man uns verboten, sich in geselligen Runden zu treffen, um sich mit anderen auszutauschen. Doch der Mensch ist zum Glück erfinderisch, und die sozialen Netzwerke tragen das ihre dazu bei, dass wir dennoch vernetzt bleiben. Seitdem gibt es zwar noch mehr Plattformen, über die die Menschen kontakten können und reiht sich ein Kongress, Webinar etc. an das andere. … Doch hilft uns das? Hilft uns das wirklich? Wie weit wollen wir mit diesem Maßnahmenkatalog, der uns von oben her verordnet wird, gehen? Wie lange soll das Ganze denn überhaupt noch dauern? Macht das alles denn überhaupt noch Sinn? Und warum die Dinge sind, wie sie sind, kann eh schon keiner mehr nachvollziehen …

Wenn ich einen Vergleich ziehe zwischen meiner persönlichen Situation von Krankheit und Krise, deren Höhepunkt ich 2016 erleben sollte, und dem Welt-Geschehen von heute, dann sehe ich sehr viele Parallelen. Dann kann und will ich nicht mehr länger stillsitzen und die Dinge mit mir alleine ausmachen bzw. geschehen lassen, sondern vielmehr die Hebel bedienen, derer ich habhaft werden kann, um das Feld derer zu vermehren, die sich trotz all der Belastungen des Alltags noch andere Gedanken machen, weil auch sie den Wunsch haben, in dieser Welt wieder etwas zum Positiven hin verändern zu wollen.

Es ist mir ein Herzensanliegen, diese Menschen zu erreichen, um gemeinsam mit ihnen das Positive in der Welt wieder zu mehren, denn alles andere hat die Menschheit schon viel zu lange in diesen negativen Bann gezogen. Es wird Zeit, dass wir uns wieder auf anderes besinnen. Zeit für eine Rückbesinnung auf das, was uns wirklich am Herzen liegt, denn nur gemeinsam können wir das Rad des Schicksals, das sich gerade unablässig dreht, wieder stoppen und diesem ganzen Irrsinn Einhalt gebieten. Zumindest einen Versuch ist dies allemal wert. Was haben wir dabei zu verlieren? – Nichts! – Was haben wir dabei zu gewinnen? – Viel! – Was haben wir dabei zu tun?

Es gilt, uns unserer Gedanken, Worte und unseres Handelns bewusstzuwerden und gemeinsam darauf hinzuarbeiten, mit vereinten Kräften unseren Beitrag für die „Neugeburt" einer besseren Welt zu sorgen. Einer Welt, in der mit Sicherheit vieles anders werden muss, denn so wie es war, kann und darf es nicht mehr weitergehen. Nur wenn wir begreifen, dass wir da nicht weitermachen können, wo wir aufgehört haben, kann überhaupt etwas Neues entstehen. Dass dem so ist, das wusste schon Albert Einstein[8] zu sagen:

„Probleme kann man niemals mit derselben Denkweise lösen, durch die sie entstanden sind." – *Albert Einstein*

Zusätzlich ist es mir aufgrund meiner eigenen Geschichte ein großes Bedürfnis, aufzuzeigen, wie wichtig es für uns alle ist, dass wir wieder eine bessere Beziehung zu Gott aufbauen. Das soll nicht heißen, dass es dafür notwendig ist, sich irgendeiner religiösen oder spirituellen Gruppe anzuschließen. Ganz und gar nicht. Das kann und darf sein, doch es muss NICHT sein. Was sich Gott als der himmlische Vater, der er für uns alle ist (egal, ob wir daran glauben oder nicht), von uns wünscht, ist einfach nur wieder die Rückbesinnung auf ihn. Auf ihn, der der Ursprung bzw. die Quelle ist, aus der wir alle kommen, und zu der wir wieder zurückkehren, wenn wir von dieser Welt gehen. Dass wir uns dessen wieder bewusstwerden und lernen, aus der Verbundenheit mit ihm heraus zu handeln, zu leben und zu lieben, das ist sein Wunsch.

Gott wünscht sich, dass unser Leben, so wie es ursprünglich einmal gedacht war, wieder aus der Verbundenheit mit ihm

---

8 Quellenangabe: Albert Einstein. Poetus.de. Abrufdatum 15.07.2021, von http://www.poeteus.de/zitat/Probleme-kann-man-niemals-mit-derselben-Denkweise-lösen-durch-die-sie-entstanden-sind/10

heraus geschieht. Diese Verbindung kann, darf und soll so individuell gestaltet und gelebt sein, wie es für jeden Einzelnen von uns wichtig ist. Jeder von uns kann hier seinen ganz eigenen Weg gehen, denn wie heißt es so schön? „Der Weg ist das Ziel." Es kommt weniger darauf an, wie wir diesen Weg gehen. Wichtig ist allein, dass wir ihn gehen, und dass wir wissen, „wer" das Ziel unserer Reise ist. Ja, Sie lesen richtig. Das habe ich ganz bewusst so geschrieben. Es ist nicht wichtig, WO das Ziel unserer Reise hingeht (Frankreich, Italien, Amerika, Australien, Südsee, Hawaii, Balearen, Mallorca etc.), sondern WER das Ziel unserer Lebensreise ist. Dabei sollten wir alle nach Möglichkeit nur ein Ziel vor Augen haben, nämlich das „wahre" Ziel, das sich unsere Seele für dieses Leben ausgesucht hat. So wie alle Wege nach Rom führen, so führen alle (!) Wege, die in Liebe gegangen werden, zu Gott, denn HINTER ALLEM findet sich letztlich IMMER GOTT, da in ihm der Ursprung von allem liegt.

Egal ob wir unseren Blick auf die Welt der Pflanzen, der Tiere, der Menschen, auf die belebte wie die unbelebte Natur richten, ALLES kommt von Gott. Wenn wir seine Schöpfung betrachten, dann gibt es NICHTS auf dieser Welt, das nicht seinen Gedanken und damit auch seinem Willen entsprungen wäre. Es gibt NICHTS, das uns Gott nicht zu spiegeln vermag. Selbst ein Sandkorn bzw. ein Stein verkörpert Gott, denn alles entsteht aus der ursprünglichen Materie, die Gott erschaffen hat. Und so, wie alles von ihm kommt, gibt es nur EINEN GOTT, auch wenn wir Menschen uns jeweils ein bestimmtes Bild von ihm gemacht haben. Im Grunde genommen lässt sich Gott nicht wirklich in eines dieser Bilder fassen, denn diese entspringen allein unserem kindlichen Verstand, der sich aufgrund seines unverbildeten Geistes einst ein Bild von Gott gemacht hat, um Gott irgendwie personalisieren zu können. Als Kinder half uns dies, eine Beziehung zu ihm aufzubauen. So konnten wir uns besser mit ihm verbinden. Gott ist all das *POSITIVE*, das in der Welt ist. Schauen wir auf das *POSITIVE*, hören wir auf das *POSITIVE*, fokussieren wir uns auf das *POSITIVE*, dann erleben wir

Gott, weil er diesen von ihm erschaffenen *POSITIVEN* Zustand sehr gerne mit uns teilt. Da wir jedoch in einer Welt der Dualität leben, gibt es auch das Gegenteil.

So wie wir das Licht nur in der Dunkelheit sehen können, so können wir Gott nur erfahren, indem sich uns auch das Dunkle zeigt. Licht und Dunkelheit gehören zusammen wie positiv und negativ, wie schwarz und weiß, wie innen und außen, wie oben und unten, wie Frieden und Krieg, Geburt und Tod, Liebe und Angst.

Unser Leben ein Spiel von Gut und Böse

Die beste Antwort auf diese Frage, die mir Gott als solche auch bestätigt hat, lässt sich in dem Vorwort des kleinen Büchleins *Warum Gott das Böse zulässt und wie man sich darüber erhebt* von Paramahansa Yogananda (siehe Literaturverzeichnis) finden. Dieses Vorwort fasst in wenigen Sätzen zusammen, worum es bei der Thematik von „Gut und Böse" im Grunde genommen geht. P. Yogananda schreibt dazu: „Gut und Böse müssen sich auf dieser Erde fortwährend ergänzen. Alles Erschaffene muss irgendeine Maske der Unvollkommenheit tragen. Wie sonst könnte Gott, die Einzige Vollkommenheit, Sein eines Bewusstsein in die vielen Formen der Schöpfung aufteilen, die sich von Ihm unterscheiden? Ohne den kontrastierenden Schatten kann das Licht keine Bilder formen. Wäre das Böse nicht erschaffen worden, würde der Mensch nicht das gegenteilige Gute kennen. Die Nacht lässt die gegensätzliche Helligkeit des Tages hervortreten; das Leid lehrt uns, wie erstrebenswert die Freude ist. Doch obgleich das Böse geschehen muss, wehe dem, durch den es geschieht! Wer sich vor der Täuschung dazu verführen lässt, die Rolle des Bösewichts zu spielen, muss das traurige karmische Schicksal des Bösewichts erleiden, während der Held heiligen Lohn für seine Tugend empfängt. Da wir diese Wahrheit erkannt haben, müssen wir das Böse meiden. Indem wir tugendhaft werden, steigen wir schließlich zu Gottes erhabenem Reich empor, das jenseits von Gut und Böse liegt." (Zitatende)

Unser Leben in der 3-D-Welt ist tatsächlich ein Spiel von Gut und Böse. Nicht nur in den Mythen, Märchen und anderen Geschichten der Menschheit lässt sich dieses Gegensatzpaar bereits finden. Es ist auch auf der Bühne unseres Lebens präsent. Gehört dazu und liefert – wie es P. Yogananda bereits ausgeführt hat – „den notwendigen Gegensatz, der es uns möglich macht, das Gute zu erkennen und zu leben." (S. 5) Somit kommt in unserem Leben nicht nur den Kräften des Guten, sondern auch den Mächten des Bösen durchaus eine gewisse tragende Rolle zu. Doch wie sehr wir uns darin verlieren, das entscheiden wir selbst. Zwar ist es nicht immer leicht, eine klare Trennlinie zwischen dem Guten und dem Bösen zu ziehen, und es schockiert uns, wenn wir das Schlechte in der Welt im Großen wie im Kleinen erleben, doch was wäre die Welt als Lernort für die Seele, wenn es nur das Gute gäbe?

Und so lernte ich nach und nach zu akzeptieren, dass es im Leben keineswegs um die Befriedigung der materiellen Bedürfnisse des Egos im Hinblick auf Familie, Partnerschaft, Beruf und Freizeit geht, sondern dass wir einzig und allein hier sind, um den Weg unserer Seele zu gehen, unsere Seelenhausaufgaben zu machen und für einen entsprechenden Ausgleich zwischen den Kräften des Guten und des Bösen in unserem Leben zu sorgen.

Wie wir dies tun? – Wie Schauspieler stehen auch wir im Schauspiel unseres Lebens auf der Bühne und agieren immer wieder einmal in den verschiedensten Rollen von Gut und Böse. Manchmal sind wir mehr das Opfer, das andere Mal dafür mehr der Täter. Im Grunde genommen ein immerwährendes hin und her in dieser Welt der Dualität. Und natürlich gibt es zwischen den beiden Extremen noch viele Facetten dazwischen, um zu lernen, was gut und was nicht erstrebenswert ist, denn letzten Endes gehört es zu unseren Seelenaufgaben dazu, ein besserer Mensch zu werden, der bewusst zwischen Gut und Böse zu unterscheiden vermag.

Wie ich es in meinen ersten beiden Büchern bereits geschrieben habe, sind wir nicht zum ersten Mal in dieser Welt. Jeder von uns blickt bereits auf eine Vielzahl an Leben zurück, in denen wir nicht immer nur Gutes taten. Durch unser Verhalten (angenommen, es war negativ) haben wir gewisse energetische Muster erschaffen, die sich nach dem Energieerhaltungsgesetz so lange erhalten, bis wir diesbezüglich wieder für den entsprechenden

Ausgleich sorgen, damit sich diese Energien wieder transformieren können. Um einen solchen Energieausgleich herbeizuführen, kehren wir als Seele immer wieder auf die Welt zurück, im Bestreben, das besser zu machen, was uns beim letzten Mal noch nicht geglückt ist. Dabei werden je nach Lernsituation die Rollen zwischen den Lernpartnern immer wieder einmal getauscht. Lassen Sie mich hierzu ein Beispiel geben: Waren wir in einem früheren Leben zum Beispiel eine Frau, die ein Kind hatte, das sie aus welchen Gründen auch immer weggegeben hat, so fühlt sich die Seele dieser Mutter ihrem Kind gegenüber noch immer in der Schuld. Schließlich hat sie ihr Kind damals alleine gelassen und ihm damit die Mutterliebe, die dieses so notwendig gebraucht hätte, verweigert. Dieses Ereignis von früher kann viele Leben später dazu führen, dass sich die Seelen von damals für das kommende Leben verabreden, um nun für einen sogenannten karmischen Ausgleich zu sorgen. Das kann dann zum Beispiel bedeuten, dass das Kind von damals im neuen Leben die Rolle der Mutter übernimmt, um der Mutter von damals, die heute das Kind ist, ebenso die Mutterliebe zu verweigern. Ob sie das Kind dafür ebenfalls in die Obhut anderer Menschen gibt oder das Kind selbst aufzieht, jedoch keine gute Beziehung zu ihm pflegt, sei dahingestellt. Fakt ist, dass die Mutter von damals jetzt im aktuellen Leben am eigenen Körper erfährt, wie es ist, als Kind von der eigenen Mutter nicht das an Liebe und Fürsorge zu bekommen, wessen ein Kind bedarf, um an Seele, Körper und Geist gesund heranwachsen zu können. So wie das Kind von damals aufgrund der misslichen Situation unter Umständen an Körper, Geist und Seele erkrankt ist, kommt dieses Schicksal auch heute dem Kind in veränderter Art und Weise zu, damit es am eigenen Leib erleben kann, wie es ist, so behandelt zu werden.

Ein weiteres Beispiel für einen karmischen Ausgleich ist: Ein junger Mann fühlt sich an seinem Arbeitsplatz nicht wohl. Er leidet und hat ständig das Gefühl, dass er von seinem Arbeitgeber bis aufs Äußerste schlecht behandelt wird. Da er jedoch finanziell auf diese Arbeit angewiesen ist, harrt er in diesem Dienstverhältnis aus, obwohl er weiß, dass es ihm nicht guttut. Der

Arbeitgeber mutet ihm die unangenehmsten Arbeiten zu, für die er ihn jedoch nicht so entlohnt, wie es ihm laut Arbeitsvertrag zusteht. Gleichzeitig schikaniert er den jungen Mann wo immer nur möglich und lässt keine Situation aus, in der er ihn vor den anderen Kollegen blamiert. – Was wurde unter Umständen in solch einer Situation ursprünglich einmal als negative Ursache gesetzt? – Es kann sein, dass der heutige Arbeitnehmer, der sich von seinem Chef so negativ behandelt fühlt, in einem früheren Leben ein wohlhabender, herrischer, übellauniger, vielleicht sogar aggressiver Gutsherr war, der seine Bedienstete wie Sklaven behandelte. Sie unterdrückte, wo immer er nur konnte und sie keineswegs so behandelte und entlohnte, wie es ihnen für ihre Dienste zugestanden hätte. Anzunehmen ist, dass sein jetziger Vorgesetzter einer der Benachteiligten war, die damals unter ähnlich negativen Arbeits- und Lebensbedingungen ihr Dasein zu fristen hatten wie der junge Mann heute. Entsprechend dem Gesetz des Karmas sieht sich der junge Mann heute in der gleichen Situation, wie er damals seine Angestellten behandelt hat. So kann er als Seele in einem menschlichen Körper erfahren, wie es sich anfühlt, eine derartige Missetat einst an anderen Seelen begangen zu haben.

Da alle unsere Erfahrungen (sowohl die guten als auch die schlechten), die wir in diesem aber auch in den früheren Leben gemacht haben, in unserem Unterbewusstsein gespeichert sind, werden wir uns von Leben zu Leben in Absprache mit den Seelen unserer Seelenfamilie immer wieder einmal die entsprechenden Situationen unter neuen Vorzeichen anschauen, um als Seele für einen energetischen Ausgleich zu sorgen und zu lernen, was gut ist und was noch der Verbesserung unseres Handelns bedarf.

Als Seele lernen wir sowohl im Diesseits als auch im Jenseits. Wenn unsere Seele nach dem Tod zu unserem himmlischen Vater heimgekehrt ist, schauen wir uns dort zusammen mit unseren Geistführern und dem Karmischen Rat den Film unseres Lebens an, um uns bewusst darüber zu werden, was noch gelernt sein will. Während wir als Seele im Jenseits weilen, sitzen wir also definitiv nicht auf einer Wolke und singen „Hosianna“, sondern besuchen eine Schule, die unserer irdischen Schule nicht ganz unähnlich ist. In kleinen Gruppen von bis zu zehn Seelen werden wir dort von einem Lehrer unterrichtet. Das, was die himmlischen Lehrer jedoch von den irdischen Lehrern unterscheidet, ist, dass diese eine wahre „Engelsgeduld“ mit ihren Schülern haben. Damit ihre Schüler in die nächsthöhere Klasse aufsteigen können, stellen sie zwischendurch immer wieder einmal durch Gespräche deren Lernfortschritt fest, was aber nicht mit den Prüfungen zu vergleichen ist, die wir als menschliche Wesen zu absolvieren haben, denn im Himmel gibt es keine Prüfungen.

Es gibt Seelen, die nur die himmlische Schule besuchen. Sie haben entschieden, dass sie nicht zur Erde kommen, um hier als Seele zu inkarnieren. Andere Seelen, sogenannte „Erden-Seelen“, wollen in ihrer Entwicklung noch weitergehen und zusätzliche Erfahrungen machen, die sie nur in einem menschlichen Körper machen können. Damit dies gewährleistet ist, treten diese Seelen einen Zyklus an, der mit dem physischen Tod als Mensch beginnt. Nach dem Tod bedarf die Seele aufgrund der Erfahrungen, die sie im letzten Leben gemacht hat, in aller Regel erst einmal einer Phase der Regeneration. Ist diese abgeschlossen, beginnt sie damit, sich zusammen mit ihren Geistführern anzuschauen, was ihr in diesem Leben geglückt ist und was noch gelernt sein will. Die Geistführer helfen ihr dabei, sich ihrer nächsten Lernaufgaben bewusst zu werden. Gemeinsam mit dem Karmischen Rat wird außerdem geprüft, ob es für das kommende Leben Themen gibt, die des karmischen Ausgleichs bedürfen. Sind der Seele ihre Aufgaben bekannt, bespricht sie gemeinsam mit dem Karmischen Rat, den Geistführern sowie den Mitgliedern ihrer Seelenfamilie, wer ihr im kommenden Leben alles zur Seite steht und künftiger Lernpartner ist. Je nachdem, was auf sie zukommen wird, sucht sie sich die geeigneten Eltern, Geschwister, Freunde, Partner, Wohnort, Land, Sprache etc. aus. Dabei werden sogar entsprechende Zeiträume für die einzelnen Entwicklungsschritte festgelegt. Um sich später unter den Menschen wiedererkennen zu können, nehmen die Seelen für einen kurzen Moment sogar die Gestalt an, die sie dann haben, wenn sie zum Beispiel ihrem Partner, den Freunden … begegnen. Ist diese Phase der Vorbereitung auf ein neues Leben abgeschlossen, wird dieses Punkt für Punkt schriftlich festgehalten und mit Gott-Vater besprochen, der alles noch einmal auf seine Richtigkeit hin überprüft. Bevor jedoch die Reise in das neue Leben beginnt, wird in der Theorie erst noch gelernt, was sich später im praktischen Leben bewähren soll. Soll heißen: Im Grunde genommen wissen wir sehr genau, was auf uns zukommt und was unsere Lernaufgaben sind. Keiner von uns tritt diese Reise „Abenteuer LEBEN" ohne eine entsprechend gute Vorbereitung an.

Das einzige Handicap ist, dass sich durch die Phase der Geburt der Schleier des Vergessens über uns legt, sodass wir uns an die Details unseres Lebensplanes nicht mehr erinnern können. Zwar ist es uns möglich – sofern wir dies wollen –, unsere Erinnerung an unsere himmlischen Begleiter (Geistführer und Engel) aufrechtzuerhalten, so dass wir auch weiterhin in Kontakt mit ihnen bleiben, doch im Hinblick auf das, was sich uns von Lebensphase zu Lebensphase als Lernthema zeigt, werden wir vom Leben selbst überrascht, was letztlich wichtig ist, um je nach Situation vollkommen frei handeln zu können. Schließlich hat Gott uns den freien Willen gegeben, um situativ selbst entscheiden zu können, was sich für uns gerade als richtig anfühlt.

Was die Qualität unserer Entscheidungen angeht, sind wir entweder im Kontakt mit unserer Seele, handeln intuitiv und herzzentriert oder werden (was das irdische Leben ja gerade so aufregend und spannend macht) mehr von menschlichen Bedürfnissen und damit von unserem Ego angeleitet und geführt. Je nachdem, wie wir handeln, erschaffen wir somit selbst die entsprechende Szenerie im Film unseres Lebens. Sind also sowohl Regisseur als auch Darsteller zugleich. Damit schreibt letztlich die Art und Weise, wie wir gelernt haben, zu denken, zu fühlen und zu handeln, das weitere Skript unseres Lebens. Im Grunde genommen ist unser Leben ein ewiger Fortsetzungsroman, sozusagen einer

„Daily Soap" gleich, denn so, wie wir *heute* denken, fühlen und handeln, wird unser *morgen* und damit auch unsere *Zukunft* sein.

Mit unserer Geburt treten wir also in eine neue Phase irdischen Lebens ein, um als Seele unsere neuen Lern-Erfahrungen mit den anderen Seelen unserer Seelenfamilie zu machen. Dieser Kreislauf wiederholt sich so lange, bis sich die Seelen so weit entwickelt haben, dass sie der irdischen Erlebniswelten nicht mehr bedürfen. Wann das sein wird, das weiß Gott allein. Als Seele sind wir von dem Lernort Erde so begeistert, dass wir uns immer und immer wieder für eine Rückkehr zur Erde entscheiden, obwohl wir wissen, dass wir hier den Gesetzmäßigkeiten der Dualität von Gut und Böse ausgesetzt sind. Viele Seelen melden sich sogar freiwillig für ein Leben in Krisengebieten, obwohl sie wissen, dass sie dann den Erfahrungen von Krieg, Hunger und Leid ausgesetzt sind. Doch sie nehmen dieses Risiko in Kauf, um sowohl persönliches Karma als auch Familien-Karma oder kollektives Karma abtragen zu können.

Seelen, die noch in den himmlischen Sphären weilen, haben noch einen ganz anderen Blick auf das, was sie im Leben im Hinblick auf ihre selbsterwählten Lernaufgaben erwartet. Hochmotiviert, wie sie sind, weil sie wissen, dass mit einem Leben auf der Erde sehr viel an persönlichem Wachstum verbunden ist, denken sie über all das, was sich letztlich ereignen mag, nicht in den menschlichen Kategorien von Gut und Böse nach. Aus der himmlischen Schule kommend wissen sie, dass es für Gott keine „Fehler" gibt, sondern nur ein Lernen durch eine Vielzahl von Erfahrungen unterschiedlicher Qualität. Da ihr Antrieb einzig und allein in der Motivation des Lernens begründet liegt und sie als Seele wachsen und reifen wollen, stehen sie dem, was auf sie zukommt, neutral gegenüber. Als Seelen, die noch nicht an einen menschlichen Körper gebunden sind, sind sie noch nicht durch bestimmte Ereignisse traumatisiert und haben sich von daher noch nicht mit Krankheit, Krisen und Leid identifiziert. Sie fühlen sich sozusagen noch vollkommen frei im Hinblick auf die Gefühle, die später durch die verschiedenen Lernsituationen bedingt auf sie zukommen und letztlich dann auch ihr Denken und Verhalten beeinflussen werden. Sie stehen der Vielfalt an Lernmöglichkeiten noch vollkommen offen gegenüber und sind einzig und allein auf ihr Ziel ausgerichtet, innerhalb dieser neuen Erdenzeit möglichst viel lernen zu können.

Grundsätzlich ist dies eine sehr gute Haltung, die wir uns wieder aneignen sollten, anstatt die Ereignisse des Lebens allzu ernst zu nehmen und oft nur noch das Drama darin zu sehen. Was stattdessen wesentlich gesünder wäre, ist, sich trotz allem, was geschieht, einen liebevollen, freudvollen und letztlich sogar einen dankbaren Blick auf das Leben zu bewahren, alles viel gelassener anzugehen und das Leben mehr mit Humor zu nehmen.

Erst aufgrund der Art und Weise, wie wir als Mensch gelernt haben, über die Dinge zu denken, erschaffen wir uns selbst unser Leid. Im Universum gibt es kein Richtig oder Falsch. Letztlich waren wir Menschen es selbst, die irgendwann die Unterscheidung in Richtig oder Falsch, in Gut und Schlecht getroffen haben und damit ein System installiert haben, um menschliches Verhalten zu beurteilen, damit unser soziales Miteinander nach einheitlichen Kriterien funktioniert. Von daher lernen wir bereits als kleines Kind, dass nur gutes Verhalten belohnt, negatives Verhalten jedoch entsprechend bestraft wird.

Wenn ich das so schreibe, dann soll das keineswegs heißen, dass Gott das Schlechte und Böse in der Welt gutheißt. Ganz und gar nicht. Der Unterschied zwischen Gott und den Menschen liegt darin, dass Gott die Menschen NIEMALS richtet. Er ist und bleibt der Vater, der seine Kinder IMMER liebt. Einen zürnenden und strafenden Gott gibt es nicht. Wenn, dann wurde dieser allein von den Menschen dazu gemacht, damit durch diese Geschichten über Gottes Strafe und Zorn sowie das Jüngste Gericht der Mensch verängstigt und eingeschüchtert wird. – Mit welcher Absicht dies geschieht? Weil der Mensch so leichter lenkbar und manipulierbar wird.

Gott ist uns niemals fern. Wie ich es an früherer Stelle im Buch bereits ausgeführt habe, hat er sich in unseren Herzen einen Platz gesichert und uns so auch einen Funken seiner Selbst mit ins Leben gegeben. Von dort aus bekommt er alle unsere Entscheidungen mit. Sowohl die guten als auch die schlechten. Man könnte auch sagen: Er beobachtet uns sehr genau. Kennt uns sogar besser als wir uns selbst, denn er weiß immer auch um die Motivation, mit der wir bestimmte Dinge tun. Wir können vielleicht unser menschliches Gegenüber belügen, Gott aber nicht. Er kennt alle (!) unsere Gedanken, unsere Gefühle, unsere Sorgen und Nöte, unseren Kummer, unser Leid …

Und weil dies so ist, muss Gott nicht über uns urteilen oder gar richten. Er weiß, dass sich der Mensch letztlich selbst richten wird, egal, was er getan hat. Gott weiß, dass es den Menschen zu eigen ist, über sich selbst und andere ihr Urteil zu fällen, obwohl uns bereits Jesus sagte: „Wer von euch ohne Fehler ist, der werfe den ersten Stein." (…)

Gott weiß, dass die Erde der Lernort im Universum ist, den er selbst bewusst nach dem Prinzip der Dualität erschaffen hat. Dass dies so sein wird, das hatte er von Anfang an so beschlossen, nachdem die ersten Menschen, Adam und Eva, durch ihr Verhalten den „Reigen/Tanz um das Gute und Schlechte" in der Welt eröffnet und wider Gottes Gebot gehandelt hatten, indem sie von den verbotenen Früchten des Baumes der Erkenntnis aßen. Mit dieser Entscheidung kam das Schlechte (das Ego, das Diabolische und Triebhafte der Menschen) in die Welt und gewann nach und nach immer mehr an Kraft. Wie variantenreich diese Ausprägungen unseres Egos sind und wie bestimmend diese Macht in unserem Leben geworden ist, zeigt sich in jedem von uns auf eine sehr individuelle Art. Worum es im Leben jetzt geht, ist, dass jeder von uns aufgefordert ist, diese negativen Kräfte in sich selbst aus freiem Willen heraus auch wieder zu überwinden, um heimkehren zu können zu Gott.

Zwar halten uns diese Kräfte auf ihre ganz eigene Art gefangen; ein Gefängnis, das wir uns selbst erschaffen haben. Doch leben in uns auch die Kräfte des Guten (der Tugend), die uns helfen, uns aus dieser Situation wieder zu befreien.

Was uns interessanterweise dabei hilft, sind Kummer, Krankheit und Leid … So fremd uns dieser Gedanke fürs Erste erscheinen mag, sind es genau die Erfahrungen einer Krise, die uns wieder zurückbringen zu Gott. Man könnte auch sagen: Durch unser Schicksal geläutert erbitten wir uns die Hilfe Gottes, damit wir die Situation, vor die uns das Leben gestellt hat, mit seiner Hilfe auch wieder überwinden können. Hier fängt der Prozess einer Umkehr an. Ab hier beginnt dann wieder ein Leben mit Gott. So gesehen ist es letztlich unser Leid, das uns wieder heimführt zu ihm.

Was es auch immer war, was uns einst von einem Leben mit Gott getrennt hat – mag es jugendlicher Leichtsinn, eine Enttäuschung, Verbitterung … gewesen sein –, Gott weiß, dass wir früher oder später wieder zu ihm zurückfinden werden, denn er hat immer ein Auge auf uns. Schließlich kennt er unseren Lebensplan. Über unsere ganze Lebensspanne hinweg zeichnet sich Gott als ein sehr geduldiger Vater aus, der seine Kinder zu jeder Zeit bedingungslos liebt. Anders als unsere leiblichen Eltern, deren Liebe in den meisten Fällen durchaus an gewisse Bedingungen geknüpft ist, gewährt er uns jenen Freiraum, den wir glauben zu brauchen, um unsere Erfahrungen machen zu können. Schließlich hat er uns mit einem freien Willen beschenkt, damit wir zu jeder Zeit entscheiden können, was uns wichtig ist. So lässt er uns leben in dem Glauben zu wissen, was gut für uns ist. Weiß er doch am besten, dass sich seine Kinder irgendwann auch wieder auf ihn und seine uneingeschränkte Liebe beziehen werden. Und weil dem so ist, kann er der geduldigste und liebenswerteste Vater sein, den man sich nur vorstellen kann.

Was uns vorübergehend von Gott trennt, sind allein die Kräfte des Schicksals. Wenn sie wie eine Sturmflut über unser Leben hereinbrechen, reagieren wir in aller Regel erst einmal vollkommen fassungslos und können nicht verstehen, warum uns das gerade widerfährt. Können oft nicht einmal mehr in Worte fassen, was da geschieht, weil wir uns nur noch ohnmächtig fühlen und scheinbar einer fremden Macht ausgeliefert sind. Was es in uns hervorruft, ist je nach Situation ein tiefes Verletztsein, Gefühle von Fassungslosigkeit, Ohnmacht, Verrat, Betrug, gepaart mit Gefühlen von Schuld, Scham, Groll, Aggression und Wut. Was bleibt, ist allein die Frage: Was haben wir getan, dass uns das Schicksal derart hart und erbarmungslos trifft?

Von menschlicher Seite aus betrachtet sind wir schockiert und wissen mit dem Ganzen nicht umzugehen. Fühlen uns nur noch als Opfer, was wir allem Anschein nach ja auch sind. Verzweifelt suchen wir nach einem Auslöser, der das Ganze verursacht haben mag. Doch ist es damit schon getan? Was, wenn sich das, was da geschehen ist, aus menschlicher Perspektive heraus gar nicht begreifen und beantworten lässt? Was, wenn uns das Rad des Schicksals nur deswegen in diese Situation gebracht hat, weil es hier etwas Wichtiges für uns zu lernen gibt? Könnte es sein, dass das Unglück somit gar nicht unser Feind, sondern unser Freund ist, weil es uns auf der Suche nach einer Antwort auf die Frage, warum uns dies geschieht, dazu bringt, Gott zu suchen? Was, wenn dies die eigentliche Absicht dahinter ist?

Das würde bedeuten, dass uns das scheinbar Böse (egal ob Krankheit, Krise, Verlust des Arbeitsplatzes, Trennung, Tod …) nicht geschieht, um uns zu zerstören, sondern um uns dazu zu bringen, uns wieder auf den Weg zu Gott zu machen.

Laut P. Yogananda geraten wir nur deshalb in Schwierigkeiten, weil wir uns zu sehr mit dem tragischen Erlebnis identifizieren. In dem Kapitel *Der kosmische Film* (S. 9–13) seines kleinen Büchleins über das Böse in der Welt thematisiert er, dass wir auf der Bühne unseres Lebens sowohl Zuschauer als auch Darsteller sind, die im Film ihres Lebens sowohl das Gute erfahren als auch zu gegebener Zeit mit dem Gegenteil konfrontiert werden, je nachdem, was sie zu lernen haben.

Demnach ist das vermeintlich „Böse" oftmals nichts anderes als ein Weckruf. Eine Stimme, die uns auf ihre Art sagt, dass wir an irgendeiner Stelle in unserem Leben falsch abgebogen sind und damit einen Weg eingeschlagen haben, der so keineswegs für uns vorgesehen ist. Ein Signal, das uns zwar aus der Bahn wirft, indem es laut und deutlich „STOPP" sagt, damit wir endlich innehalten und lernen, uns wieder auf uns selbst zu konzentrieren, statt uns weiterhin nur im Außen zu verlieren.

Yogananda sagt: „Gott will, dass wir bei allem, was wir tun, innerlich losgelöst bleiben und erkennen, dass wir nur Schauspieler oder Zuschauer in Seinem kosmischen Drama sind. … Er möchte sehen, dass sich Seine Kinder von diesem Film nicht einschüchtern lassen, dass sie ihre Rolle gut spielen und wieder zu Ihm zurückkehren. Ihr könnt dem Universum nicht entfliehen; doch wenn ihr eure Gedanken immer auf Gott richtet, während ihr in diesem Film mitspielt, werdet ihr frei sein." (S. 13)

In dem Kapitel *Für den, der Gott erlebt, gibt es nichts Böses* (S. 14ff) führt P. Yogananda aus, dass es einzig und allein sein Anliegen ist, den Menschen zu helfen, sich innerlich von diesem kosmischen Film der Täuschung zu lösen. Dazu schreibt er: „Ihr leidet, weil ihr jetzt noch dazugehört. Ihr müsst Abstand nehmen und nur noch beobachten; dann könnt ihr nicht mehr leiden. Als Zuschauer könnt ihr euch an diesem Schauspiel erfreuen; das müsst ihr lernen. Für Gott ist alles nur ein Film; und wenn ihr zu ihm zurückkehrt, wird es auch für euch bloß noch ein Film sein."

Zur weiteren Erläuterung erzählt P. Yogananda auf S. 14 eine kleine Geschichte: „Ein König schlief ein und träumte, er sei arm. Im Schlaf rief er laut nach ein paar Cents, um sich etwas zu essen zu kaufen. Schließlich weckte ihn die Königin und fragte: „Was ist los mit dir? Deine Schatzkammer ist voller Gold, und du schreist nach ein paar Cents?!" Da sagte der König: „Ach wie dumm von mir! Ich dachte, ich sei ein Bettler und müsse verhungern, weil ich keinen Cent mehr besaß." Yoganandas Antwort darauf ist: „In solcher Täuschung lebt jede Seele, die träumt, dass sie ein sterbliches Wesen sei und unter dem Alpdruck aller möglichen Übel, Krankheiten, Sorgen und Herzensqualen leide. Der einzige Ausweg aus diesem Alptraum besteht darin, immer

70

mehr an Gott zu hängen und weniger an den Traumbildern dieser Welt. Ihr leidet, weil ihr eure Aufmerksamkeit auf die falschen Dinge richtet. Wenn ihr euer Herz an einen Menschen hängt oder wenn ihr euch zu Sklaven der Habgier, des Alkohols oder der Drogen macht, werdet ihr leiden, und das Herz wird euch brechen. Ihr müsst euer Herz ganz auf Gott richten. Je mehr ihr euren Frieden bei Ihm sucht, desto mehr wird dieser Friede alle Sorgen und alles Leid vertreiben. Ihr leidet, weil ihr euch so anfällig für das Böse in der Welt gemacht habt. Ihr müsst geistig fest und stark werden. Tut alles, was ihr tut; aber sagt innerlich: „Herr, ich bin Dein Kind; ich bin nach Deinem Bilde geschaffen; ich wünsche mir nichts als nur Dich." Der Gottsucher, der diesen Grundsatz befolgt und diese Erkenntnis erlangt, wird erleben, dass es in dieser Welt nichts Böses mehr für ihn gibt." (Zitatende) (S. 15–16)

Eine weitere wichtige Textstelle aus diesem Büchlein von P. Yogananda ist: „In Gottes Plan gibt es keine Grausamkeit; denn in Seinen Augen gibt es weder Gut noch Böse – nur Bilder aus Licht und Schatten. Der Herr wollte, dass wir den gegensätzlichen Szenen des Lebens ebenso zuschauen wie Er selbst – der ewig freudige Zeuge eines gewaltigen kosmischen Dramas. – Doch der Mensch hat sich fälschlicherweise mit der Pseudo-Seele oder dem Ich identifiziert. Sobald er seine Wesenseinheit mit der unsterblichen Seele wiedererkennt, entdeckt er, dass alle Schmerzen unwirklich sind. Nicht einmal mehr vorstellen kann er sich dann den Zustand des Leidens." (S. 17)

Ob wir uns als Menschen auch weiterhin in das Drama verwickeln lassen, unter Umständen dabei sogar zu Grunde gehen oder uns mit der Kraft unseres Geistes darüber erheben, um letztlich aus freien Stücken zu Gott zurückzukehren, ist unsere freie Entscheidung. Als Gott die Welt erschuf, entschied er sich bewusst für diesen „kosmischen Film von Gut und Böse", wissend darum, dass das auch heißt, fürs Erste seine Kinder an die Macht des Bösen (das Ego mit all seinen Irrungen und Wirrungen, seinen Dramen …) zu verlieren. Doch so wie Gott als unser Schöpfer an jeden einzelnen von uns glaubt und uns alle bedingungslos liebt, ist er auch davon überzeugt, dass wir es allesamt vermögen, uns auf Erden weiterzuentwickeln, um schließlich aus freiem Willen als vollkommene Seelen wieder zu ihm heimzukehren.

Der Sinn unseres Daseins besteht demnach darin, wo immer möglich das Gute dem Bösen vorzuziehen, um als Seele noch vollkommener zu werden. Gleichzeitig sollte es das wichtigste Ziel unseres Lebens sein, in allem Gott zu suchen und dabei ein glücklicher, erfüllter und guter Mensch zu werden. Diesem höchsten Ziel entsprechen auch die Worte Jesus: „Trachtet am ersten nach dem Reich Gottes und nach seiner Gerechtigkeit, so wird euch solches alles zufallen." (Matthäus 6,33)[9]

---

9 Quellenangabe: Jesus. Trachtet am ersten nach dem Reich Gottes. Bibeltext. Abrufdatum, 15.07.2021 von https://bibeltext.com/matthew/6-33.htm

Das Leben ist so viel mehr als wir glauben

Worum es im Leben wirklich geht, ist zu lernen, das Wirkliche vom Unwirklichen zu trennen.

Um die Einheit von Körper, Geist *und* Seele wieder zu erlangen, ist es wichtig, dass die Seele wieder die Führung über Körper und Geist übernimmt, um beide Kräfte dafür einzusetzen, im Leben mehr an Selbstbestimmung und Selbstverwirklichung zu erlangen. Dabei gilt es zu erkennen: Wir sind nicht unser Körper. Wir sind nicht unser Geist. Wir sind so viel mehr. Wir haben zwar einen Körper und einen Geist, damit unsere Seele mit ihrer Hilfe ihr bestes Selbst zum Ausdruck bringen kann, doch worum es im Leben in Wirklichkeit geht, ist, dass wir unser wahres Seelen-Bewusstsein wiedererwecken und uns zusammen mit Gott und unserer Geisteskraft so verwirklichen, wie er es für uns vorgesehen hat. Was wir zu lernen haben, ist, dass unsere Seele unsterblich ist und zu jeder Zeit eins ist mit dem Höheren Geist, mit Gott, der sie zu seinem Bilde erschaffen hat. Die Macht unseres Geistes hat er uns gegeben, damit wir uns gemeinsam mit ihm das schönste und beste Leben erträumen, das nur denkbar und möglich ist. Doch leider bedient sich der Mensch dieser wundervollen göttlichen Kraft sehr oft auf eine falsche Art und trägt so zu immer mehr an Zerstörung in der Welt bei, anstatt diese Schöpferkraft gemeinsam mit Gott auf eine konstruktive Art und Weise zu gebrauchen.

Was uns Gott mit dem Schauspiel von Gut und Böse letztlich wissen lässt, ist, dass sich der Mensch kraft seiner Gedanken und der Art seines Handelns die Lebensumstände von krank und gesund, von glücklich bzw. unglücklich, ja sogar von Frieden und Krieg allesamt selbst erschafft. Im Grunde genommen kann uns nichts verletzen oder zerstören, wenn wir unsere mentale Kraft sowie das Potential, das Gott uns gegeben hat, gemeinsam mit ihm nutzen. Gott zeigt uns am Beispiel unseres Lebens auf, dass wir selbst es sind, die wir uns all die Sorgen, den Kummer und das Leid immer und immer wieder selbst zufügen, solange wir aus Unwissenheit, Unbekümmertheit und Unbedachtheit heraus gegen die Göttlichen Gesetze verstoßen, die das Fundament allen Lebens im Universum sind. Das Einzige, was uns aus diesem Zustand befreien kann, ist die Vereinigung mit Gott. Schließlich kommen wir alle aus Gott, unserer Quelle, dem Ursprung allen Seins und kehren eines Tages auch wieder zu ihm zurück.

Erst wenn wir lernen, zu verstehen, was Krankheit, Krise, Leid ... wirklich von uns will, entkommen wir der Illusion dieses Weltentheaters und finden wieder heim zu ihm, der uns alle bereits sehnsüchtig erwartet. Im Grunde genommen sollten wir den Dramen nicht so viel an Bedeutung beimessen. Fakt ist: Je mehr wir uns auf unser Leid und die diversen Seins-Formen konzentrieren, ziehen wir uns genau das in unser Leben, was wir nicht haben wollen. Was wir also lernen müssen, ist zu verstehen, dass wir mit unseren Gedanken, die auch die Grundlage unseres Handelns sind, die widrigen Umstände selbst erschaffen, die es in Wirklichkeit zu vermeiden gilt. Je öfter wir bestimmten Themen unsere Aufmerksamkeit schenken, umso mehr ziehen wir sie in unser Leben, egal ob dies letztlich dann etwas Positives oder Negatives ist. Was hier wirkt, ist das Resonanzgesetz.

Was der Mensch folglich zu begreifen hat, ist, dass Gott uns mit dem gleichen Schöpfergeist beschenkt hat, mit dem auch er das Weltengeschehen lenkt. Das bedeutet: Je mehr wir unseren Geist in Unkenntnis um die Geistigen Gesetze unbewusst und noch dazu in einem negativen Sinne gebrauchen, um so mehr holen wir uns genau das ins Leben, was uns nicht gefällt. Die Energie, mit der wir bestimmte Gedanken wiederholen, potenziert sich so sehr, dass sie unser Leben entscheidend zu beeinflussen vermag und das sowohl im Guten als auch im Schlechten. Wenn wir etwas mit einer entsprechenden Intensität wiederholt denken, kommen diese Gedanken im Universum an im Sinne von: „Das gefällt mir. Kann ich mehr davon bekommen?" Und da das Universum mit allem sehr großzügig ist, bekommen wir genau das, was wir uns mithilfe dieser Gedankenkraft erschaffen haben. Ob dieses Theaterstück, indem wir dann wiederum die Darsteller sind, letztlich eine Komödie, eine Romanze oder ein Drama ist, bestimmen wir selbst.

Es ist so wichtig, zu verstehen, wie mächtig unsere Gedanken sind. Mit ihnen werden wir zum Mitschöpfer unseres eigenen Lebens. Von daher sollten wir uns stets bewusst sein, welche Art von Gedanken wir den ganzen Tag über in die Welt hinaus senden, denn vergleichbar mit der Treffsicherheit eines Bumerangs fallen die Dinge wieder auf uns zurück.

Eine kleine Übung, die ich zur Bewusstmachung der Gedanken gelernt habe, ist, sich konsequent für einen Tag einmal alles aufzuschreiben, was wir denken. So wird uns ziemlich schnell die Qualität unserer Gedanken bewusst. Sie werden überrascht sein, was Sie da am Ende des Tages schwarz auf weiß zu lesen bekommen. Wenn Sie beim Lesen die einzelnen Gedanken mit einem Plus- oder Minus-Zeichen versehen, erkennen sie gleich, ob Sie mehr dazu neigen dem Leben und seinen Herausforderungen optimistisch oder pessimistisch zu begegnen.

Es heißt, dass wir täglich zwischen 60.000 bis 80.000 Gedanken haben. Davon sind uns – wie ich es in meinem ersten Buch bereits erwähnt habe – gerade einmal 5 bis 10 % bewusst. Das bedeutet, dass der Großteil unserer Gedanken mit 90 bis 95 % durch unser Unterbewusstsein gesteuert wird und dies noch dazu in einem Bruchteil von Sekunden, so dass es nicht verwunderlich ist, wenn sich unsere ewig alten Gedankenmuster von Tag zu Tag immer wieder erneuern. Schenken wir ihnen durch einen bestimmten Reiz im Außen verursacht noch dazu vermehrt unsere Aufmerksamkeit, bekommen sie so viel an Energie, dass sie wiederum die Macht haben, unser Denken immer noch mehr zu beeinflussen und damit bestimmte Realitäten im Außen zu erschaffen. Was ich für ungeheuer wichtig erachte, lässt sich mit dem Wort der „Gedanken-Hygiene" zusammenfassen. Sie ist genauso wichtig wie die Mund- bzw. Körper-Hygiene, denn schließlich entscheidet sie maßgeblich über unser Wohlergehen.

Ein Experiment, das ich Ihnen in diesem Zusammenhang mit auf den Weg geben will, ist, sich bewusst darüber zu werden, wie Sie Ihren Tag beginnen. Es gibt zwar die Redensart „Die ist wohl mit dem falschen Fuß aufgestanden." Für mich ist es aber nicht der Fuß, der darüber befindet, wie sich mein Tag entwickelt, sondern bereits die allerersten Gedanken, die ich noch ziemlich schlaftrunken am frühen Morgen denke. Probieren Sie einmal aus, sich dieser Tatsache bewusst zu werden. Wenn Sie sich mit dem Augenaufschlag gleich wieder an die Gedanken von gestern mit den entsprechenden Problemen erinnern, dann kann ich Ihnen garantieren, dass es die gleichen Gedanken und Probleme sein werden, die Ihren neuen Tag bestimmen. Um es jedoch nicht so weit kommen zu lassen, ist es wichtig, sich bewusst darüber zu werden, mit welchen positiven Gedanken Sie in den neuen Tag starten wollen. Diesen Tagesbeginn gilt es, sich möglichst genau vorzustellen und zu visualisieren. Versuchen Sie (während Sie noch im Bett liegen), sich mit möglichst vielen Sinnen einen wundervollen Start in den Tag zu erträumen. Was Ihnen bei dieser Übung hilft, ist, sich bereits mit dem Einschlafen zu überlegen, wie Sie am nächsten Morgen aufwachen wollen. Nehmen Sie diese Gedanken mit dem Einschlafen sozusagen vorweg und mit etwas Übung merken Sie, dass das tatsächlich funktioniert. Gönnen Sie sich diese paar Minuten an wunderschöner Aufwachzeit um sich selbst und den Tag mit der Kraft schöner Gedanken sowie mit einem Lächeln zu begrüßen.

Denken Sie daran, dass Ihnen dieser neue Tag geschenkt ist, als eine Möglichkeit über sich selbst hinauszuwachsen und alte Verhaltensweisen und Muster durch neue zu ersetzen. Stellen Sie sich vor, Sie baden morgens noch im Bett liegend mit geschlossenen Augen in einer Welle aus weiß-goldenem Licht, das direkt aus dem Universum auf Sie herabstrahlt, um Ihnen den schönsten Tagesbeginn zu schenken, der nur möglich ist. Seien Sie es sich trotz Ihrer Verpflichtungen wert, den Tag mit dieser kleinen Übung fünf bis zehn Minuten früher zu beginnen. Mit der Zeit werden Sie erstaunt sein, wie sich Ihr Start in den Tag qualitativ um ein Vielfaches verbessert. Und nicht nur der Tag. Auch Sie werden aus dieser neuen Art, den Tag zu begrüßen, den größten Nutzen daraus ziehen.

Es sind in der Regel nie die großen Dinge, die Großes bewirken. Diese kleine Übung müssen Sie einfach nur tun und schon können Wunder geschehen. Es ist so wichtig, immer und immer wieder einmal innezuhalten und sich anzuschauen, welche Qualität unser Denken gerade hat. Auch die Art und Weise, wie wir Stress erleben, hat nicht nur mit der Vielfalt an Aufgaben zu tun, die im Außen auf uns einwirken. Es kommt vielmehr darauf an, wie wir es schon von klein auf gelernt haben, mit stressigen Situationen umzugehen und wie wir darüber denken. Unser Leben spiegelt uns in jedem Moment die Qualität unserer Gedanken und damit auch den Grad unserer Bewusstheit, mit dem wir die verschiedenen Herausforderungen angehen.

Das Leben ist fürwahr die intensivste und spannendste Schule, die wir uns nur vorstellen können. Täglich gibt es jede Menge an Hausaufgaben. Zwischendurch immer wieder diverse „Prüfungen", um nur ja das Lernziel „bewusstes Sein" mit Bravour zu meistern. Doch es kommt nicht darauf an, jeden Tag mit „summa cum laude" abzuschließen, sondern sich in allem einfach immer nur zu üben, zu üben und zu üben. Unsere Seele wird es uns letztlich danken, und die Qualität unseres Lebens wird eine vollkommen andere sein, denn es gilt: Zusammen mit Gott sind wir einfach unschlagbar. Gemeinsam mit ihm erreichen wir das, was wir glauben, erreichen zu können.

Jedes Lebewesen ist eine Einheit aus Körper, Geist *und* Seele

Worum es im Leben wirklich geht, ist, endlich die Trugbilder von Krankheit und Leid aus unserem Bewusstsein zu verbannen und stattdessen zu erkennen, wie mächtig wir sind. Es gilt, diese Macht konstruktiv und in Übereinstimmung mit dem Willen Gottes zum Wohle aller zu gebrauchen und uns wieder mit jeder Faser unseres Seins daran zu erinnern, wer wir in Wahrheit sind: Kinder Gottes. – Ihm zum Bilde erschaffen.

Mit diesem Bewusstsein gilt es, auf das Spiel des Universums zu schauen, sich nicht länger darin zu verlieren, sondern gemeinsam mit Gott bewusst etwas Neues, etwas Ganzes, etwas Gesundes, etwas Segenreiches zu gestalten.

In meinem zweiten Buch *Die Kraft, die aus der Liebe wächst* bin ich auf den Begriff des *Holismus* bereits eingegangen und habe dort beschrieben, was es heißt, von einem holistischen Ansatz zu sprechen. Dennoch will ich auch hier noch einmal kurz auf diese Thematik eingehen.

Mit dem Begriff des *Holismus*[10] ist die Lehre vom Ganzen gemeint, die besagt, dass natürliche Systeme und ihre Eigenschaften stets als Ganzes und nicht in der Zusammensetzung ihrer einzelnen Teile zu betrachten sind. Dieser Gedanke ist ein Ansatz, den bereits Philosophen wie Heraklit, Platon und Aristoteles verfolgt haben, indem sie die Welt als ein in sich geschlossenes Ganzes (als Kosmos) betrachtet haben. Am bekanntesten ist wohl die Aussage von Aristoteles: „Das Ganze ist mehr als die Summe seiner Teile."

---

10 Quellenangabe: Holismus. Abrufdatum 06.01.2021, von https://de.wikipedia.org/wiki/Holismus, Die holistische Betrachtung des Menschen. Abrufdatum 06.01.2021, von https://hbdm.ch/index.php/philosophie.html

In der Renaissance und dem Humanismus verschmolz dieser Ansatz letztlich immer mehr mit den naturmagischen und christlichen Vorstellungen zur Idee einer „Organischen Einheit der Natur". Erst mit der Neuzeit bildete sich der Gegensatz zwischen dem Holismus als einer Naturphilosophie und dem reduktionistischen Ansatz moderner Wissenschaften (= Reduktionismus) heraus. Doch seit einigen Jahren wird dieser reduktionistische Ansatz immer mehr kritisiert, weil sowohl Studien wie PISA als auch neue Erkenntnisse aus den Bereichen der Neurobiologie, Kognitionswissenschaft und Evolutionärer Erkenntnistheorie verstärkt eine holistische (ganzheitliche) Pädagogik befürworten. Einer der führenden Vertreter des holistischen Ansatzes ist der in den USA angesehene Philosoph und Psychologie John Dewey. Sein Buch *Demokratie und Erziehung. Eine Einleitung in die philosophische Pädagogik* (1916) gilt als ein Schlüsselwerk der internationalen Reformpädagogik und vereint Deweys Erkenntnisse in den Disziplinen der Philosophie, der Psychologie und der Politiktheorie. (Literaturhinweis: John Dewey: *Demokratie und Erziehung. Eine Einleitung in die philosophische Pädagogik* (1916), Weinheim/Basel 1993)

Auch in der Medizin wird zumindest von den Vertretern einer ganzheitlichen (holistischen) Gesundheitslehre erkannt, wie wichtig es ist, den Menschen nicht nur im Hinblick auf ein bestimmtes Krankheitsbild zu sehen, sondern verstehen zu lernen, wie es zu dieser Erkrankung kam. Immer mehr Erfahrungsberichte belegen inzwischen, dass eine dauerhafte Gesundheit des Patienten nur durch eine ganzheitliche Betrachtung wieder hergestellt werden kann. Erst indem alle möglichen Einflussfaktoren berücksichtigt werden, können die wahren Ursachen für die Dysbalance in der Einheit von Körper (Symptomebene), Geist (Gedanken) *und* Seele (Gefühle) ermittelt werden. Auf der Grundlage dieser ganzen Fakten ergibt sich für den Arzt ein viel umfassenderes Bild für die Heilung des Patienten, da möglichst viele Parameter berücksichtigt werden, die zur Erkrankung geführt haben können.

Auch im zwischenmenschlichen Bereich gewährt uns eine ganzheitliche Sicht tiefere Einblicke in die Zusammenhänge bestimmter Beziehungsstrukturen, was auch hier wiederum zu mehr Verständnis, Toleranz und Akzeptanz in Beziehungen (sowohl beruflich als auch privat) führen kann. Ganzheitliches Denken lässt uns nicht nur starre, destruktive, unpassende Gedankenmuster erkennen, die nachfolgend aufgelöst werden können, sondern hilft auch, die eigenen Ressourcen zu entdecken, sowie eigene Fähigkeiten und Stärken besser zu entwickeln. So wird nicht nur das Selbstbild geklärt und gestärkt, sondern das gesamte menschliche Potential viel mehr zur Entfaltung gebracht.

Warum gehe ich in diesem Buch noch einmal auf diesen holistischen Ansatz ein? Ein ganz einfacher Grund: Gott bestätigte mir nicht nur, dass Aristoteles recht hatte mit seinem Ansatz, dass das Ganze mehr ist als die Summe seiner Teile, er ließ mich auch wissen, dass Heilung, wenn sie von Dauer sein soll, ausschließlich über den Weg der Seele erfolgen kann. Erst wenn diese geheilt ist, kann die Heilung des Geistes und des Körpers folgen. Worum es bei der Heilung der Seele jedoch geht, ist, dass wir wieder Eins werden mit ihm. Erst wenn diese Verbindung wieder hergestellt ist, wirkt sich dies nachhaltig positiv auf alle Bereiche unseres Lebens aus.

Gott wünscht sich, dass wir uns ihm aus freiem Willen wieder zuwenden und auch entsprechend motiviert sind, ihm unser Leben anzuvertrauen. Ist dies der Fall, können wir uns gemeinsam mit ihm das schönste Leben erschaffen, das wir uns erträumen können, weil dieser Traum dann auch von der Allmacht Gottes gesegnet wird.

Doch leider hat sich der Mensch im Laufe der Zeit immer mehr von Gott abgetrennt und ist dem Weg seines Egos gefolgt. Den meisten Menschen fehlt heutzutage der Zugang zu ihm. Wie ich es in meinem ersten Buch schon ausformuliert habe, ist der Weg zu Gott ein sehr schmaler Pfad, den nur wenige wählen. Und selbst unter ihnen gibt es immer noch viele, die sich scheuen, ihn ganz bis zum Ende gehen. Die meisten hören auf, diesen

Weg zu gehen, sobald sie vor die verschiedensten Herausforderungen des Lebens gestellt werden, um zu erkennen, ob wir uns auch wirklich mit einem reinen Herzen und einem bewussten Geist Gottes Willen unterzuordnen gedenken.

Im Vergleich dazu ist der Weg des Egos ein sehr breiter Trampelpfad, den leider die meisten gehen. Hier verlieren sie sich jedoch nur allzu schnell in den Versprechungen und trügerischen Annehmlichkeiten einer materiellen Scheinwelt, die ihnen vorgaukelt, sie zu Glück, Liebe, Erfolg und Wohlstand zu führen.

Der Großteil der Menschen hat vergessen, dass ihnen in Wirklichkeit nur eine innige Beziehung mit Gott *wahres Glück* und *wahre Erfüllung* bringen kann. Viel zu viele haben keine Vorstellung mehr davon, wie es ist, mit Gott-Vater verbunden zu sein. Sie suchen im Außen nach Erfüllung, Wohlstand, Wertschätzung, Liebe …, statt sich nach innen zu wenden, um dort ihren wahren Schatz (inneren Reichtum) zu finden. Stattdessen lassen sie sich von ihren Bedürfnissen treiben und irren mitunter sogar ziellos durch ihr Leben, weil sie den Bezug zu ihrer wahren Natur, ihrer Seelen-Essenz verloren haben. Sie unterliegen sehr stark dem Diktat einer Macht, die sie vollkommen in Beschlag nimmt. Es scheint, als seien diese Menschen bereits zufrieden damit, selbst nicht mehr viel denken und entscheiden zu müssen. Brav folgen sie den Zielen, die ihnen die Masse vorgibt, anstatt ihre eigene Individualität zu leben, ihrer Kreativität freien Ausdruck zu verleihen, ihre wahre göttliche Größe zu erkennen, ihren Schöpfergeist bewusst zu gebrauchen, um gemeinsam mit Gott etwas Wunderbares für sich selbst und für andere zu gestalten.

Wenn Gott dies so sieht, tut es ihm weh, sehen zu müssen, wohin sich die Menschheit immer mehr entwickelt hat, und dass sie deswegen so leiden muss. Er fühlt mit ihnen. Doch so wie sie sich dieses Gefängnis selbst erschaffen haben, ist es nun an ihnen, zu entscheiden, ob sie weiterhin Gefangene ihres Egos bleiben oder sich wieder ihm, als ihrem Vater, zuwenden wollen. Seine Hilfe und Unterstützung bekommen all die, die sich wieder für ein Leben mit Gott entscheiden. Gottes Wunsch ist, dass wir nicht länger den Täuschungen dieser Welt erliegen, sondern diesen Illusionen und Trugbildern mit seiner Hilfe entfliehen.

Vor etwas mehr als hundert Jahren teilte diese wichtige Botschaft Gottes bereits schon P. Yogananda mit folgenden Worten mit der Welt: „Gott will, dass wir dieser täuschenden Welt entfliehen. Er weint um uns, denn Er weiß, wie schwer es für uns ist, unsere Freiheit in Ihm zu erlangen. Aber ihr müsst nur daran denken, dass ihr Seine Kinder seid. Bemitleidet euch nicht. Gott liebt euch genauso, wie Er Christus und Krishna liebt. Ihr müsst euch um Seine Liebe bemühen, denn sie schließt alles ein: ewige Freiheit, endlose Freude und Unsterblichkeit." (ebenda S. 66)

Unserem Ursprung nach sind wir spirituelle Wesen

Was dem Menschen hilft, sich aus dem Tal der menschlichen Irrungen und Wirrungen zu befreien, ist, sich wieder daran zu erinnern, dass er ein spirituelles Wesen ist. Dazu gehört, dass er erkennt, dass er mehr ist als nur sein Körper, der ihm die verschiedensten Bedürfnisse aufzeigt, sodass der Mensch ständig glaubt, diese als erstes erfüllen zu müssen, damit es ihm gut geht. Was der Mensch stattdessen zu lernen hat, ist, sich weder mit den menschlichen Bedürfnissen noch mit den Krankheiten seines Körpers zu identifizieren, weil er in Wahrheit eine göttliche SEELE ist.

Dass sich der Mensch dessen wieder bewusstwird, dass er einen sehr mächtigen Geist hat, den er sehr wohl zu seinem und zum Wohle aller gebrauchen kann, vorausgesetzt dass er dies in Absprache mit Gott, seinem Schöpfer, tut. Gottes Wunsch für uns Menschen ist, dass wir wieder lernen, unseren Verstand in Übereinstimmung mit der Stimme unseres Herzens zu bringen, denn erst durch diese Verbundenheit (Kohärenz) ist gewährleistet, dass alle Entscheidungen, die wir treffen, auch wirklich zum Wohle *aller* Lebewesen (Mensch, Tier, Pflanzen und Mutter Erde) sind.

Und dass er sich wieder seiner Herkunft erinnert und damit auch an die Aufgaben, die er als Seele zu erfüllen hat. Lange vor unserer Geburt haben wir Gott unser Einverständnis gegeben, genau jetzt zu dieser Zeit zu inkarnieren und das trotz all der Herausforderungen, die dieses Leben mit sich bringen mag, um sowohl persönliches, familiäres als auch kollektives Karma aufzulösen, um als Seele wieder frei zu werden.

Unser wahres Potential entfalten und gemeinsam mit Gott etwas Wunderbares gestalten

Gott braucht uns, so wie wir ihn brauchen, um *gemeinsam mit IHM* ein neues Zeitalter zu beginnen. Damit uns dies innerhalb der dafür vorgesehenen Zeit auch tatsächlich gelingen kann, bedarf es sowohl unserer Rückerinnerung als auch der damit einhergehenden Rückverbindung an ihn, unseren Vater, der uns alle bedingungslos liebt, und der sich für jedes seiner Kinder das beste Leben wünscht.

Weil es so wichtig ist, will ich es noch einmal verkürzt darstellen. Es gilt, die wahre Größe unseres Seins zu erkennen und über unsere rein menschlichen Bedürfnisse hinauszuwachsen. Uns unseres Denkens und Handelns bewusst zu werden und den eigenen Schöpfergeist kreativ und konstruktiv zum Wohle *aller* zu gebrauchen. Uns wieder unserer göttlichen Herkunft zu erinnern und in Übereinstimmung mit dem Willen Gottes ein neues Zeitalter *bewusst* mitzugestalten.

Jeder einzelne von uns ist bei der Realisation dieses Projektes in Zusammenarbeit mit Gott so wichtig. Unser Leben birgt noch so viel mehr an Möglichkeiten in sich, als wir uns dies derzeit mit unserem begrenzten Geist vorstellen können, denn: „Das Ganze ist mehr als die Summe seiner Teile."

Mit Gott etwas Wunderbares zu gestalten, gelingt uns, wenn wir regelmäßig mit Gott in Kontakt sind und uns immer wieder daran erinnern, dass seine Liebe so unendlich groß ist, dass sogar ein Funke Gottes in jedem von uns wohnt. Aus dieser Anbindung an die Quelle heraus vermögen wir es, etwas Sinnstiftendes (ja sogar etwas Bleibendes wie ein eigenes Kunstwerk …) zu erschaffen und geben damit auf ganz natürliche Art und Weise unserem Leben einen Sinn. Wenn wir dann das Ergebnis daraus noch mit anderen teilen und diese so an unserem Wissen und unseren Fähigkeiten teilhaben lassen, erfüllen wir bereits einen großen Teil unserer Lebensaufgabe. All die wunderbaren Fähigkeiten und Talente, die Gott uns gegeben hat, wollen nicht brach liegen. Sie wollen zur Entfaltung gebracht und dann auch anderen zur Verfügung gestellt werden.

Wenn wir uns zum Beispiel die Biografien von Johann Wolfgang von Goethe, Wolfgang Amadeus Mozart oder anderen Genies ihrer Zeit ansehen, dann können wir in etwa erahnen, welches Potential Gott auch in uns gelegt hat. Im Grunde genommen können wir genau das gleiche erreichen wie sie und müssen unser Licht keineswegs unter den Scheffel stellen. Unser Problem ist nur: Wir nutzen das, was uns Gott an Gaben gegeben hat, einfach viel zu wenig.

Was hindert uns, unser Potential zu leben?

Worin liegt es begründet, dass wir unser Potential entweder gar nicht bzw. viel zu wenig leben? Woher kommt das? Was ist der Grund? Liegt es an den Eltern, an der Schule oder gar an uns selbst? Wen machen wir dafür verantwortlich? Und ist es damit dann auch schon getan, dass wir die Schuld im Außen suchen? Wenn ich ganz ehrlich bin, dann stelle ich fest, dass ich es jahrelang gescheut habe, die Verantwortung dafür in mir selbst zu sehen. Viel einfacher war es, zunächst einmal die Schuld bei meinen Eltern zu suchen und mir zu sagen: „Hätten sie es mir gezeigt, wie ich mein Potential leben kann, dann würde ich dies ja auch gerne tun. Doch sie haben mich mit alldem viel zu sehr alleine gelassen." Da mir dieser Vorwurf gegenüber meinen Eltern jedoch nicht das Ergebnis brachte, auf das ich gehofft hatte, ging ich im Anschluss daran davon aus, dann muss es die Schule sein. Dann muss es in der Verantwortung der Lehrer liegen. Ganz entsprechend der Vorstellung: Sind sie gut, dann bin auch ich gut. Sind sie es nicht, kann ich nichts dafür, dass ich mich schwer damit tue, mein Potential zu leben. Meine Noten in den einzelnen Fächern sind der schlagende Beweis dafür. Zuletzt hatte ich sogar eine Phase, da machte ich Gott dafür verantwortlich und behauptete ihm gegenüber doch glatt: „Vater, wenn es die Eltern und die Lehrer nicht sind, dann muss es an dir liegen. Hättest du mir die gleichen Fähigkeiten wie meinem Bruder gegeben, dann ginge es mir bestimmt besser. Doch da du mich bei der Verteilung von Fähigkeiten wie zum Beispiel … anscheinend übersehen hast, bin ich jetzt in diesen Fächern leider nicht so gut wie mein Bruder. Findest du das gerecht? Ist das gut? Wie konnte dir dies nur passieren? Hast du unter Umständen die Mädchen weniger lieb als die Buben? Warum gibt es mehr erfolgreiche Männer als Frauen? Warum gibt es diese Benachteiligung gegenüber den Frauen? Ehrlich gesagt wäre ich auch lieber ein Mann. Ich bin mir sicher, dann hätte auch ich es leichter als ich es derzeit habe …"

Sie sehen, ich habe meine Verantwortung, wo immer ich nur konnte, stets versucht an andere abzugeben. Es hat relativ lange gedauert – im Grunde genommen fast zwanzig Jahre – bis ich während meines Studiums erkannte, die Einzige, die dafür verantwortlich ist, wie es mir geht und was ich aus dem mache, was in mir angelegt ist, bin ich. Diese Einsicht zu haben, war nicht gerade einfach für mich, doch nachdem ich es endlich begriffen hatte, setzte ich mich – wie sagt man so schön – auf meinen Hosenboden und studierte ernsthaft, was mir glücklicherweise dann auch die Erfolge brachte, auf die ich heute zurückblicken kann.

Es waren also nicht meine Eltern, obwohl ich mir als Kind wie auch noch als Jugendliche so oft gewünscht hatte, dass sie doch viel mehr Zeit für mich gehabt hätten, anstatt ihre ganze Aufmerksamkeit immer nur in ihre Arbeit zu investieren. Es gab Zeiten, da hätte ich sie so dringend gebraucht. Zeiten, da wusste ich einfach nicht: Was fange ich mit mir selbst an? Wo liegen denn überhaupt meine Fähigkeiten? Habe ich denn welche? Wenn ja, dann sage mir doch bitte jemand welche? Und bitte, bitte, bitte zeigt mir, wie ich diese entfalten kann. Ich wusste es damals nämlich einfach nicht.

Und mit meinem Zwillingsbruder an meiner Seite, der sich – meiner Meinung nach – mit allem scheinbar so leichttat, und immer wieder gesagt bekam, wie toll er das Ganze doch macht, festigte sich in mir immer mehr der Glaubenssatz: „Du kannst machen, was du willst. Du bist einfach nicht gut genug. Das, was du tust, reicht bei weitem nicht aus, um genauso erfolgreich zu sein, wie er. Vergiss es!" – Was für ein Frust. – Manchmal gab es Zeiten, da hätte ich mich am liebsten in Luft aufgelöst. Was mir nicht guttat, war, ständig mit meinem Bruder verglichen zu werden. Das fing im Grunde genommen schon im Kindergarten an, wenn die Erzieherinnen ihn mehr lobten als mich, während ich das Gefühl hatte, „Die sehen mich ja überhaupt nicht. Die schauen nur auf ihn. Was muss ich denn eigentlich tun, um genauso gesehen zu werden wie er? …" Dieses Gedankenkarussell von

„Ich bin nicht gut genug" startete bei mir somit bereits im zarten Alter von vier, fünf Jahren und sollte mich die ganze Schulzeit über bis circa zu meinem zwanzigsten Lebensjahr begleiten. Die Sätze, die mir mein innerer Kritiker dabei zuflüsterte, variierten zwar immer wieder einmal, doch im Grunde genommen war ihre Botschaft stets die gleiche: „Du kannst es nicht. Du bringst es nicht. Vergiss es. Gib auf. Was soll das? …" – Eine Leier, ein Tonband bzw. eine CD, die unaufhörlich spielte. Die einzige Zeit, in der ich dieses Band nicht ständig in mir sprechen hörte, war die, wenn ich mich irgendwie körperlich betätigen konnte, oder ein Buch las, um mich aus meiner eigenen Gedankenwelt davonzustehlen. Diese Zeiten der Ablenkung taten mir gut.

Inzwischen ließ mich Gott wissen – nachdem ich ihm zuvor einen gewaltigen Beschwerdebrief geschrieben hatte –, dass er mir sehr wohl die gleichen Fähigkeiten und Talente gegeben hatte wie meinem Bruder. Dass ich mich jedoch sehr schwertue, diese überhaupt wahrzunehmen und zu entwickeln, weil ich mir selbst immer und immer wieder dieses Lied von „Ich bin nicht gut genug!" vorspiele. Liebevoll erklärte er mir, was geschieht, wenn wir diesen ganzen destruktiven Gedanken Glauben schenken und zeigte mir auf, dass sich dann aufgrund dieser negativen Gedanken und Gefühle unser Herz immer mehr verschließt, bis wir irgendwann die Stimme unseres Herzens gar nicht mehr hören, obwohl sie ständig zu uns spricht und uns zu erreichen versucht. Doch unsere Aufmerksamkeit ist – vergleichbar mit einem Radio, das noch auf die falsche Frequenz eingestellt ist – so sehr auf diese trügerische Stimme des Egos fokussiert, dass wir nur noch diese kritischen Stimmen wahrnehmen und alles andere dabei überhören. Sind wir zudem noch perfektionistisch veranlagt, tun wir uns gleich doppelt schwer, an unsere Fähigkeiten zu glauben. Aufgrund dieses mangelnden Glaubens an uns selbst ziehen wir im Außen immer wieder Situationen an, die uns letztlich wiederum genau das bestätigen, von dem wir überzeugt sind. Ganz egal, ob wir dabei von einer positiven oder negativen Erwartungshaltung ausgehen. Was hier wirkt, ist wieder einmal das Resonanzgesetz.

Fakt ist, dass uns unser Unterbewusstsein zusammen mit unserer Seele so lange immer wieder einmal in entsprechende Situationen bringt, die uns so lange vor ähnliche Herausforderungen stellen, bis wir gelernt haben, die entsprechende Lernaufgabe zu meistern. Worum es bei dem Ganzen geht, ist, zu erkennen, welcher Stimme wir vertrauen. Der Stimme des Egos, die sehr laut, mitunter sogar aggressiv mit uns spricht, oder der Stimme unseres Herzens, die zwar sehr leise spricht, es dafür aber umso ehrlicher mit uns meint und uns dazu bringen will, endlich an uns selbst zu glauben.

Hätte ich das doch nur schon fünfzig Jahre früher gewusst, wer weiß, was dann noch alles aus mir geworden wäre, denn Träume hatte ich als Kind und Jugendliche genug.

Erst Jahrzehnte später sollte ich es mit Gottes Hilfe lernen, dass tatsächlich nur ich selbst es war, die sich mit diesen ganzen destruktiven Glaubenssätzen immer wieder einmal die unterschiedlichsten Steine verschiedenster Größe in ihren Weg gelegt hatte.

Gott ließ mich zudem wissen, wie wichtig es ist, dass wir uns den Glauben an uns selbst immer wieder anschauen, weil es ein so facettenreiches Thema ist. Letztlich geht es darum, mit der Zeit ein gesundes Selbstvertrauen zu entwickeln, das die Basis für unser Handeln wird. Was meine derzeitige Aufgabe ist, ist, mir besonders der ganzen Ängste bewusst zu werden, die unter dieser gesamten Thematik liegen. Diese gilt es zu überwinden und mich damit auszusöhnen, dass ich zwar glaube, als menschliches Wesen unvollkommen zu sein, dass ich jedoch eine unsterbliche Seele bin, die es im Laufe vieler Leben nur vergessen hat, wer sie in Wahrheit denn wirklich ist.

Die Situation mit meinem Zwillingsbruder hatte ich mir extra so ausgesucht, um auch ja genug motiviert zu sein, mir die gesamte Thematik noch einmal anzuschauen, um mir der ganzen uralten Glaubenssätze bewusst zu werden, die mich bislang in meiner persönlichen Entfaltung blockiert hatten. Mit dem Ziel, sie endlich aufzulösen und mir stattdessen das Leben meiner Träume zu erschaffen.

Auf seine liebevolle und stets wertschätzende Art erklärte mir Gott, dass in jedem von uns das Potential ruht, das wir uns in unseren früheren Leben bereits angeeignet haben. Dieses bringen wir von Leben zu Leben mit in der Absicht, die ganzen bereits erlernten Fähigkeiten und Fertigkeiten immer noch weiter auszubauen, um sie irgendwann zur Entfaltung zu bringen. Vergleichbar einer Blume, deren Knospe sich ebenfalls nach und nach öffnet, bis sie ihre ganze Schönheit zeigt, um andere damit zu erfreuen.

Wenn wir von sogenannten Wunderkindern hören, die bereits im Alter von vier oder fünf Jahren Klavierkonzerte geben, ein anderes Instrument (Geige, Cello, die eigene Stimme …) mit Bravour beherrschen oder sich in sportlichen Disziplinen als sehr talentiert zeigen, dann beruht dies genau auf der Tatsache, dass dieses Kind diese Begabung in früheren Leben bereits insoweit entwickelt hatte, dass es sich jetzt ausgesprochen leicht damit tut, diese Fähigkeiten wieder zu aktivieren und sein Können der Welt zu zeigen. Dann staunen wir zwar über deren Können, sind andererseits jedoch enttäuscht, weil wir es selbst noch nicht bis zu dieser Fertigkeit gebracht haben. Mitunter glauben wir sogar, dass uns Gott eine derartige Begabung vorenthalten hat. Doch das ist keineswegs der Fall.

Nicht nur diese herausragenden Künstler ihres Fachs wurden von Gott mit ihrer Genialität beschenkt. Die gleichen Fähigkeiten schlummern auch in uns. Das Problem ist leider nur, dass wir sie oft nicht nutzen, weil wir nicht in Kontakt mit uns selbst/unserer Seele sind und der Stimme unseres Herzens nicht vertrauen. Würden wir von klein auf eine Förderung erfahren, wie sie zum Beispiel ein Goethe oder ein Mozart oder eines der anderen Talente erhielt, könnten auch wir unser Potential viel besser leben.

In jedem von uns ruht eine solche Gottesgabe, die entdeckt sein will. Diese zu suchen und zu finden, darin liegt unser Lebenssinn. Für den einen ruht sie vielleicht in der Musik, für den anderen in der bildenden Kunst, beim nächsten in den Naturwissenschaften oder im Bereich der Technik, während ein anderer ein Sprachtalent ist, sowie wieder ein anderer schon frühzeitig seine Begabung als Redner erkennt. Der nächste findet sie vielleicht im Umgang mit Tieren. Wieder ein anderer liebt seinen Garten und entdeckt, dass dies sein Resort ist, wo er sich auf das Beste entfalten kann. Der nächste steht mit Vorliebe in der Küche und zaubert köstliche Speisen, während sich ein anderer auf die Kunst in der Patisserie versteht …

Unsere Aufgabe besteht somit darin, wieder in Kontakt mit uns selbst zu kommen, um damit den Zugang zur Quelle zu finden, in der dieses ganze Potential schlummert, denn es will erweckt und gelebt werden. Den Schlüssel dafür finden wir jedoch nicht im Außen, in der Welt der Versuchungen und Verlockungen, in der Welt des sogenannten schönen Scheins, der Welt des Egos, sondern allein in uns.

Wollen wir diesen Schatz folglich auch wirklich heben, müssen wir uns aus freien Stücken heraus entscheiden, diese Scheinwelt der Materie überwinden zu wollen, um stattdessen den magischen Schlüssel zu finden, der uns hilft, das Tor zu öffnen, hinter dem unser ganzer persönlicher Schatz verborgen liegt. Dabei müssen wir uns aber auch im Klaren darüber sein, dass dies sehr wohl auch ein Weg ist, der uns abverlangt, manches loszulassen, was uns nicht länger dienlich ist, oder uns gar an unserer persönlichen Entwicklung behindert. Motivation allein reicht dabei oft nicht aus, denn es gilt, die Komfortzone zu verlassen, in der wir es uns bislang so gemütlich eingerichtet hatten. Es gibt einfach viel zu viele Versuchungen, die uns immer und immer wieder in unsere alten Verhaltensweisen und Gewohnheiten zurückziehen wollen.

Der Weg, den wir stattdessen zu gehen haben, bedarf der Schulung unseres Geistes sowie der Stärkung unseres Körpers (zum Beispiel mit Yoga, Tai Chi, Qi Gong …) und eines offenen Herzens eines täglichen Trainings, indem wir uns unseres Verhaltens, unserer Gedanken und Gefühle immer wieder einmal bewusstwerden müssen, um mit der Zeit auch wirklich nachhaltig positive Ziele erreichen zu können. Neben Disziplin und Willensstärke, die es dabei zu entwickeln gilt, ist es auch ein Rückzug von der Welt, die uns auf ihre Art noch immer allzu sehr gefangen hält. Was wir stattdessen zu entwickeln haben, ist ein Kontakt mit uns selbst, mit unserer Seele, sowie ein regelmäßiger Austausch mit Gott und/oder Jesus, um bei alledem ihre Hilfe und Unterstützung zu erfahren.

Ziel unserer Seele, die sich im Verlauf vieler Leben immer mehr in den ganzen menschlichen Bedürfnissen des Egos verloren hatte, ist es, endlich diese ganzen menschlichen Anhaftungen auch wieder aufzugeben, um sich stattdessen wieder mit Gott zu vereinen. Sich wieder ihrer göttlichen Herkunft bewusst zu werden, um letztlich ihr Leben nicht länger ohne Gott, sondern mit ihm zur bestmöglichen Entfaltung zu bringen. Bei alledem wird unsere Seele nicht eher ruhen, bis die geöffnete Schatztruhe vor ihr liegt und sie wieder aus dem Vollen schöpfen kann, um sich das denkbar schönste Leben zu kreieren. Und das MIT GOTTES SEGEN UND MIT IHM AN UNSERER SEITE!

Welchen Weg sollten wir gehen, um unser Potential zu entfalten?

Wo lernen wir, was wir als Basis dafür brauchen, um immer besser in unser göttliches Potential hineinzuwachsen und gleichzeitig ein Gottsucher zu werden, denn tun wir dies nicht, dann haben wir im Grunde genommen unser Leben nicht wirklich so genützt, dass sich die Seele weiterentwickeln kann. Dann haben wir uns ein Leben lang vielmehr nur im Kreis gedreht, statt zu lernen, über uns selbst hinauszuwachsen und selbst die Regie in unserem Leben zu führen. Doch damit es nicht so weit kommt, stelle ich mir die Frage:

Was könnte hier ein Beitrag der Schule sein?

Jahrelang besuchen wir Schulen und lernen so vieles, das wir in dieser Form später gar nicht mehr wirklich brauchen, außer wir streben damit ein bestimmtes Fachstudium an. Letztlich jedoch dient dieses ganze Wissen nur dazu, dass wir damit unsere schulische Laufbahn erfolgreich beenden, um dann je nach Begabung und Interesse etwas Neues auszuprobieren. Dabei hoffen wir, uns selbst inzwischen insoweit kennengelernt zu haben, um beurteilen zu können, welchen Beruf wir erlernen wollen, denn irgendwann gilt es, sich damit den Lebensunterhalt zu verdienen.

Was mir in all den Berufsjahren aufgefallen ist, ist, dass Schule für die meisten Schüler wie Eltern immer mehr zur „Pflicht" wird, als dass sie eine „Kür" wäre. Woran liegt das?

Sind an dieser Entwicklung die Eltern schuld, die unter Umständen von ihrem Kind verlangen, eine bestimmte Schulart zu besuchen, obwohl das Kind dies gar nicht will? – und – Was lässt die Motivation der Schüler mit der Zeit oftmals so sehr sinken, dass ein Großteil von ihnen nicht mehr gerne zur Schule geht? Dass das Lernen keineswegs mehr freudvoll geschieht, sondern immer mehr nur noch zu einer unliebsamen Pflicht wird? …

Oder liegt das Problem gar bei den Schulen selbst? So, wie sie derzeit strukturiert und organisiert sind? Inwiefern ist es den Schulen denn überhaupt möglich, das wahre Potential eines Menschen zu erkennen, um dieses dann auch noch gebührend zur Entfaltung zu bringen? …

Um wirklich auf die Fähigkeiten des Einzelnen gut eingehen zu können, bedürfte es viel, viel kleinerer Klassen. Das ist in aller Regel jedoch nicht der Fall. Grundsätzlich wird darauf geachtet, dass möglichst viele Schüler eine Klasse besuchen. Bei geburtenstarken Jahrgängen heißt das, dass mitunter bis zu 33 Schüler in einer Klasse sind.

Wie kann da eine optimale Begleitung, geschweige denn eine Förderung einzelner Schüler geschehen? Selbst wenn der Unterricht noch so abwechslungsreich und handlungsorientiert gestaltet ist, bleiben immer noch die persönlichen Bedürfnisse des Kindes unberücksichtigt, denn wie will es sich dem Lehrer mitteilen, der damit beschäftigt ist, Lernstoff zu vermitteln und sich noch dazu vor so viele andere Aufgaben gestellt sieht, die es zu bewältigen gilt?

In aller Regel sind es mehr die extrovertierten Schüler, die im Klassenzimmer das Sagen haben, weil sie irgendwann gelernt haben, dass man möglichst laut, fordernd oder gar aggressiv sein muss, um gehört zu werden. Während der Lehrer gefordert ist, allen Schülern gleichermaßen ein Ansprechpartner zu sein, gehen die Kinder unter, die mit einem ganz anderen Temperament (introvertiert) gesegnet sind. Für manche von ihnen mag das eine Zeit lang ganz nett sein, wenn sie in der Masse der Klasse geradezu verschwinden können, denn viele von ihnen trauen sich nichts zu sagen und überlassen lieber den vorwitzigeren und lebhafteren Schülern das Feld. Doch wohin führt eine solche Entwicklung? Was lernen sie für ihr Leben daraus? Zwar zeichnet es einen guten Lehrer aus, die Schüler so zu führen, dass sich jeder melden und mitarbeiten kann, doch gelingt dies in aller Regel mal mehr, mal weniger gut. Je nachdem, welcher Lerninhalt gerade gelehrt wird, und was es sonst noch an Bedürfnissen wie auch an Störfeldern innerhalb der Klasse gibt, die zusätzlich geklärt und gemanagt sein wollen, denn Befindlichkeitsstörungen gibt es in jeder Hinsicht genug.

Meines Dafürhaltens nach ist es bei weitem nicht damit getan, die Verantwortung für das Gelingen des Unterrichts allein beim Lehrer zu sehen. Hier ist jeder gefragt. Sowohl das überaktive als auch das viel zu brave Kind plus der Lehrer. Damit der Unterricht erfolgreich verlaufen kann, müssen die unterschiedlichen Bedürfnisse erst einmal auf einen gemeinsamen Nenner gebracht werden. Doch selbst die Qualität des Unterrichts ist noch keine Garantie dafür, dass die Fähigkeiten des einzelnen Schülers auch wirklich zur Entfaltung kommen können. Im Hinblick darauf sollte Schule – meiner Meinung nach – neue Wege gehen, denn die Zeiten haben sich verändert. Und das, was einmal gut war, wird meines Dafürhaltens nach den Bedürfnissen unserer Zeit nicht mehr gerecht. Schule muss auf die Veränderungen, die gesamtgesellschaftlich gesehen geschehen, anders reagieren, will sie auch weiterhin allen Kindern und Jugendlichen einen Halt geben und ihren Beitrag zu einer umfangreichen Allgemeinbildung leisten.

Liegt es nur in der Aufgabe der Schule, einen Weg zu finden, der den Erfordernissen der Zeit ausreichend gut zu entsprechen vermag? Ich glaube nicht. Ich denke vielmehr, dass sich zur Entwicklung wirklich guter Konzepte viele gute, kreative Geister aus den verschiedensten Fachbereichen (Pädagogik, Psychologie, Wirtschaft, Politik, Kultusministerien …) plus Eltern- und Schülervertreter sowohl regional als auch überregional zusammensetzen müssten, um gemeinsam darüber zu befinden, in welche Richtung sich Schule zu entwickeln hat, damit das Ganze ein wirklich gutes Fundament bekommt, das sowohl den Erfordernissen der Zeit als auch den Bedürfnissen der Menschen dieser Zeit entsprechen kann. Letztendlich bedarf es zunächst einer Sammlung an verschiedensten guten Ideen und Konzepten, die dann natürlich auf ihre Umsetzbarkeit hin geprüft werden müssen, damit etwas Zielführendes daraus entsteht. Und zuletzt darf diese ganze Entwicklung nicht nur getragen sein vom Enthusiasmus weniger, sondern sollte „gespeist" sein von einer sehr großzügigen Bereitstellung finanzieller Mittel. Anders als dies bislang der Fall ist.

Doch damit der Schul-Entwicklung mehr Geld zur Verfügung steht, muss fürs Erste wohl noch ein Ruck durch unsere Gesellschaft gehen, damit möglichst viele erkennen, dass die Zukunft eines Landes nicht in der Rüstungs- oder Pharmaindustrie bzw. in einem der vielen anderen Bereiche der Wirtschaft liegt, sondern dass die Zukunft eines Landes bei den Kindern liegt.

Von daher sollte alles getan werden, um sowohl die Eltern als auch die Schulen finanziell auf das Beste zu unterstützen. Meiner Meinung nach kann nur durch eine gerechtere Verteilung der staatlichen Fördermittel und Gelder eine Veränderung zum Positiven hin bewirkt werden. Um Schule zu einem Ort des ganzheitlichen Lernens zu machen, muss sie neu gedacht und konzipiert werden. Dies bedarf in letzter Konsequenz auch einer Neu-Strukturierung der gesamten Schullandschaft mit viel mehr Schul-Standorten, deutlich kleineren Klassen, sowie einer Schaffung neuer Schul-Konzepte und das über alle Schularten hinweg.

Wie könnte eine solche Schule der Zukunft aussehen?

Wie ich es in meinem zweiten Buch im Kapitel *Was hat der Holismus mit der Erziehung zu tun* bereits ausgeführt habe, unterliegt der Bereich der Bildung (Schule und Studium) leider sehr stark reduktionistischen Tendenzen, wie sich dies vor allem im Fachlehrerprinzip sowie in der Ausdifferenzierung bestimmter Fächer und Methoden bzw. im Erfassen der Leistungen der Schüler durch Noten zeigt. Kritik an dieser Entwicklung wird dahingehend laut, weil Studien wie PISA belegen, dass durch diese Art des Lernens das Leseverständnis der Schüler immer mehr sinkt, zumal ihnen der fächerübergreifende Aspekt einer ganzheitlichen Bildung fehlt. Das führt letztlich dazu, dass insgesamt gesehen die Entwicklung bestimmter Fähigkeiten wie das Lösen von Problemen oder das Begreifen der Umwelt an sich immer mehr behindert wird. Schüler lernen zwar viel, doch fehlt es ihnen nach wie vor an einer Zusammenführung wichtiger Erkenntnisse in einem übergeordneten lebenspraktischen Sinn. Was noch immer viel zu sehr unberücksichtigt bleibt, ist der Transfer ihres Wissens auf die einzelnen Herausforderungen und Aufgaben des späteren Lebens.

Der Einzelne mag vielleicht gute Noten haben, doch zeichnet ihn das noch lange nicht als einen Menschen aus, dessen Leben auch wirklich gelingen kann. Das in der Theorie Gelernte muss noch viel, viel mehr mit den jeweiligen praktischen Erfahrungen verknüpft werden und vor allem in einem Gesamtzusammenhang (einem größeren Kontext) stehen. Wie könnte dies aussehen?

Das Prinzip des Holismus
auf die Schule übertragen

Holistisches Denken ist der Versuch, einem übergeordneten System mehr Rechnung zu tragen, als dies bisher der Fall war. Das ist jedoch nur dann möglich, wenn wir uns die Freiheit nehmen, einmal nicht länger in den bisher vorgeschriebenen Bahnen zu denken, sondern stattdessen grenzenlos und frei agieren. Erst in diesem Moment lösen wir die bisherigen Beschränkungen auf und lassen etwas vollkommen Neues entstehen.

Wenn ich versuche, mit allem, was ich bisher gelernt habe, den holistischen Ansatz von „Das Ganze ist mehr als die Summe seiner Teile" auf die Schule zu übertragen, welche Konsequenzen hätte dies dann für unser Bildungssystem? Inwiefern könnte sich ein ganzheitlicher Ansatz positiv auf die Persönlichkeitsentwicklung und die Potentialentfaltung unserer Kinder und Jugendlichen auswirken? Was gilt es dabei zu berücksichtigen und zu verstehen?

Was ich in den letzten Jahren immer mehr erkennen sollte, war, dass es in der Betrachtung eines jeden Themas immer um die *Einheit von Körper, Geist und Seele* ging. Lasse ich einen dieser Bereiche aus, bleiben wesentliche Informationen unberücksichtigt, die zu einer rascheren Klärung des Sachverhalts beitragen können. Erst wenn ich alle drei Komponenten gleichwertig nebeneinander betrachte, sie zusammenführe und sie somit würdige, ergibt sich ein übergeordnetes Bild, das mir dann weitere Hinweise gibt, wie ich die gesamte Thematik innerhalb kürzester Zeit am effektivsten lösen kann.

Versäume ich es jedoch, einen der Bausteine von Körper, Geist und Seele mir in seinen Auswirkungen auf das jeweilige Thema genauer anzuschauen, zahlt sich dies für mich nicht aus, weil so kein nachhaltiger (Heil-)Erfolg gewährleistet ist. Gebe ich mir jedoch von Anfang an die Zeit und mache mir die Mühe, allen drei Bereichen die gleiche Bedeutung zukommen zu lassen, komme ich zu einem schnelleren und besseren Ergebnis. Das anfängliche Mehr an Zeit, das ich investieren muss, um die wesentlichen Informationen aller drei Bereiche zusammenzutragen, hebt sich dadurch wieder auf.

Lassen Sie mich nachfolgend das, was ich lernen konnte, einmal auf die Schule übertragen. Wer weiß, vielleicht können meine Ausführungen ein Ansatz dafür sein, die Attraktivität unserer Schulen wieder zu steigern, damit die Schulzeit insgesamt gesehen im Bewusstsein vieler Menschen wieder einen besseren Platz bekommt. Vielleicht stünde es dann sogar auch um die Gesundheit vieler Lehrer und Schüler besser. Mitunter gäbe es vielleicht sogar weniger Schulverweigerer, weil die Schule dann jedem etwas bietet, das es wert ist, gelernt zu werden, weil dieses Lernen dann nicht mehr nur ein Lernen für die Schule, sondern ein LERNEN FÜRS LEBEN ist. – Wäre es nicht bedeutend schöner, wenn nicht nur die Lehrer, sondern auch die Schüler wirklich beherzt und freiwillig zur Schule gingen?

Ich denke, Sie stimmen mir zu, wenn ich als erstes sage: deutlich kleinere Klassen. Doch um einen solchen Gedanken überhaupt gewährleisten zu können, bedarf es letztlich viel mehr Schulen. Kinder und Jugendliche wollen, wie wir alle, gehört, gesehen, wahrgenommen, wertgeschätzt und geliebt (im Sinne von „Ich mag dich! Ich achte dich! Du bist mir wichtig!") werden. Ich glaube, Sie geben mir Recht, dass dies in einem Klassenverbund mit bis zu 15 Schülern pro Lehrer um ein Vielfaches leichter geschehen kann als in einer Klasse mit 33 Kindern. Zwar gab es in den 50er und 60er-Jahren mancherorts sogar noch Klassen mit bis zu 45 Schülern, doch waren dies damals auch noch ganz andere Schüler. Das Klientel hat sich in den letzten 70 Jahren deutlich gewandelt und auch darauf müssen die Schulen stets von Neuem reagieren, um den Bedürfnissen der Kinder und Jugendlichen überhaupt noch gerecht werden zu können. Bestimmte Disziplinprobleme, die wir heutzutage an den Schulen haben, die gab es damals einfach nicht. Das Wort der Lehrer, Geistlichen und Ärzte galt zu dieser Zeit noch mindestens genauso viel wie das der Eltern, wenn nicht manchmal sogar noch mehr, da sie für die Kinder noch Respektspersonen waren, was heute vielfach nicht mehr der Fall ist.

Die Kinder von heute sind anders als die Kinder von damals. Waren die Kinder früher noch wesentlich naturverbundener als heute und wuchsen in größtenteils stabilen Familienverhältnissen auf, so ist dies vielen heute leider nicht mehr möglich. Sie sehen sich mitunter vor Herausforderungen und Probleme gestellt, die es in dieser Art früher so nicht gab. Ich schaue insgesamt auf 27 Dienstjahre zurück und kann von daher beurteilen, wie sich allein schon in diesen Jahren die Schülerschaft verändert hat. Es ist nicht das Kind an sich, das so grundlegend anders ist, sondern die Lebensumstände der Kinder haben sich sehr stark gewandelt. Wuchsen die Kinder früher in aller Regel in Familien auf, wo die Mutter nicht außerhalb der Familie berufstätig war, sondern noch in der Rolle als Hausfrau und Mutter ihre Erfüllung fand, konnte sie sich noch wesentlich intensiver um das Wohlergehen aller Familienmitglieder kümmern, als dies heutzutage der Fall ist. Aufgrund der wirtschaftlichen Situation vieler Familien, aber auch weil sich die Frauen heutzutage selbst immer mehr verwirklichen wollen, statt sich oft „nur" in der Mutterrolle zu sehen, hat sich letztendlich die Lebenssituation für die Kinder nicht immer nur zu deren Wohlergehen entwickelt.

Zwar mag der zusätzliche Verdienst der Frau dazu geführt haben, dass die Familie ein besseres Einkommen hat, sodass sich durch diesen Zusatzverdienst der Lebensstandard der Familie insgesamt gesehen verbessert hat, doch zu welchem Preis? Zahlt sich das Mehr an Wohlstand im Hinblick auf ein gesundes Familienleben langfristig gesehen wirklich aus? Bedeutet dies wirklich für *alle* Familienmitglieder einen Gewinn? Könnte es stattdessen nicht auch sein, dass so manche Annehmlichkeit an materiellen Dingen sehr stark zu Lasten des Kindes geht?

Wir sprechen immer wieder einmal davon, dass die Kinder sowohl soziale Probleme als auch schulische Schwierigkeiten haben, weil sie entweder zu viel Fernsehen oder sich zu einem Großteil ihrer Zeit anderer Medien bedienen, statt zu lernen oder sich mit Freunden zu treffen. Der neue Trend, um darauf zu reagieren und im Hinblick auf die Probleme des Kindes Abhilfe zu schaffen, ist die Aufforderung zu „Digital Detox". Doch ist es damit wirklich schon getan? Ich heiße den Medienkonsum der Kinder und Jugendlichen keineswegs gut, doch ich kann verstehen, dass sich so manches Kind in diesen Abhängigkeiten verliert oder gar ein Suchtverhalten entwickelt, vor allem dann, wenn es sich aufgrund der Situation im häuslichen Umfeld entweder zu wenig oder gar nicht wahrgenommen, gesehen, gehört oder wertgeschätzt fühlt, weil beide Eltern viel zu sehr damit beschäftigt sind, ausreichend genug zu verdienen, um je nach Familiensituation überhaupt so viel an Grundeinkommen zu haben, damit die Familie einigermaßen gut leben kann. Vielfach sind die Kinder in solchen Fällen den ganzen Tag auf sich alleine gestellt, weil sich beide Eltern beruflich verwirklichen wollen, sodass letztlich nicht mehr viel Zeit für ein gemeinsames Miteinander bleibt. Das beschränkt sich dann oft nur mehr auf 30 bis 45 Minuten gemeinsame Abendessenszeit. Manchmal ist jedoch selbst dies nicht mehr der Fall. Und zur Entspannung vom stressigen Alltag ziehen sich im Anschluss daran alle Mitglieder der Familie wieder zurück und gehen ihren jeweiligen Interessen nach. Was bei alledem — meiner Meinung nach — jedoch gänzlich unberücksichtigt bleibt, ist das Thema der „Einsamkeit", das in aller Regel immer das schwächste Glied am stärksten trifft. — Wer ist dies wohl? — Das Kind. Ich kann's von daher den Kindern nicht verargen, wenn sie sich ebenfalls in ihre eigenen Welten zurückziehen, zumal sie dieses Verhalten am Beispiel ihrer Eltern lernen. Persönlich finde ich es nur schade, dass diese Welten keineswegs gut für die Entwicklung des Kindes sind. Meist sind es nur irgendwelche virtuellen Ersatzwelten, die alles andere als schön sind, damit die Kinder, die sich einsam fühlen, hier ihre Gefühle von Wut, Aggression, unter Umständen sogar von Verbitterung, Groll, Hass, Neid, etc. ausagieren können. Letztlich tun sie dies dann entweder im Sinne eines selbstzerstörerischen

Verhaltens (z.B. in diversen Suchtverhalten) oder mit Computerspielen, die so ziemlich für jeden Seelen-Schmerz des Kindes irgendein Programm bieten. Zwar können sich die Kinder mittels dieser Spiele abreagieren, doch was sie nicht lernen, ist, sich ihren ganzen Frust und ihre Gefühle auf eine gesunde Art anzuschauen, um die negative Energie, die darin liegt, entweder mit sich selbst (durch z.B. Sport) oder im Gespräch mit anderen abzureagieren. Stattdessen bleibt es in dem Spannungsfeld dieser ganzen negativen Energie gefangen, die sich unter Umständen durch den Konsum diverser Filme sogar noch potenziert. – Ist diese Entwicklung gut? – Wirklich gut? – … Doch das, was ich hier thematisiere, ist oft nur ein Teil der Probleme, denen Kinder heute ausgesetzt sind. Können wir es ihnen von daher verargen, wenn sie mitunter sind, wie sie sind?

Was ich in meinen Gesprächen mit Gott gelernt und bereits erwähnt habe, ist: Kinder sind den Erwachsenen ein Spiegel. Hier wirkt das „Spiegel-Gesetz". Da können wir noch so viele Maßnahmen ergreifen und die Kinder zu einem besseren Verhalten erziehen wollen. In solchen Fällen sind auch schulische Disziplinarmaßnahmen keineswegs das Mittel der Wahl, um das bislang erlernte Verhalten des Kindes zu korrigieren. Das Einzige, was da hilft, ist, in den Spiegel zu schauen, den uns das Kind direkt vor die Augen hält, damit wir erkennen, was das eigentliche Problem ist. Hier haben sich die Erwachsenen an die eigene Nase zu fassen und zu schauen, was im Argen liegt, um zu erkennen, was das Kind braucht, damit eine Veränderung im Verhalten des Kindes überhaupt eintreten kann, die letztlich dann für alle Beteiligten ein Gewinn ist.

Lassen Sie mich das Ganze mit folgender Situation vergleichen: Stelle ich zum Beispiel als der Halter eines Tieres (Hund, Katze, Pferd …) fest, dass das Tier sich zunehmend aggressiv gegenüber anderen Tieren oder Menschen verhält, dann ist es nicht damit getan, mit dem Tier zu einem Tier-Trainer zu gehen, der ihm ein anderes Verhalten beibringen soll. Da hilft weder ein Schimpfen noch ein anderes Futter. Das Einzige, was hier hilft, ist, sich darüber bewusst zu sein, dass Tiere äußerst sensibel auf alles regieren, was sich ihnen in ihrem Umfeld zeigt. Und das schließt auch die Energie des Tierbesitzers mit ein. Ist dieser von sich aus sehr nervös, wütend oder aggressiv, muss er sich nicht wundern, wenn das Tier im Laufe der Zeit die gleichen Verhaltensweisen wie der Besitzer zeigt, denn auch die Tiere sind uns ein Spiegel. – Ich kann auch im Garten keinen Baum oder Strauch oder irgendeine andere Pflanze pflanzen und jedes Mal, wenn ich sie betrachte, sie wegen ihrer derzeitigen Unvollkommenheit (weil sie noch viel zu klein ist, noch keine Früchte trägt, zu wenig schöne Blüten entwickelt …) täglich beschimpfen und sie auffordern, mir doch gefälligst andere Ergebnisse zu bringen, die mir besser gefallen als das, was sie mir derzeit an „Aussehen" zeigt. Auch die Pflanzen sind unser Spiegel, so wie im Grunde genommen alles in der Natur unser Spiegel ist. Alles spiegelt uns unsere eigene Unvollkommenheit, unsere eigene Aggression oder irgendein anderes Gefühl bzw. den Gedanken zurück, den ich gegenüber dieser Pflanze, dem Tier, einem anderen Gegenstand oder gegenüber einem anderen Menschen habe. Und das gilt sowohl im Negativen als auch im Positiven.

„Spieglein, Spieglein, das der andere für mich ist", sage mir, was *mein (!) Thema* in dieser Sache ist, damit ich es mir anschauen kann.

Mache ich mir bewusst, worum es im Grunde genommen wirklich geht, kann ich jedes Problem lösen. Ich garantiere Ihnen, wenn Sie es sich wert sind, diese Arbeit zu tun, werden Sie durch die Veränderung, die Sie aufgrund der Bewusstwerdung des eigentlichen Themas haben, um ein Vielfaches bessere und schönere Ergebnisse bei Ihrem Gegenüber erzielen. Egal ob Kind, Hund, Vogel, Katze, Pferd, Apfelbaum, Rosenstrauch, Partner, Nachbarn, Kollegen … Sie erinnern sich an die Worte Mahatma Gandhis: „Sei du selbst die Veränderung, die du dir wünscht in der Welt."

Letztlich lässt sich alles, was wir im Außen erleben, immer auch auf uns selbst zurückführen. Dies entspricht dem Gesetz von „Wie innen, so außen." Wir sollten von daher jede Veränderung immer bei uns selbst beginnen, damit diese im Außen zielführend ist. Will ich – egal ob als Eltern, als Lehrer oder Arbeitgeber – verstehen, warum sich ein Kind bzw. Jugendlicher mir gegenüber gerade verhält, wie er dies tut, dann sollte ich mir anschauen, was mein eigener Beitrag dabei ist, dass die Umstände sind, wie sie sind.

Wird uns dies bewusst, dann dürfen wir im Grunde genommen jedem unserer Spiegel-Partner aus ganzem Herzen dankbar sein, denn dann können wir etwas in uns selbst in Heilung bringen. Durch den Prozess der Bewusstwerdung wird es uns möglich, ganz anders auf einen bestimmten Sachverhalt zu schauen. Und indem wir erkennen, was unser eigener Anteil daran ist und diesen Gott zur Heilung und Transformation übergeben, macht uns dies für alle Zeiten von diesem Thema frei. Doch auch hier gilt: „Ohne Fleiß kein Preis." Zunächst müssen wir es uns selbst wert sein, auf die Suche nach dem Ursprung zu gehen, der in einer bestimmten Situation das entsprechende Verhalten ausgelöst hat.

Doch nun wieder zurück zum Kind: Viele von ihnen wissen oft einfach nur nicht weiter, finden niemanden, der ihnen wirklich zuhört und fühlen sich dann je nach Thema schnell überfordert, weil sie noch nicht wissen, wie sie damit umgehen können. Es fehlt ihnen schlichtweg ein Erwachsener an ihrer Seite, dem sie sich mit ihren ganzen Fragen aber auch ihren Sorgen und Nöten anvertrauen können. Manche von ihnen „fressen" ihre Gefühle im wahrsten Sinne des Wortes in sich hinein, die innerlich dann jedoch oft so zu gären beginnen, dass es in viel zu vielen Fällen dazu kommt, dass aus einem inneren Verletztsein und Nicht-Gehört-Werden schon in jugendlichen Jahren viel an Verbitterung, Groll, Hass, Wut und Verzweiflung entsteht.

Kinder wissen zunächst einmal einfach nicht, wie sie mit ihren Gefühlen umgehen können. Schon viel zu oft haben sie bei ihren Versuchen, sich anderen mitzuteilen, die Antwort bekommen: „Jetzt nicht. Erzähle mir das Ganze später. Jetzt habe ich für sowas keine Zeit." – Doch bitte, wann ist später? Und ist dem

Kind mit einer solchen Antwort denn überhaupt geholfen, das im Jetzt nach einer Lösung für sein Problem sucht? Ganz egal, wie groß oder klein das Problem ist. Kinder und Jugendliche wissen einfach noch nicht, wie sie sich in den verschiedensten Situationen am besten behaupten können. Das Einzige, was ihnen dann bleibt ist „Trial-and-Error", selbst auf die Gefahr hin, dass sie damit sich und anderen unter Umständen sogar oft noch größere Probleme bereiten als dies der Fall gewesen wäre, wenn sich die Erwachsenen früh genug für sie Zeit genommen und sich mit ihm besprochen hätten. Um es in einem Bild zu sagen: Oft muss das Kind erst in den Brunnen fallen, bevor es gerettet werden kann. Dabei wäre es mitunter so leicht gewesen, ihm zur richtigen Zeit Möglichkeiten an die Hand zu geben, die ihm geholfen hätten, souverän mit der jeweiligen Situation umzugehen. Wir können und dürfen es einfach nicht erwarten, dass das Kind allein um die richtige Lösung weiß. Egal, was das Thema ist.

Doch lassen Sie mich noch ein weiteres Beispiel geben. Meiner Erinnerung nach gab es in Klassen mit bis zu 33 Kindern meist drei bis fünf Kinder, die der Aufmerksamkeit des Lehrers ganz besonders bedurften, weil sie sich mit ihrer Art schwertaten, sich dem Regelwerk von Klassenverbund und Schule insgesamt gesehen unterzuordnen. Da kam es dann oft vor, dass man erst einmal sehr lange Gespräche mit ihnen führen musste, um überhaupt in Erfahrung zu bringen, was bei ihnen denn überhaupt so im Argen liegt, dass sie einfach nicht gewillt sind sich unterzuordnen … Auf Details muss und will ich an dieser Stelle nicht eingehen. Doch wie ich es zuvor bereits thematisiert habe, haben sich für viele Familien die Lebenssituation mehr zum Schlechten als zum Guten gewandelt, und das dann meist auch in allen Bereichen ihres Lebens. Einige dieser betroffenen Kinder wissen weder mit der Situation noch mit dem Frust, den sie in sich tragen, vernünftig umzugehen, was sich dann oft als zusätzliches Stresspotential nicht nur innerhalb der Familie zeigt, sondern auch im Außen. Diese Kinder bringen dann ihre ganze Wut, ihren Frust, ihren Ärger und oft dazu auch noch andere Themen immer mehr in die Schule mit, weil das Zuhause nicht mehr der Ort ist, wo sie mit ihren Bedürfnissen und Problemen gehört werden, da die Sorgen, Nöte und Probleme der Eltern in anderen Bereichen liegen, als dass sie für ihre Kinder überhaupt noch ausreichend an Geduld und Aufmerksamkeit aufbringen könnten.

So ist auch in dieser Hinsicht der Lehrer immer mehr gefordert, nicht nur der Wissensvermittler zu sein, sondern wird sehr schnell mal zum „Blitzableiter" oder zum Sozialarbeiter, in anderen Fällen zum Therapeuten, zur Krankenschwester, zum Seelsorger ... je nachdem, wie es die Situation gerade zeigt. Wir übersehen viel zu sehr, dass die Kinder vieles von dem, womit sie zuhause nicht mehr klarkommen, immer mehr in die Schule hineintragen, weil sie es nie gelernt haben, auf eine andere Art und Weise mit ihren Problemen umzugehen, die in ihrem Ursprung sehr oft nicht schulischer Natur sind.

Doch wie kann und soll Schule hier reagieren? Es zeugt vom Vertrauen des Schülers in den Lehrer, wenn er sich ihm anvertraut. Doch die Realität ist die, dass sich der Lehrer nicht nur diesem einen Schüler gegenüber in der Verantwortung sieht. Er kann dem Kind zwar Gehör schenken und es auffordern, trotz seiner persönlichen Probleme den Unterricht nicht länger zu stören, weil dies allen zum Schaden gereicht, doch muss er andererseits auch Sorge dafür tragen, dass die ganzen anderen Schüler in der Klasse nicht zu kurz kommen. Schließlich liegt es in seiner Verantwortung, die Lerninhalte ausreichend gut zu vermitteln, damit anstehende Prüfungen erfolgreich gemeistert werden können. Und weil das alles noch nicht genug ist, kommen obendrauf noch diverse andere organisatorische Aufgaben ..., sodass sich unter Umständen in Folge auch der Lehrer irgendwann mit dem Ganzen überfordert sieht, zumal therapeutische Gesprächsführung, Krisen-Management, konflikt-und gewaltfreie Kommunikation etc. nicht wirklich Teil seiner beruflichen Ausbildung sind.

Was mir im Laufe der Zeit immer mehr aufgefallen ist, ist, dass etliche Kinder (hier vor allem die sensibler) Krankheitsbilder wie Kopfschmerzen, Rückenprobleme, Probleme mit der Haut entwickeln, oder ein ernährungsbedingtes Fehlverhalten (Anorexie, Bulimie, Übergewicht …) zeigen. Andere reagieren auf ihre derzeitige Situation mit der Flucht in Scheinwelten oder zeigen ein bestimmtes Suchtverhalten (Nikotin, Alkohol, Drogen). Wieder andere tendieren sehr stark zu selbstsabotierenden Verhaltensweisen, einige zeigen dabei mitunter sogar selbstzerstörende Tendenzen (Ritzen, Haare ausreißen, sich selbst Brandwunden zuführen …) bis hin zu richtig schweren organischen Erkrankungen wir Krebs oder entwickeln eine Depression …

Zusammenfassend lässt sich sagen: Schule kann sich heutzutage bei weitem nicht mehr nur auf ihren Bildungsauftrag beschränken. Bereits das Ganztagesschulkonzept zeigt, dass Schule inzwischen der Ort ist, an dem sich Kinder wie Lehrer den größten Teil des Tages aufhalten. „Schulzeit" ist schon lange nicht mehr nur begrenzt auf die Zeit zwischen 8:00 bis 13:00 Uhr. Anfahrts- und Rückkehrzeiten mitberücksichtigt ergibt sich für alle, die zur Schule gehen, schnell ein 8- bis 10-Stunden-Tag. Manchmal weniger, meistens jedoch sogar noch mehr.

Doch vermag das Ganztageskonzept wirklich schon den Bedürfnissen aller gerecht zu werden? Damit ist bestenfalls ein Anfang gemacht, sodass viele Eltern ihre Kinder zumindest bis 16:00 Uhr in der Schule gut versorgt wissen. Leider fehlt es den Schulen selbst sehr oft noch an den entsprechenden Möglichkeiten und Mitteln für eine richtig gute Rundumversorgung aller an Schule beteiligter Personen. Meiner Meinung nach müssten neben dem Ganztagesschulkonzept noch ganz andere Ideen in Umsetzung gebracht werden.

Einen Teil dieser Ideen versuche ich Ihnen nachfolgend einmal unter Berücksichtigung des holistischen Ansatzes aufzuzeigen. Wie sähe Schule dann aus, wenn es weniger um den Wissenserwerb als vielmehr um ein Lernen fürs Leben ginge?

Im Zentrum des Ganzen steht natürlich nach wie vor das Kind. Doch ich schaue nicht darauf, was es braucht, um ein fleißiger, erfolgreicher Schüler zu sein und gute Noten zu haben, sondern was es braucht, um bereits in frühen Jahren an Körper, Geist und Seele ganz (heil) zu werden. Um wirklich gesund aufwachsen zu können und sein gesamtes Potential entfalten zu können.

Was bedeutet holistisches Denken in Bezug auf den Körper?

Ernährung einmal ganz anders betrachtet

Eine gesunde *Ernährung* mit einem entsprechend gesunden Frühstücks-, Pausen- und Mittagsangebot am besten aus der eigenen Küche vor Ort. Wo immer möglich sollte das Speisenangebot aus selbst zubereiteten leichten Mahlzeiten bestehen, denn schließlich will das Kind ja etwas fürs Leben lernen und da gehört auch das Wissen um die richtige Organisation eines Familienhaushalts sowie die richtige Ernährung, nach Möglichkeit sogar das Wissen um den entsprechenden Anbau und die Kultivierung des richtigen Lebensmittelangebotes dazu.

Das bedeutet letztlich, dass es gilt, sowohl bei den Kindern, ihren Eltern als auch bei den Lehrern die Einsicht zu fördern, dass eine wirklich gute Ernährung nicht die Lieblingsspeisen anbieten kann, die der einzelne gerne hätte, sondern dass Schule vielmehr beispielgebend dafür sein sollte ein anderes Bewusstsein im Hinblick auf die Gesunderhaltung von Körper, Geist und Seele anzustreben.

Zwar bilden sich beim Kind entsprechende Vorlieben für bestimmte Lebensmittel und Speisen bereits ab dem dritten Lebensjahr heraus, die sich, je mehr wir davon konsumieren, festigen und damit dann bestimmte Abhängigkeiten erzeugen, doch ist es für jedes Alter wichtig, zu wissen, dass es zu unseren Lernaufgaben des Lebens gehört, unterscheiden zu lernen, was davon dem Körper wirklich guttut und was nicht.

Überrascht war ich, als mich Gott wissen ließ, dass wir viele unserer Vorlieben bereits aus früheren Leben haben. Diese bringen wir ins jetzige Leben noch einmal mit, um uns ihrer bewusst zu werden und sie aufzugeben, sofern sie uns schaden. Da die meisten dieser Gewohnheiten unserer Gesundheit nicht zuträglich sind, sondern im Laufe der Zeit daraus Krankheiten wie Karies,

Diabetes, Übergewicht etc. entstehen, sollten wir schon als Jugendliche damit beginnen, unser Essverhalten kritisch zu hinterfragen und infolge davon ändern, was der Veränderung bedarf, um unsere Gesundheit zu stärken.

Auch hier, wie in vielen anderen Bereichen, gilt es, sich darüber bewusstzuwerden, dass es die vielen kleinen Sünden sind, die wir zunächst als harmlos erachten, die uns letztlich in Summe aber erheblich schaden. Dies trifft vor allem auf den Bereich der Ernährung zu, weil dem Menschen das Genießen wichtiger geworden ist als zu erkennen, was wirklich gesund für ihn ist. Als wären wir ein Herdentier, folgen wir alle schön brav den Angeboten, die uns in reichlicher Zahl offeriert werden, ohne darüber nachzudenken, was davon in Wirklichkeit denn überhaupt noch gut ist. Letztlich ist dieses Verhalten jedoch ein sehr kurzes Vergnügen, weil es alles andere als unserer Gesundheit zuträglich ist. Zwar versuchen wir dann wieder, diverse Maßnahmen zu ergreifen, um noch zu retten, was zu retten ist, übersehen dabei jedoch, dass sich das einmal erlernte Fehlverhalten auf diese Art nicht wirklich wieder nachhaltig korrigieren lässt. Was bleibt, sind die Versuchungen, und die bleiben uns ein Leben lang erhalten. Hier bedarf es eines extrem willensstarken und disziplinierten Menschen, damit er sich über diese Verlockungen immer wieder aufs Neue hinwegzusetzen vermag, um dem ganzen ungesunden Angebot zu widerstehen. Und das betrifft, um nur ein paar Beispiele zu nennen, sowohl die Wurstsemmel als auch die ganzen süßen Snacks und Teilchen und den Großteil aller Getränke. Da mag mit der Verpackung noch so sehr für die Gesundheit geworben werden, Fakt ist, dass dem nicht so ist, weil der Großteil keines natürlichen Ursprungs mehr ist.

Wer heute noch immer glaubt, dass in einem Frucht-Joghurt auch tatsächlich zu 100 Prozent die genannten Früchte enthalten sind, der täuscht sich gewaltig. Und die Täuschung der Verbraucher zieht sich inzwischen bereits so weit durch die gesamte Lebensmittelbranche, dass dies im Grunde genommen ein Verbrechen an der gesamten Menschheit ist. Letztlich leben die Menschen, die sich am Tag nur von einer Schale Reis ernähren können, gesünder als so mancher, der sich in der ganzen Vielfalt des heutigen Nahrungsmittelangebots verloren hat. Um sich aus diesem ganzen Teufelskreis zu befreien, hilft im Grunde genommen nur eins: aus eigenem Antrieb heraus der ganzen Vielfalt des Angebots zu entsagen und am besten wieder zum Selbstversorger zu werden im Sinne von „Back to the roots!" bzw. die ganzen Betriebe vor Ort zu stärken, die sich auf eine natürliche und gesunde Erzeugung landwirtschaftlicher Produkte besonnen haben und damit den Weg „Zurück zur Natur" bereits wieder in Angriff genommen haben.

Unser Körper – „Tempel" unserer Seele

Was den Menschen heute völlig fremd zu sein scheint, ist, dass unser Körper der Wohnort unserer Seele ist. Schaden wir folglich aufgrund unserer Abhängigkeit von dem ganzen degenerierten Nahrungsmittelangebot und den sogenannten Genuss- und Suchtmitteln unserem Körper, schaden wir im Grunde genommen damit auch unserer Seele und dem Geist. Was wir hieraus zu lernen und zu begreifen haben, ist, dass wir mit diesen ganzen industriell erzeugten Speisen und Getränken unseren Körper komplett „verschmutzen", denn so wie der Großteil unserer Lebensmittel inzwischen produziert wird, können wir nicht mehr von „*Leben*-s-mitteln" sprechen, sondern müssen erkennen, dass der Wohnort unserer Seele immer mehr zur Endlagerungsstätte für Schwermetalle, Pestizide, Fungizide und diverser anderer Gifte wird. Im Grunde genommen ist unser Körper, wenn wir sterben, vollkommen vergiftet, weil wir durch unseren Konsum und durch die Lebensart, die wir entwickelt haben, uns nur schaden. Da hilft auch kein Arzt mehr.

Ich habe Gott noch nie so energisch zu mir sprechen gehört, wie in diesem Fall, als er mir diesen ganzen Sachverhalt im Hinblick auf unsere heutige Ernährungssituation erläuterte. Und das war bei weitem noch nicht alles, was er mir diesbezüglich zu sagen hatte. – Stellt sich mir die Frage: Wollen wir die Situation, so wie sie derzeit ist, wirklich so beibehalten und uns dem Ganzen fügen, darum wissend, dass wir uns selbst damit am meisten schaden, oder wäre es nicht viel eher an der Zeit, hier durch Verzicht deutliche Signale zu setzen und auf diese Art „Nein!" zu sagen, denn das Angebot wird letztlich immer durch die Nachfrage bestimmt? Wenn wir diese ganzen Produkte nicht mehr kaufen, sondern uns wieder eines Besseren besinnen, könnten wir alle auf einem *friedvollen Weg* bereits sehr viel Gutes bewirken, das sowohl uns selbst als auch den kommenden Generationen wieder zum Segen gereicht.

Erst wenn wir uns verantwortlich dafür fühlen, unseren Lebens- und Ernährungsstil zu ändern, können wir ein gesundes, langes, beschwerdefreies und schmerzfreies Leben führen. In Verantwortung unserer Gesundheit gegenüber ist es nicht nur unsere Aufgabe, sondern sogar unsere Pflicht, diesen Körper, der einem Tempel vergleichbar ist, sauber und rein zu erhalten. – Wie das am besten geschieht?

Mit einer *bewussten* Ernährung und dem Wissen darum, dass (und auch das hat mir Gott extra bestätigt) die allerbeste Ernährungsform aus Obst, Gemüse und Nüssen besteht. Das steht schon in der Bibel. Gott hat es nicht versäumt, Adam und Eva zu sagen, wie sie sich zu ernähren haben. Er sagte ihnen sehr genau, was den Tieren zum Verzehr und den Menschen als Lebensmittel zugedacht ist. Auch Jesus hat uns dies mit seiner veganen Ernährungsweise vorgelebt. Tiere (Warmblütler) waren niemals für den Verzehr durch die Menschen gedacht. Am ehesten noch der Fisch, weil er ein Kaltblütler ist. Doch auch diesen sollte der Mensch nur zu ganz besonderen Anlässen verzehren. Hätte sich die Menschheit an Gottes Gebot im Hinblick auf seine Ernährung gehalten, bräuchte niemand (!) auf der Welt Hunger leiden und wir hätten vor allem die Massentierhaltung nicht. Gott hat es zu keiner Zeit vorgesehen, dass der Mensch ein Tier isst. Die Anzahl der Tiere untereinander reguliert sich von allein durch ein Fressen-und-gefressen-Werden. Und das gilt für die Landtiere genauso wie für die Tiere, deren Wohnraum das Wasser ist. Im

Umgang mit den Tieren hat der Mensch eindeutig Gottes Gesetze übertreten und sich Lebewesen zu eigen gemacht, die für ihn keineswegs gedacht waren.

Zudem ist und bleibt das einzig gute Getränk kohlensäurefreies Wasser. Wenn wir dies segnen, bevor wir es trinken, wird es mit göttlicher Energie durchlichtet, was die Qualität des Wassers nachweislich verbessert.

Essverhalten und Gesundheit

Im Bereich der Ernährung war für mich außerdem noch sehr interessant zu erfahren, dass wir uns ein gänzlich falsches Essverhalten angeeignet haben. Es war von Gott niemals so gedacht, dass der Mensch so viele Mahlzeiten am Tag zu sich nimmt. Selbst drei Mahlzeiten sind mitunter schon viel zu viel, vor allem für die, die körperlich nicht schwer arbeiten müssen. Es ist nicht verwunderlich, dass wir an Magen- und Darmerkrankungen leiden, zumal wir sehr oft sogar nicht nur eine Speise zu uns nehmen, sondern zu manchen Zeiten, die wir dann Festtage nennen, mit Vorspeise, Hauptgang und Nachspeise viel zu viel an Nahrung auf einmal verzehren.

Zudem ist es nicht nur die Menge an Mahlzeiten, an die wir uns fälschlicherweise gewöhnt haben, sondern auch die Größe der Portionen ist alles andere als gut. Grundsätzlich sollten wir bei einer Speise bleiben und davon gerade einmal so viel zu uns nehmen, dass wir die Sättigungsgrenze niemals überschreiten, sondern das Essen dann beenden, wenn wir noch Appetit haben. Nicht umsonst heißt es: „Ein voller Bauch studiert nicht gern."

Auch sollten wir niemals davon ausgehen, dass die Speisen (je nach Zubereitungsart) allen Menschen gleich gut bekommen. Hier zeigt es sich wieder einmal, dass jeder Einzelne von uns seine ganz eigenen Bedürfnisse hat, denen viel besser entsprochen werden muss, damit es dem Einzelnen auch wirklich gut geht.

Im Grunde genommen ist es nicht die Nahrung, die uns am Leben erhält. Alles, was wir an Nahrungsmitteln (roh oder verarbeitet) zu uns nehmen, gibt dem Körper zwar zusätzlich Energie, doch ist diese Art von Energie zur Erhaltung unserer Gesundheit nicht dringend notwendig, weil uns in Wahrheit eine ganz andere Form an Energie, das Prana, speist. Diese göttliche Energie kommt aus der kosmischen Quelle und strömt im Bereich des verlängerten Marks (dem sogenannten „Mund Gottes", Medulla oblongata genannt) über die Wirbelsäule in unseren Körper ein und erhält uns so am Leben.

Jesus wie auch andere Aufgestiegene Meister, Heilige und Asketen, die regelmäßig fasteten, um an Körper, Geist und Seele gesund zu bleiben, gaben und geben uns auch heute noch Beispiel dafür, dass der menschliche Körper der festen Nahrung in dieser Vielfalt und Menge, wie wir sie ihm heute zuführen, keineswegs bedarf.

Ein Mensch, der sich seiner göttlichen Herkunft wieder bewusst ist, sollte daran interessiert sein, seinen Körper im Hinblick auf den falschen Ernährungsstil zu entwöhnen, um wieder frei zu werden von dieser ganzen Abhängigkeit. Wir werfen anderen ein bestimmtes Suchtverhalten vor, merken jedoch nicht, dass wir selbst ebenfalls in einer Falle der Abhängigkeit sitzen, die sich unter dem Deckmantel verbirgt, den unser Ego „Genuss" nennt.

Ziel sollte es vielmehr sein, unserem Körper eine viel lichtvollere und wirklich gesunde Nahrung zuzuführen, die tatsächlich wieder als ein „Lebensmittel" bezeichnet werden kann. Berücksichtigen wir dies und üben freiwilligen Konsumverzicht, sind wir unser bester Arzt.

Das ganze Wissen, das wir zur Gesunderhaltung unseres Körpers brauchen, schlummert in jedem von uns und wartet nur darauf, wieder erweckt zu werden. Zwar ist vieles davon im Laufe der Zeit in Vergessenheit geraten, doch lässt es sich wieder aktivieren.

Zunächst ist es einfach wichtig zu erkennen, dass die Menschen durch bestimmte Interessen der Lebensmittelindustrie immer mehr zu einem Konsumverhalten gebracht wurden, das der Gesundheit keineswegs zuträglich ist. Das Fatale daran ist, dass der Mensch mehr gelernt hat, den Vorgaben anderer zu entsprechen, als mit sich selbst in Kontakt zu sein und seinen Körper, seinen Geist sowie seine Seele zu fragen, was wirklich gesund und gut für ihn ist.

Ich kann nicht umhin, an dieser Stelle noch einmal zu betonen, wie wichtig es für jeden Einzelnen von uns ist, mit sich selbst wieder mehr im Reinen und vor allem an die göttliche Quelle angebunden zu sein. Es gilt, Zwiesprache zu halten mit Körper, Geist und Seele, und mehr auf dieses innere Wissen zu vertrauen, das Gott in uns gelegt hat, weil er in uns trotz aller Fehlentwicklungen immer noch die Krone seiner Schöpfung sieht.

Gott glaubt nach wie vor an uns und will uns helfen, wieder frei zu werden von dieser ganzen Abhängigkeit. Es tut ihm weh, mit ansehen zu müssen, wie sich der Mensch in allen Lebensbereichen immer mehr dem Diktat des Egos unterworfen hat, anstatt früh genug damit zu beginnen, den eigenen gesunden Verstand zu gebrauchen, der ihm von Gott gegeben wurde, um zu erkennen, wann das Ego ihn zu einer Marionette materieller Wünsche und Bedürfnisse machen will. Gott liebt seine Kinder so sehr, dass er uns hilft, die ganzen Lügen und Märchen, die uns aufgetischt werden, immer mehr zu durchschauen. Wir sollten uns ihm und seiner Führung wieder mehr anvertrauen. Wenn wir lernen, regelmäßig mit ihm zu kommunizieren und ihn teilhaben lassen an unserem Leben, dann wird es uns insgesamt gesehen auch wieder besser gehen.

Bewegung als ein *bewusstes* Training für den Körper und den Geist

Bewegung als ein *bewusstes* Training für Körper und Geist ist ebenfalls ein sehr interessantes Thema, wenn wir uns einmal nicht nur die Form von Bewegung anschauen, die sich in der Körperbewegung zeigt. Der Mensch ist ganz und gar nicht für ein längeres Stillsitzen und Stillhalten gedacht. Was er braucht, ist Bewegung. Er muss sich spüren, nur so gelingt ihm der Kontakt zu sich selbst. Die Sprache seines Körpers ist Bewegung. Bewegt er sich zu wenig, wird er früher oder später träge. Diese Trägheit überträgt sich dann unter Umständen sehr schnell auf alles, was er tut, weil in diesem Falle nicht nur der Körper, sondern auch der Geist unbeweglich und träge wird, was sich dann oft in einer Form von Interesselosigkeit zeigt. Letztlich wird der Mensch immer träger, träger, träger, bis sich eine gewisse Schwere zeigt, die sich immer mehr breit macht, wenn dieses destruktive Verhalten beibehalten wird. Statt für eine Sache empfänglich und im Hinblick auf ihre Umsetzung motiviert zu sein, um so das eigene Potential zu leben, entwickelt sich eine Gleichgültigkeit allem gegenüber. Was der Mensch dabei jedoch verlernt, ist, aus sich selbst heraus spontan (im Sinne von beweglich in Körper und Geist) sowie beherzt (mit Seele) zu leben. Schließlich wird er mehr gelebt, als dass er aus sich selbst heraus lebt.

Sich bewegen belebt und weckt die Lebensgeister, die dafür sorgen, dass wir das, was wir tun, auch mit Freude tun. Freude und Bewegung gehören wie Geschwister zusammen, denn ohne Freude wird Bewegung (wie alles andere auch) schnell zu einem Muss. Und ohne Bewegung fehlt es dem Menschen an den notwendigen Impulsen, aus sich selbst heraus etwas ins Leben zu bringen.

Zudem hilft uns die Bewegung, unsere Gefühle, die die Sprache unserer Seele sind, besser zu verarbeiten, als wenn wir den größten Teil des Tages nur im Sitzen zubringen. An kleinen Kindern können wir am besten beobachten, was für ein natürlicher Bewegungsdrang in ihnen noch lebt. Dieser resultiert daraus, weil sie noch im Einklang mit ihrem Körper sind.

Sie reagieren noch beherzt und spontan und folgen dabei den Impulsen, die sich ihnen zeigen. Auf ihre Art setzen sie das, was in ihnen im gegenwärtigen Augenblick gelebt sein will, nach außen hin sichtbar in Bewegung um. Bringen auf diese Art z. B. ihr sonniges Gemüt, ihre Freude zum Ausdruck. Ein Kind, das sich kaum bewegt, wird weniger Freude, Spaß und Vergnügen am Leben haben, als ein Kind, das sich am liebsten ständig bewegt. So gesehen kann die freudvolle Bewegung durchaus auch als ein Gradmesser für gute Laune angesehen werden. Wer sich viel bewegt, fühlt sich leicht, unabhängig und frei.

Bei Kindern sind diese ganzen Impulse, sich bewegen zu wollen, noch deutlich erkennbar. Für sie ist es das Natürlichste von der Welt, sich zu bewegen, denn erst dadurch, dass sie gelernt haben, sich überhaupt zu bewegen (robben, krabbeln etc.), entdeckten sie ihre kleine Welt. Nur schade, dass ihnen in manchen Fällen dann sehr schnell wieder beigebracht wurde, dass sie ihre Bewegungsimpulse besser zu steuern haben. Es gibt leider viel zu viele Situationen, in denen ihnen schon früh gesagt wird: „Jetzt bleib endlich einmal sitzen. Halt dich mal ruhig. Dein ewiges Hin und Her macht mich noch ganz kirre." … – Freiheit vs. Erziehung. Bewegungsdrang vs. Maßregelung. – Die Kunst liegt wohl darin, für alle Beteiligten das richtige Maß zu finden, damit beide in der entsprechenden Situation glücklich sein können.

Gott hat mir aufgezeigt, in welchem Zusammenhang die Bewegungsarmut mit der Depression steht, denn schließlich geht es bei der Depression ursächlich gerade darum, dass ein bestimmtes Verhalten, das von dieser Person eigentlich gelebt werden will, viel zu sehr und schon viel zu lange unterdrückt wird.

Bis sich aus einer Bewegungsarmut eine Depression entwickelt, dauert es zwar seine Zeit, doch werden ihre Vorboten leider sehr oft übersehen. Diese sind vor allem ein sehr starkes

Rückzugsverhalten, aber auch eine gewisse Teilnahmslosigkeit sowie ein Unlustgefühl, Trägheit, Interesselosigkeit, Bequemlichkeit …, was dazu führt, dass das Kind sowohl aus sich selbst heraus immer weniger agiert, aber auch auf bestimmte Impulse und Reize von außen kaum noch reagiert.

Dies zeigt sich dann darin, dass das Leben immer freudloser und schwerer wird. Dass trotz allen Bemühens bestimmte Dinge oft nicht mehr wirklich gelingen, sodass zu all der Schwere auch noch Gefühle des Versagens dazukommen. Diese bewirken wiederum, dass diese Menschen immer noch mehr an sich selbst zu zweifeln beginnen, bis daraus schlussendlich Gedankenmuster entstehen, die den Betroffenen dazu bringen, sich selbst immer mehr in Frage zu stellen, weil ihm letztlich nicht nur die Freude abhandengekommen ist, sondern er auch keinen Sinn mehr in seinem Leben sieht.

Zeigen sich diese Anlagen für eine Depression in den ersten zehn Lebensjahren, darf wieder davon ausgegangen werden, dass sie bereits aus einem früheren Leben stammen. Ein Teil unserer Lebensaufgabe besteht dann darin, sich dieser ganzen destruktiven Muster endlich bewusst zu werden, um sie für immer aufzulösen. Was dabei grundlegend wichtig ist, ist, dass Kindern bereits von klein auf eine Vielzahl verschiedenster Möglichkeiten zur Selbstentwicklung und Selbstentfaltung geboten wird, um so für sich selbst immer besser in Erfahrung zu bringen, was ihnen gefällt, was nicht, was ihnen guttut und was nicht.

Beobachtet man Kinder dahingehend, ob sie – egal ob im Spiel allein oder mit anderen – mehr Lebensfreude zeigen oder tiefsinnig und betrübt wirken, sollten bereits früh genug Maßnahmen ergriffen werden, um der Ausbildung einer Depression entgegenzuwirken. Dies setzt jedoch voraus, dass die Erwachsenen, die die Kinder während ihrer Kindheit & Jugendzeit begleiten, diese auch aufmerksam beobachten, um bereits früh genug auf bestimmte Verhaltensweisen hinweisen zu können, die dem Kind mehr schaden als nützen. Diesbezüglich sollten Eltern, Erzieher und Lehrer regelmäßig im Gespräch sein, um gemeinsam zu überlegen, was dem Kind guttun könnte, um eine bestimmte

Phase seiner Entwicklung gut zu meistern, denn schon das Kind muss lernen, dass es im Leben sowohl Hochs als auch Tiefs gibt. Dass dies aber ganz normal ist und zum Leben dazugehört.

Was zudem sehr wichtig ist, ist, das Kind immer wieder durch Bewegungsformen, die zu ihm passen, in Kontakt mit sich selbst zu bringen, damit die Korrekturen des kindlichen Verhaltens mehr auf eine spielerische Art und Weise geschehen. Indem sich das Kind in einer Sportart seiner Wahl übt, kann es mit der Zeit sowohl kleinere als auch größere Erfolge darin verzeichnen, die ihm so viel an Stabilität und Halt geben können, dass durch positive Erlebnisse das Gedankenkarussell negativer Gedanken zumindest zeitweise immer wieder einmal unterbrochen wird. So erhält das Kind anhand dieser positiven Erfahrungen, die beim Sport zudem mit einer schrittweisen Leistungssteigerung einhergehen, immer wieder die Gelegenheit, zu erkennen, dass es sehr wohl über Fähigkeiten verfügt, die entwickelt und gelebt werden wollen. Das hilft ihm, nicht länger an seinem Selbstwert zu zweifeln, sondern sich auch der Dinge bewusst zu werden, die es kann.

Vor allem sensible und sensitive Kinder mit einer starken Neigung zum sozialen Rückzug brauchen sehr viel positive Bestätigung von außen, weil an ihnen unter Umständen bereits von frühester Kindheit an schon so viele Selbstzweifel nagen, dass sie ihr Potential gar nicht mehr wirklich erkennen können.

Dazu kommt – was das Ganze letztlich so problematisch macht –, dass sie allein auf sich gestellt ihr Gedankenkarussell, indem diese ganzen negativen Programmierungen laufen, nicht stoppen können. Das heiß: All die negativen Glaubenssätze, Verhaltensweisen und Muster, die das Kind bereits entwickelt hat, arbeiten ununterbrochen gegen das Kind. Und das so lange, bis es mithilfe der Erwachsenen Strategien entwickelt, um gegen diese sich stets wiederholenden negativen Gedanken vorgehen zu können.

Bis ihm dies jedoch gelingt, wird es von seinem Unterbewusstsein, in dem alle Erfahrungen aus diesem wie auch aus früheren Leben gespeichert sind, solange immer wieder in bestimmte Situationen gebracht, in denen es darum geht, die alten negativen

Programmierungen durch positive neue Erfahrungen zu überschreiben. Erst wenn dies mit einer gewissen Regelmäßigkeit geschieht, können mithilfe der neuen positiven Erlebnisse die alten Glaubenssätze im Gehirn umgeschrieben und durch positive Glaubenssätze ersetzt werden. Je früher dies gelingt, umso besser für das gesamte Leben.

Worin das Ganze begründet liegt? Hier wirkt das Gesetz von Ursache und Wirkung. Zur Erklärung: Alle Erfahrungen, die wir machen, werden von unserem Gehirn gespeichert, erzeugen gleichzeitig aber auch ein bestimmtes energetisches Muster, je nachdem, ob es sich dabei um positive oder negative Erlebnisse handelt. Obwohl das Gehirn über einen extrem großen Datenspeicher verfügt, wirkt im Laufe unseres Lebens eine so große Vielfalt an Sinneseindrücken, Wahrnehmungen und Erlebnissen auf es ein, dass es gelernt hat, selektiv zu arbeiten. Das bedeutet, dass es einen Großteil negativer Erlebnisse löscht, die es für das weitere Leben nicht als relevant erachtet. Es merkt sich davon nur das Wichtigste und konzentriert sich stattdessen lieber auf die positiven Erlebnisse, worin auch begründet liegt, warum wir uns an die schönen Erlebnisse des Lebens leichter und besser erinnern als an die weniger schönen. – Zum Glück!

Die ganzen negativen Erlebnisse, die das Gehirn nicht länger behält, gehen als Information jedoch nicht verloren. Sie werden von unserem Unterbewusstsein akribisch genau archiviert. Das heißt: Es wird alles aufgezeichnet, was wir sowohl in diesem als auch in früheren Leben an positiven wie negativen Erfahrungen irgendwann einmal gemacht haben. – Warum macht das das Unterbewusstsein?

Es will, dass wir uns zu einem späteren Zeitpunkt diese Themen, an denen wir einst gescheitert sind, noch einmal anschauen, um diese ganzen energetischen Muster, die sich aufgrund dieser Erfahrungen gebildet haben, wieder aufzulösen. Damit uns dies gelingt, bringt es uns im Laufe unseres Lebens in Situationen, die – was ein bestimmtes Thema angeht – denen von früher ähnlich sind, um uns so die Chance zu geben, es diesmal anders und vor allem besser zu machen. Erst wenn dies geschieht, löst sich dieses Feld, in dem die Energien aus der Ursprungssituation noch immer gespeichert sind, wieder auf. Dann wird unser bisheriges Verhalten durch ein neues überschrieben, und wir werden im Hinblick auf das ursprüngliche Thema frei.

Lassen Sie mich das Ganze noch einmal mit anderen Worten wiederholen, weil es so wichtig ist, sich dies bewusst zu machen: Wir haben also irgendwann in einem früheren Verhalten eine Ursache gesetzt, die ein Verhaltensmuster zeigt, das uns nicht guttut. Dieses bleibt jetzt so lange erhalten, bis wir es durch ein positiveres, gesünderes Verhalten ersetzen. Ist dies der Fall, wird die negative Situation von damals gelöscht. Dann sind wir im Hinblick auf dieses Lern- und Entwicklungsthema frei.

Was uns zudem noch bewusstwerden soll, ist, dass wir diesen ganzen negativen Ballast von damals quasi wie ein Gepäckstück so lange mit uns herumtragen, bis wir es aus eigener Kraftanstrengung heraus endlich geschafft haben, diese alten Muster zu überwinden. Das Leben ist sehr geduldig mit uns und stellt uns so lange vor die gleichen Aufgaben, bis wir bereit sind, dem Schicksal (bzw. den sich ständig wiederholenden Situationen) ein Schnippchen zu schlagen und genau die Veränderungen angehen, derer es bedarf, damit unser Leben wieder unbeschwerter wird und wir wieder glücklich und frei.

Gelingt uns dies nicht, bleiben wir noch so lange „Gefangene in einem Gefängnis", das wir uns aufgrund unserer Gedanken selbst erschaffen haben, weil wir in verschiedenen Situationen nicht an uns und unsere Fähigkeiten geglaubt haben, so dass wir daraufhin negative Gedankenmuster entwickelt haben, die uns jetzt schaden. Diese führen dazu, dass wir – je öfter sich eine Situation mit negativem Ausgang wiederholt – immer mehr den Glauben an uns selbst und damit aber auch das Vertrauen in uns verlieren. Ist dies der Fall, lautet unsere Lernaufgabe, die positiven „Selbste" wie Selbstvertrauen, Glaube an sich selbst, Selbstachtung, Selbstrespekt, Selbstwert, Selbstliebe etc., die wir einst verloren haben, wieder neu zu entwickeln.

Damit uns dies gelingt, müssen wir früh genug lernen, dass es wichtig ist, sich vom Leben nicht leben zu lassen und nur irgendwie zu funktionieren, wie es andere von uns wollen, sondern uns selbstsicher durch unser eigenes Leben zu bewegen.

Was meint „Bewegung" wirklich?

Da wir mit Sicherheit alle im Hinblick auf die „Bewegung" noch ein mehr oder weniger großes Entwicklungsthema haben, möchte ich an dieser Stelle noch auf ein paar Dinge hinweisen: Das englische Verb „to move" weist in seiner deutschen Übersetzung „sich bewegen" bereits darauf hin, dass es darum geht, sich selbst in irgendeiner Art und Weise in Bewegung zu setzen, weil wir nur so ein bestimmtes Interesse an einer Sache entwickeln können. Oder anders gesagt motiviert sind, uns von einem bestimmten Punkt aus auf ein bestimmtes Ziel hin zu bewegen. Sowohl die englische als auch die deutsche Bezeichnung lassen sich auf das lateinische Verb „movere" (= bewegen, antreiben) zurückführen, das den Wortstamm für das Wort „Motivation" bildet.

Im Film unseres Lebens können wir zu jeder Zeit verschiedene Rollen einnehmen und sind auch aufgefordert, dies zu tun. Mal sind wir als Schauspieler die Hauptperson, mal spielen wir nur eine Nebenrolle. Wieder ein anderes Mal sind wir der Regisseur. Mal befinden wir uns mehr in der Rolle des Zuschauers (passiv), mal in der des Handelnden (aktiv). Was das Ganze schwierig macht, ist, wenn wir uns mehr in der Rolle des Zuschauers verlieren, als selbst zum „Macher", zum Akteur unseres Lebens zu werden. Was wir dann mit der Zeit aus welchen Gründen auch immer übersehen, ist, wieder ins Handeln zu kommen, um so wieder in einen Zustand der Bewegung zu kommen, um aktiv am Leben teilhaben zu können. Nur allzu leicht verlieren wir uns in der Rolle der passiven Person, die die Dinge mehr mit sich geschehen lässt, anstatt sie selbst zu gestalten. Dass dieses Verhalten gefährlich für unsere weitere Entwicklung ist, ist uns leider nicht bewusst.

Brave, ruhige, sensible Kinder und Jugendliche sind aufgrund ihres Charakters besonders anfällig für solche Situationen, vor allem dann, wenn sie ihre eigenen Werte, nach denen sie einmal leben wollen, noch nicht gefunden haben und noch nicht wissen, was ihre eigenen Ziele im Leben sind. Sie tun sich generell schwer, die Rolle des Aktiven zu übernehmen, da sie diese in aller Regel noch nicht einmal erlernt haben, weil sie sich bislang viel zu sehr an den Vorgaben und Wünschen anderer orientierten. Was ihnen nicht bewusst ist, ist, dass ihnen so aber der Zugang zu den eigenen Bedürfnissen und Wünschen fehlt. Ist dies der Fall, fehlt es ihnen nicht nur an einem gesunden Selbstbewusstsein, sondern überhaupt an einer gesunden Beziehung zu sich selbst. – Doch wie finden sie die?

Um nachhaltig die Rolle vom passiven Duldsamen zum aktiv Handelnden souverän einnehmen zu können, bedürfen sie zunächst der Bewusstwerdung, was sie denn selbst einmal aus ihrem Leben machen wollen. Nur diese Bewusstheit bringt die Klarheit, die notwendig ist, um ein sicheres Fundament zu haben, auf dem sie ihr Leben entsprechend ihren eigenen Wünschen aufbauen können. Von daher gilt es, sich zunächst einmal bewusst zu machen: Wie habe ich mein Leben bisher gelebt? – und – Wie will ich es künftig leben?

Das A und O, um wirklich in ein Handeln zu kommen, ist, sich seiner eigenen Verantwortung bewusst zu werden und zu erkennen: „Bislang haben vielleicht meine Eltern oder mein Partner die Regie in meinem Leben geführt, das muss jedoch nicht so bleiben. Inzwischen bin ich alt genug, um meine eigenen Entscheidungen zu treffen, denn es ist mein Leben, das ich ab sofort nach meinen eigenen Vorstellungen und Idealen leben will.“

Was diesen Kindern unter anderem fehlt, ist, dass sie entsprechend ihrem Alter zu wenig Freiräume im Hinblick auf die Entwicklung ihrer persönlichen Interessen bekommen haben. Ist dies der Fall, verlieren sie sich schnell im Leben der anderen (Freunde, Partner oder gar in der Arbeit), anstatt selbstsicher und selbstbewusst ihr Leben nach eigenen Bedürfnissen, Wünschen, Zielen und Werten zu gestalten. Mit ihrem bisher erlernten Verhalten der Unterordnung unter den Willen der Erwachsenen haben sie es nicht gelernt, selbst ausreichend aktiv zu werden. Und das auch auf die Gefahr hin, dass sie während dieses Lernprozesses, der für ein Kind jedoch ungemein wichtig ist, den einen oder anderen Fehler machen. So lernen sie es leider nicht, wirklich kraftvoll, mutig und engagiert für ihre eigenen Belange einzustehen und bleiben stattdessen vielmehr ihr Leben lang auch weiterhin schön brav und lieb. Sozusagen bestens „eingenordet" auf die Werte, Ziele, Wünsche und Bedürfnisse der anderen. Für ihre eigene Entfaltung und Gesundheit ist diese Entwicklung jedoch alles andere als gut, denn sie tun sich ihr Leben lang schwer, ihr eigenes Leben zu leben.

Dabei ist es so wichtig, dass die Kinder spätestens ab Beginn der Pubertät bestimmte Freiräume zur Selbstentwicklung und Selbstentfaltung bekommen. Denn das, was sie dabei lernen, ist, dass sie ihrem Alter entsprechend auch die Verantwortung für ihr eigenes Handeln haben. Dies gilt es früh genug zu lernen, damit sie wissen, dass sie immer auch die entsprechenden Konsequenzen aus allem zu tragen haben. Auch dann, wenn ihr Verhalten und Handeln fehlerhaft waren. Nur so lernen sie, richtig von falsch zu unterscheiden und prägen sich ein, was sie das nächste Mal tun können, um etwas besser zu machen. Leben gelingt allein durch ein sich Ausprobieren. Da gehören Fehler dazu.

Nur ein Kind, das zur Selbstständigkeit hin erzogen wird, bringt die notwendige Energie auf, derer es bedarf, um sein Leben auf Dauer souverän, bewusst und aktiv zu gestalten. Was es zusätzlich bedarf, ist die Entwicklung von Ausdauer, Selbstbeherrschung, Disziplin und Willensstärke, um sich auf den Weg machen zu können, auch wirklich das Leben seiner Wahl zu leben. Erst indem das Kind auch eine gesunde Form von Neugier auf sein Entwicklungspotential hin entwickelt, bewegt es sich wirklich aktiv in sein Leben hinein. Doch damit dies gelingt, muss es wissen, was es vom Leben will. Ist es sich seiner eigenen Werte und Ziele (z.B. Berufswunsch, Partnerschaft, Kinder etc.) bewusst, hilft ihm dies ins Handeln zu kommen. Dann vermag es sich letztlich selbst ausreichend zu motivieren, damit es sein(e)

Ziel(e) auch wirklich erreichen kann. Ohne das richtige Bewusstsein über die eigenen Ziele verliert es sich nur allzu leicht im Dschungel der Orientierungslosigkeit, weil es bislang viel zu wenig gelernt hat, was es wirklich vom Leben will.

Haben die Kinder und Jugendlichen jedoch ein klares Ziel, auf das sie sich zubewegen können, fällt es ihnen umso leichter, dieses auch wirklich zu erreichen. Dabei gibt es mitunter ein großes Ziel, das sich in diverse kleinere Ziele unterteilen lässt. Je besser der Mensch um diese weiß, und je passender sie für ihn sind, desto freudvoller, inspirierter („beseelter") und motivierter ist er letztlich in der Umsetzung dieser Ziele und lässt eins nach dem anderen zu seiner Wirklichkeit werden.

Erst indem sich der Mensch seiner Ziele bewusst ist und eine klare Vorstellung davon entwickelt hat, bis wann er diese erreichen will, geschieht das, was wir „Inspiration" oder „Begeisterung" nennen. „Be-*geist*-er-ung" bedeutet dabei so viel wie dem Ganzen Leben (im Sinne von „Geist" = Spirit) einzuhauchen. Inspiration kann so gesehen als eine Vorstufe dafür angesehen werden, dass wir überhaupt ins Handeln kommen, denn fehlt uns diese, dann wissen wir leider nicht, wofür wir losgehen sollen und treten unter Umständen im schlimmsten Falle sogar ein Leben lang auf der Stelle und wundern uns nur, warum uns das Leben nicht wirklich gelingt.

Was es zu lernen gilt, ist: Ohne Ziel keine Inspiration, ohne Inspiration keine Motivation (intrinsisch = aus sich selbst heraus). Ohne Motivation kein Handeln. Ohne Handeln kein wissen, wozu wir in der Welt sind. Ohne dieses Wissen erschließt sich uns der Sinn unseres Lebens nicht. ... Erst ein Leben, das uns jeden Morgen freudestrahlend aufstehen und uns sowohl diesen Tag als auch das, was wir daraus machen, genießen lässt, gibt dem Leben wirklich einen Sinn.

Eine der wichtigsten Lernaufgaben, um ein solch sinnerfülltes Leben zu haben, ist es, zu lernen, wie Körper, Geist und Seele zusammenarbeiten können, statt sich unter Umständen gegenseitig im Weg zu stehen, denn bilden diese „Drei" kein wirkliches Team, fällt der Mensch über kurz oder lang aus der Balance, weil die drei Säulen ihr gemeinsames Ziel nicht kennen und sich unter Umständen so mehr behindern, als sich gegenseitig zu motivieren, dieses Ziel auch wirklich gemeinsam anzustreben. Was der Mensch von daher wieder lernen sollte, ist, wie er diese drei Grundpfeiler so aufeinander abstimmen und zueinander in Einklang bringen kann, dass sie alle drei das gleiche Ziel anstreben. Denn ist dies nicht der Fall und der Mensch sieht sein Leben als vergeudet oder gar sinnlos an, verselbstständigt sich unter Umständen der Körper und wird krank, der Geist verliert sich nur noch in der Arbeit, während die Seele gar nicht mehr weiß, wie sie die beiden Weggefährten denn überhaupt noch erreichen kann.

Die Zugkraft, mit der sich der Mensch durch das positive Zusammenwirken von Körper, Geist und Seele ein sinnerfülltes Leben erschaffen kann, heißt „Begeisterungsfähigkeit" (= Inspiration). Sie ist die Kraft, die alles beseelt (= „to inspire") und uns ausreichend motiviert sein lässt, um uns zu bewegen.

Leider haben wir uns inzwischen immer mehr zu einer Gesellschaft hin entwickelt, die sich mehr bedienen lässt und konsumiert, statt selbst ins Handeln zu kommen, um das Leben auch wirklich bewusst freudvoll und aktiv zu gestalten. Gott gab uns einen Schöpfergeist, der seinem eigenen in nichts nachsteht. Das muss man sich mal vorstellen, welche Macht er uns damit zugesprochen hat. Nur schade, dass der Mensch diese Macht viel zu wenig dafür einsetzt, um etwas für sich wirklich Dauerhaftes, Sinnvolles und Wunderschönes damit zu gestalten.

Unsere wichtigste Hausaufgabe besteht immer dringlicher darin, uns unserer wirklichen Herkunft wieder bewusst zu werden und uns somit auch wieder an unser wirkliches Potential sowie an unseren Schöpfergeist zu erinnern. Je mehr uns dies gelingt, umso besser können wir unser ganzes kreatives Potential auch wirklich leben und zum Regisseur unseres Lebens werden, der sich seiner göttlichen Herkunft *bewusst* geworden ist.

Die natürliche Bewegungsfreude des Kindes nutzen

Doch lassen Sie mich nach diesen ganzen Ausführungen noch einmal zurückkommen zum Kind und der in ihm angelegten Bewegungsfreude. Wie bereits erwähnt, sollte diese ab dem dritten Lebensjahr dazu genutzt werden, dass sie sich aus dem anfänglichen kindlichen Spiel heraus sinnvoll weiterentwickeln kann, damit der ursprünglich natürliche Bewegungsdrang immer mehr an Gestalt und Form gewinnt. Ziel sollte es dabei sein, eine bestimmte Sportart zu erlernen, die den Interessen des Kindes entspricht, damit die Freude an der Bewegung ein Leben lang erhalten bleibt, denn „Wer rastet, der rostet" und dies tut weder dem Körper, noch dem Geist, geschweige denn der Seele gut.

Wie ich es beim Ernährungsverhalten bereits ausgeführt habe, gilt auch hier zu erkennen, dass wir nicht als „Bewegungsmuffel" geboren sind, sondern uns dieses Verhalten bereits in einem früheren Leben angewöhnt haben (= Gesetz von Ursache und Wirkung), sofern sich die Unlust an der Bewegung bereits beim Kleinkind zeigt. Folglich besteht wiederum ein Teil unserer Lebensaufgabe darin, diesen Kreislauf an destruktiven Verhaltensweisen zu durchbrechen und sich stattdessen wieder einen gesünderen Lebensstil anzueignen.

Wer weiß, vielleicht ist das Kind, das regelmäßig dazu angehalten wird, sich sportlich zu betätigen, in einer Sportart seiner Wahl letztendlich so ambitioniert, dass es mit so viel Regelmäßigkeit und Freude trainiert, um es darin sogar bis zu einer Meisterschaft zu bringen. Auch in diesem Fall bringt es neben der entsprechenden Begabung für die gewählte Sportart in aller Regel das Maß an Freude, Ausdauer und Disziplin bereits aus einem früheren Leben mit. Doch in erster Linie sollte es beim Sport weniger um das Leistungsprinzip als vielmehr darum gehen, dem Kind die natürliche Freude an der Bewegung zu erhalten. Das sollte keineswegs mit Noten geschehen, wie es in den Schulen immer noch der Fall ist. Auch hier gilt: Wichtiger als jede Note ist es, die Begeisterungsfähigkeit für eine bestimmte Sache zu wecken, die das Kind ein Leben lang begleiten kann und ihm hilft, Körper, Geist und Seele gesund zu erhalten.

Ähnlich wie beim Ernährungsverhalten lernen die Kinder auch hier vieles bereits am Beispiel ihrer Eltern. Wessen wir uns in jedem Fall bewusst sein sollten, ist, dass sich das Kind entsprechend seinen Interessen für eine bestimmte Bewegungsform entscheidet, um letztlich auch wirklich ein Leben lang Spaß und Freude an dieser Disziplin zu haben. (Diese Tatsache gilt selbstverständlich auch für das Erlernen eines bestimmten Instruments, einer Sprache oder einer anderen kreativen Tätigkeit wie Töpfern, Malen etc.) Zwar ist die Begabung im Kind selbst angelegt, doch damit diese frühzeitig entdeckt wird und sich bestmöglich entfalten kann, bedarf das Kind der Unterstützung und Hilfe der Erwachsenen (Eltern, Erzieher, Lehrer …). Sie sollten das Kind im Spiel mit einem diversen Angebot gut beobachten, damit auf diese Art bestimmte Neigungen des Kindes frühzeitig entdeckt werden können. Während die Erwachsenen die Kinder durch diesen Prozess begleiten, liegt es letztlich jedoch in der Verantwortung des Kindes selbst, wie gut es sein Potential entwickeln will, was natürlich auch ganz davon abhängig ist, mit welcher Begeisterung es der Entfaltung seiner Fähigkeiten nachkommt und ob es sich diese Freude auch über die ganze Kindheit und Jugendzeit hinweg erhalten kann. Die Entscheidung hierüber liegt allein beim Kind. Die kann ihm keiner abnehmen und da lässt sich auch nichts erzwingen, wenn es tatsächlich von Erfolg gekrönt sein will.

Eltern tragen auf ihre Art zum Gelingen des Ganzen bei, wenn sie das Kind mit viel Liebe und eigener Begeisterungsfähigkeit an die für das Kind richtige Sportart heranführen. Mit je mehr Leidenschaft ihnen dies gelingt, kann das Interesse des Kindes an dieser Sportart, wie es das Beispiel des Fußballs zeigt, unter Umständen ein Leben lang erhalten bleiben. Es sind letztlich immer die vielen kleinen Impulse, die in Summe zum Gelingen des großen Ganzen beitragen. Dies entspricht ganz dem holistischen Ansatz.

„Früh übt sich, wer ein Meister werden will." Weil es so wichtig ist, wiederhole ich es noch einmal: Eltern, aber auch Erzieher und Lehrer sollten niemals unterschätzen, wie wichtig es ist, den Kindern von klein auf vorzuleben, dass sie das, was sie tun, mit Freude tun. Kommt dann noch – wie bereits erwähnt – die Begeisterung dazu, sind sie so inspiriert, dass sie die Dinge auch mit Liebe tun, damit etwas Schönes und Gutes daraus werden kann. Dies trifft auf alle Bereiche unseres Lebens zu. Egal ob Sport, Musik, Kunst, Kochen, Gartenarbeiten, ein bestimmtes Unterrichtsfach oder der Beruf. Erst mit der entsprechenden Leidenschaft gelingt es dem Menschen, über sich selbst hinauszuwachsen. Dann ist er in aller Regel so motiviert, dass er sich mit so viel Hingabe einer Sache widmet, dass er sogar in den Zustand des Flow kommen kann. Ist dies der Fall, ist er von seinem Tun so erfüllt, dass er alles andere vergisst. Es ist also ein Kreis aus Freude, Begeisterung (= Inspiration), Liebe, Leidenschaft, Motivation und Flow, der uns von etwas regelrecht erfüllt sein lässt.

Unsere Eltern sind in allem unsere ersten Lehrer. Egal, ob ihnen dies bewusst ist oder nicht. Fehlt ihnen selbst für eine bestimmte Sache die Ausdauer, Freude, Motivation …, wird diese auch den Kindern fehlen, denn hier gilt das „Spiegelgesetz". Soll heißen: Wir haben uns unsere Eltern nicht umsonst ausgesucht. Sie sind uns auch nicht passiert. Wir haben sie darum gebeten, unsere Eltern zu sein, damit wir dank dieses Spiegelbildes Verhaltensweisen an uns selbst erkennen können, die der Korrektur bedürfen, wenn wir feststellen, dass sie für uns nicht gesund sind. – Wie wir das feststellen? – Wir merken es daran, dass es da ein bestimmtes Verhalten gibt, das uns nicht wirklich guttut, weil im Grunde genommen etwas anderes gelebt werden will. Doch wir folgen dem inneren Impuls nicht, der sich uns mitzuteilen versucht.

Um ein Beispiel zu geben: Als Kind muss ich ziemlich viel Temperament gehabt haben. Wollte mich immer bewegen. Konnte nicht wirklich lange ruhig sitzen, wurde jedoch dazu erzogen, mein Temperament zu zügeln und mich so zu verhalten, wie es meinen Eltern gefiel. Um die entsprechende Wertschätzung für mein Bravsein zu bekommen, passte ich mich den Wünschen der anderen an und wurde so nach und nach immer verhaltener und ruhiger, obwohl ich sehr wohl gespürt habe, dass etwas in mir lebt, das gelebt sein will. Doch um den Eltern zu gefallen, habe ich es mir verboten, diese Anteile zu leben. Kurzfristig mag mir dieses angepasste Verhalten geholfen haben, das an Zuwendung und Liebe zu bekommen, was ich brauchte. Doch langfristig gesehen hat mir das Ganze – wie ich heute weiß – geschadet, weil ich mir selbst damit untersagt habe, Wesensanteile von mir zu leben, die mir geholfen hätten, mich wirklich gut zu fühlen. Was ich stattdessen tat, war, mir ein Denken anzugewöhnen, das darin bestand, mir immer wieder zu sagen: „Das Leben besteht eigentlich nur aus Regeln. Was daran soll bitte Spaß machen?" Doch mit diesem kritischen Blick auf das Leben, der mit der Zeit immer mehr an Oberhand gewann (auch Kindergarten und Schule taten das ihre dazu), gewöhnte ich mir immer mehr das Denken an, dass das Leben im Grunde genommen freudlos, anstrengend, etc. ist. Es machte mir immer weniger Spaß. Und dass ich diese Freude, die ich als Kind noch empfand, immer mehr verlor, dafür machte ich alle anderen verantwortlich, denn was ich damals ja leider nicht wusste, war, dass es allein meine eigenen Gedanken waren, die letztlich darüber entschieden, wie ich das Leben sah.

Meine Eltern genauso wie die Erzieher und Lehrer gaben mir bestimmt alles an Liebe und Zuwendung, was sie mir geben konnten, doch erzogen sie mich auf die gleiche Art, wie sie selbst erzogen wurden, und die war für mich nicht immer gut. Ich hätte sowohl als Kind wie auch als Jugendliche wesentlich mehr Freiraum zur Entfaltung meiner eigenen Persönlichkeit gebraucht. Doch ich kann und darf weder meinen Eltern noch den Erziehern und Lehrern einen Vorwurf daraus machen. Was ich aus alledem vielmehr zu lernen hatte – und für diese Erkenntnis bin ich Gott sehr dankbar –, war, dass mir vor allem meine Eltern stets das an Liebe und Zuwendung gaben, was ihnen möglich war. Sie gaben zu jeder Zeit ihr Bestes und erzogen mich entsprechend der Werte und Ideale, nach denen sie selbst erzogen wurden, und die sie für gut befanden. Schließlich haben sie diese ja auch schon von ihren Eltern gelernt und diese wiederum von ihren …

Auf diese Weise werden zwar bestimmte Ideale, Verhaltensweisen etc. von Generation zu Generation weitergegeben, doch werden diese leider niemals im Hinblick auf ihren Zeitgeist hinterfragt, was letztendlich der Weiterentwicklung des Menschen nicht guttut, vor allem dann, wenn sie einer Zeit entstammen, die der Geschichte der Menschheit mehr geschadet als genützt hat.

Erziehungsideale sollten nicht einfach nur fortgeführt werden, sondern bedürfen wie alles im Leben von Zeit zu Zeit immer wieder einmal der Reform. Nur so wird eine fortlaufende Entwicklung gewährleistet, die sich mehr am Kind und an der Gegenwart orientiert als an der Vergangenheit. Es ist für uns alle wichtig zu erkennen, wann ein neuer Zeitgeist angebrochen ist und darauf entsprechend positiv zu reagieren. Wir alle werden in dieser Hinsicht von Gott entsprechend unterstützt. Es gilt, nur mehr auf die Stimme unseres Herzens zu hören, die uns die entsprechenden Impulse schickt. – In meinen ersten beiden Büchern gehe ich näher auf die Erziehung und transgenerationale Vererbung ein und thematisiere, dass in unserem Leben nichts von Dauer ist, sondern alles immer und immer wieder den Gesetzmäßigkeiten der Veränderung unterliegt, so wie dies auch in der Natur der Fall ist. Im Leben gibt es keine einzige Konstante außer der, dass Veränderung IMMER geschieht. Alles andere wäre der Entwicklung der Spezies Mensch im Sinne der Evolution nicht zuträglich.

Als Kind konnte ich die Stimme meines Herzens noch ziemlich gut hören, doch ich folgte leider den entsprechenden Impulsen nicht, weil sie nicht konform gingen mit der Art, wie ich durch Elternhaus, Kindergarten und Schule erzogen wurde. Um mir auch ja die Anerkennung und Wertschätzung der anderen zu sichern und mir vor allem die Liebe der Eltern zu verdienen, verhielt ich mich mehr so, wie es die anderen von mir erwarteten, anstatt ich selbst zu sein.

Das, was uns unsere Freude am Leben wie an der Bewegung zusätzlich mindern kann, sind Themen wie das Verglichen werden mit anderen sowie der Perfektionismus. Beides wirkt sich alles andere als positiv auf unser Selbstwertgefühl und Selbstvertrauen aus. Wie wollen wir denn überhaupt noch an uns glauben, wenn wir im Grunde genommen bei vielem, was wir tun, oft nur noch „Rot" sehen. Und das im wahrsten Sinne des Wortes.

Zwar schaut es so aus, als komme ich immer weiter vom ursprünglichen Thema der Bewegung weg, doch das täuscht. Lassen Sie sich auch weiterhin auf meine Ausführungen ein und folgen Sie mit mir gemeinsam der Stimme meines Herzens, denn sie ist es, die hier mit Ihnen spricht. Ich schreibe nur nieder, was sie mich gerade wissen lässt. Sie führt mich schon seit Anbeginn durch dieses Buch. Wenn ich mich zum Schreiben hinsetze, habe ich im Grunde genommen nie eine Ahnung davon, was das heutige Thema ist, über das ich schreiben will. Das kristallisiert sich immer erst mit der Zeit heraus. Ich bin jetzt in diesem Augenblick genauso gespannt wie Sie auf das, was kommen wird. Lassen Sie mich es mit Ihnen teilen.

Die Probleme mit dem Sich-Vergleichen fangen bereits im Elternhaus mit den Geschwistern an. Erfahren in aller Regel im Kindergarten ihre erste Steigerung, bevor sich die ersten größeren Probleme dann in der Grundschule zeigen. Ab dann beschränken sie sich sehr schnell nicht mehr nur auf das Sich-Vergleichen in einer sportlichen Disziplin, sondern gehen tiefer und ziehen sich letztlich über alle Schularten hindurch. Die ersten negativen Erlebnisse zeigen sich uns in den schriftlichen Arbeiten, wenn wir sehen, dass der Farbanteil vom Rot des Lehrers bedeutend größer ist als das, was wir selbst geschrieben haben. Doch weil dies ja scheinbar noch nicht ausreichend genug ist, bekommen wir es sowohl mündlich als auch schriftlich in Form von Noten und Zeugnissen mit einer gewissen Regelmäßigkeit immer wieder einmal gesagt.

Wie aber will das Kind, das von sich aus ja lernwillig wäre, sich denn überhaupt die Freude am eigenen Tun erhalten, wenn für das Fortkommen in der Welt allein der Leistungsgedanke zählt, der sich immer und immer wieder in den Noten sowie später dann auch im Beruf in Form von Beurteilungen zeigt? Wie hilfreich ist ein solches Leistungsstreben im Hinblick auf ein gesundes Leben? Was ist mit all denen, die hier durch das Raster der Zensur und Beurteilung fallen? Was ist mit deren Leben? Ist das dann schon verwirkt? Was bitte soll diesen Menschen dann überhaupt Halt, Freude und Sinn am Leben geben? Haben wir als Mensch denn überhaupt das Recht, uns dergestalt ein Urteil über die Fertigkeiten und Fähigkeiten anderer zu machen? Ist es nicht vielmehr so, dass wir immer davon ausgehen sollten, dass ein jeder zu jeder Zeit immer sein Bestes gibt? Ob das dann für den anderen gut genug ist, mag dahingestellt sein …

Fakt ist, dass dem Menschen sowohl die Freude als auch die Begeisterungsfähigkeit, die Leidenschaft, die Motivation und die Liebe für eine bestimmte Sache verloren gehen, wenn ihm das Beispiel der Erwachsenen vermittelt, dass ab einem bestimmten Zeitpunkt der Sinn des Lebens anscheinend nur noch darin besteht, sich mit anderen zu messen. Wo bleibt da die natürliche Entwicklungsfreude des Kindes? Der Drill, den Kinder bereits in der dritten und vierten Klasse erfahren, um später auch ja einmal eine weiterführende Schule besuchen zu können, ist enorm. Daran sind schon manche Kinderseelchen zerbrochen, weil es einfach viel zu viel Druck ist, der hier bereits auf ihnen lastet. Was hier gänzlich unberücksichtigt bleibt, ist, dass sich die Kinder im Hinblick auf ihre individuelle Entwicklung nicht vergleichen lassen, doch Übertrittszeugnisse und Noten provozieren diesen Vergleich. Die negativen Auswirkungen unserer Leistungsgesellschaft zeigen sich hier schon sehr früh und wirken alles andere als positiv auf das Kind.

Egal, ob es der Leistungsdruck, das Thema des Sich-selbst-Vergleichens mit anderen oder das Verglichen werden durch andere aufgrund eines bestimmten Beurteilungs- und Bewertungssystems ist, es nagt an uns und wirkt sich – egal in welchem Alter – mit der Zeit nachteilig auf Körper, Geist und Seele aus, wenn die Ergebnisse nicht so sind, wie wir uns dies erwartet haben aufgrund dessen, was wir an Zeit und Arbeitseinsatz investiert haben. In einer Leistungs- und Wettbewerbsgesellschaft mag das Leistungsprinzip seine Berechtigung haben, doch es ist etwas vollkommen Unnatürliches. Keineswegs von Gott gewollt, sondern allein vom Ego ins Leben gebracht.

Der Mensch selbst, das Individuum, geht bei alledem mit seiner Einzigartigkeit unter, weil es sich andere erlauben, über dessen Fähigkeiten zu befinden, obwohl ihm diese von Gott gegeben sind. Bei diesem ganzen Beurteilungssystem berücksichtigt keiner, dass es unter Umständen triftige Gründe dafür gibt, warum der Einzelne sein Potential noch nicht so weit entwickeln konnte wie es entsprechend bestimmter Beurteilungsrichtlinien von ihm erwartet wird.

Das Problem bei den ganzen Noten und Beurteilungen ist, dass in aller Regel immer nur auf Teilaspekte einer Person geschaut wird. Diesen wird eine viel zu große Bedeutung beigemessen, anstatt zu berücksichtigen, dass jeder einzelne Mensch so viel Mehr an Qualitäten in sich trägt, die um ein x-Faches höher zu bewerten sind als es die Noten oder irgendein anderes System, das der Leistungsmessung dient, wiedergeben kann.

Unser gesamtes Leistungs- und Wettbewerbsdenken hat sich schon von klein auf so in unserem Bewusstsein festgefressen, dass diese ganze Entwicklung nicht mehr als gut bezeichnet werden kann, da sie langfristig gesehen der Gesundheit keineswegs zuträglich ist. Wenn aus dem natürlichen kindlichen Spiel des Sich-miteinander-Messens so schnell bitterer Ernst wird, dass es das Leben vieler Menschen negativ zu beeinträchtigen vermag, dann ist es an der Zeit, sich um gesündere Alternativen zu bemühen.

Wie leistungsstark und gesund eine Gesellschaft in Wahrheit ist, zeigt sich nicht an den Noten bzw. an den Leistungsträgern einer Gesellschaft, sondern daran, wie sozial, mitfühlend, empathisch, tolerant, großherzig, friedliebend … die Menschen sind. Für mich gilt hier: Eine Gruppe/Gemeinschaft ist immer nur so gut und so stark wie es das schwächste Glied innerhalb dieser Gruppe/Gemeinschaft ist.

Was ich damit ausführen will, ist, dass wir uns nicht mehr länger nur am Leistungsgedanken orientieren und uns danach unsere Welt erschaffen sollten. Dabei bleiben so viele Qualitäten unseres Menschseins auf der Strecke, die für sich gesehen jedoch so kostbar und edel sind, dass es einfach nur noch schade ist, diese ganze einseitige Entwicklung, wie wir sie derzeit haben, mit ansehen zu müssen. Das Einzige, was dieses überzogene Leistungsstreben bewirkt, ist, dass sich die Menschen untereinander nicht mehr wirklich so Freund und Freundin, bzw. Bruder und Schwester sind, wie das ursprünglich einmal der Fall war, weil ihre Beziehungen zueinander sehr oft (wenn wir einmal ganz ehrlich sind) mehr von Gefühlen wie Eifersucht, Neid oder gar Verbitterung und Groll überlagert werden, als dass wir uns wirklich von Herzen darüber freuen können, wenn ein anderer besser und erfolgreicher ist als wir selbst. Die Macht dieser ganzen negativen Gefühle macht nicht einmal vor unseren Partnerschaften halt, sondern zerstört auch da, was zerstört werden kann.

Wenn wir jedoch berücksichtigen, dass die Gefühle die Sprache unserer Seele sind, dann führt dies im Ergebnis letztlich dazu, dass sich der Einzelne, der sich in dieser Leistungs- und Wettbewerbsgesellschaft nicht zu behaupten vermag, sich mit der Zeit sogar selbst immer mehr den Wert seiner eigenen Person abspricht, was langfristig gesehen nicht gut gehen kann.

Während die Seele mit diesen ganzen Gefühlen „kämpft", die sie alleine nicht mehr zu verarbeiten vermag, bleibt auch das Gehirn nicht unverschont und reagiert auf seine Art auf den ganzen Stress. Während die Amygdala gerade mal Amok läuft, wissen mit der Zeit auch der Vagusnerv, die Hypothalamus-Hypophysen-Nebennierenrinden-Achse, die Schilddrüse, das Herz, der gesamte

Magen-Darmtrakt … immer mehr ein Lied davon zu singen, dass hier im gesamten System des Menschen etwas nicht mehr rund läuft, sondern aus der Balance gefallen ist, was sich uns auch daran zeigt, dass sich auf Körperebene immer mehr Krankheiten wie diverse Allergien, Hauterkrankungen, Entzündungen oder gar Krebs zeigen. – War das wirklich so gewollt? Von wem? Von Gott? …

Von Gott ganz bestimmt nicht, denn für ihn ist etwas ganz anderes wichtig, was er sich für die Menschen wünscht. Im Leben geht es nicht um irgendeinen Leistungsgedanken und um die entsprechenden Noten, die sich jemand erst verdienen muss, um damit in den Augen der anderen als wertvoll zu gelten, geschweige denn um ein Höher, Schneller, Besser, Weiter etc. Das ganze Konkurrenzdenken ist allein von den Menschen, sprich von unserem Ego gemacht. Das Einzige, was dieses unfaire „Spiel" bewirkt, ist, dass es zu Unfrieden bis hin zu sozialer Ungerechtigkeit zwischen den Menschen führt. Vor Gott jedoch sind alle Menschen gleich. Er unterscheidet nicht zwischen arm und reich oder zwischen intelligent und weniger intelligent oder zwischen erfolgreich und nicht erfolgreich. Ihm kommt es auf ganz andere Qualitäten des Menschseins an. Gott liebt alle Menschen gleich! Es käme ihm nie in den Sinn, einen Dr. Dr. Dr. einem Straßenarbeiter oder einem Reinigungspersonal vorzuziehen, wie es inzwischen die Menschen leider immer mehr tun und somit andere sozial abwerten, die nicht den gleichen Bildungsstand haben wie sie selbst. Was für eine traurige Entwicklung.

Gott ließ mich wissen, dass es im Leben einzig und allein um das Sein geht und darum, wieder zu erkennen, wer wir in Wahrheit sind: eine Seele in einem menschlichen Körper, deren Aufgabe darin besteht, sich als Seele immer weiterzuentwickeln und *ein immer besserer Mensch zu werden,* der sich wieder an die ursprünglichen Werte und Ideale eines wirklich friedvollen Miteinanders erinnert.

Puh! – Jetzt bin ich aber wirklich sehr weit vom Thema abgekommen, doch Gott sagt mir, dass es nur so scheint, als wäre ich das. Er wollte, dass ich die ganzen Zusammenhänge einmal ganz bewusst so aufzeige, denn er hält es für dringend angebracht, dass endlich einmal so etwas wie ein gewaltiger Ruck durch unsere ganze Gesellschaft geht, damit wieder etwas ins Fließen kommen kann, was schon seit ewigen Zeiten erstarrt zu sein scheint. Dafür bedarf es nicht nur im Kleinen, sondern auch im Großen der Bewegung auf ein anderes Ziel zu.

Lassen Sie mich in der Schlussbetrachtung des Themas der „Bewegung" aber noch etwas zu Schule und Schulsport sagen.

Der Sportunterricht sollte ohne (!) Noten sein. Die Leistungen des Kindes sollten hier nicht bewertet werden, denn es macht viel mehr Spaß, sich über die Fähigkeiten des anderen zu freuen, wenn die eigenen Leistungen nicht abgewertet werden. Beim Sport sollte es um die Sache selbst gehen. Ziel sollte es von allein sein, die Freude am Miteinander, am Spiel sowie an der Bewegung zu fördern. Und dies mit einer gewissen Regelmäßigkeit, um so einen gebührenden Ausgleich zum Lernen als der Schulung des Geistes zu schaffen.

Sportlehrer sind zwar in mehreren Disziplinen geschult, können jedoch pro Unterrichtseinheit immer nur eine bestimmte Sportart für die jeweilige Stunde anbieten, anstatt den Schülern hier ein weitreichenderes Bewegungsangebot zur Auswahl zu bieten.

Was hier helfen könnte, ist die Zusammenarbeit mit Sportlern und Trainern diverser anderer Sportarten. Hätten die Schulen einen größeren Sportbereich mit Innen- und Außenbereich, könnte hier ein viel differenzierteres Angebot gewährleistet werden, das gleichzeitig auch die verschiedenen Indoor- und Outdoor-Sportarten vorstellen und so das Interesse beim Kind für die eine oder andere Sportart zusätzlich wecken kann.

Zudem sollten diese Sporthallen nicht nur tagsüber zum Einsatz kommen, sondern auch in den Abendstunden allen Bürgern zur Verfügung stehen. Wie das Ganze natürlich organisiert sein will, darüber muss an anderer Stelle nachgedacht werden. Wie gesagt, ich schreibe hier nur nieder, was mir die Stimme meines Herzens sagt.

Lehrer müssen weder im Bereich der Ernährung noch im Bereich des Sports alles alleine leisten. Viel wichtiger wäre es, wenn sich die Schulen öffnen würden und zusammen mit diversen Betrieben und Dienstleistern vor Ort eine Art Netzwerk bilden könnten, sodass die Schüler auch von anderem Fachpersonal lernen können. Das würde nicht nur die Arbeitsüberlastung der Lehrer mindern, die Schüler könnten in diesen Betrieben gleichzeitig Praktika machen, damit praktisch auch wirklich das eingeübt wird, was in der Theorie gelehrt wird, denn nur so kann sich das ganze Wissen auch wirklich nachhaltig festigen. Auch hier gilt wieder die Erinnerung daran, dass wir nicht für die Schule, sondern fürs Leben lernen sollten.

Eine bunte Vielfalt an Angeboten könnte zum Beispiel dadurch gewährleistet sein, dass die Schule im Bereich der Ernährung mit regionalen Vertretern aus den Bereichen von Gartenbau und Landwirtschaft (Obst- und Gemüseanbau, ökologischer Landbau), aber auch mit Hausfrauen/Hausmännern, Bäckern, Köchen, Ernährungsberatern, … sowie im Bereich des Sports mit Yogalehrern, Lehrer für Tai Chi, Qi Gong und Tanz, … zusammenarbeitet. Fachlich unterstützt werden könnte das Ganze auch von Wald- und Kräuterpädagogen, Heilpraktikern sowie von Ärzten mit dem Schwerpunkt im Bereich der Naturheilverfahren, Ayurveda, ganzheitliche Medizin etc.

Und dies alles nach dem Motto: „Nur in einem gesunden Körper wohnt ein gesunder Geist!" – und – „Vorbeugen ist besser als heilen!"

Was heißt holistisches Denken bezogen auf den Geist?

Wie entwickeln wir einen Geist, der uns zu Gewinnern in unserem Leben macht?

Was einen Sieger von anderen Menschen unterscheidet, sind nicht seine Noten. Ein wahrer Sieger weiß, dass es sein Geist (mind) ist, der ihn auszeichnet, seine Ideale, Werte und Ziele zu erreichen. Im Vergleich zu anderen Menschen, die sich von klein auf abmühen, die Leiter des Erfolgs zu erklimmen, um irgendwann ebenfalls auf dem Siegertreppchen zu stehen, weiß er um die Geheimnisse, die ihn zu einem Sieger machen. Im Grunde genommen hat uns Gott den Erfolg in die Wiege gelegt. Das Einzige, was der Mensch zu lernen hat, ist, den richtigen Zugang zu diesem Schatz zu finden, den ihm Gott anvertraut hat. – Wie ihm dies gelingt? – Auf die Kürze gesagt könnte ich flapsig sagen: „Gott fragen und ins Handeln kommen." Doch so oberflächlich will ich das Thema nicht stehen lassen. Lassen Sie es mich von daher präzisieren.

Und auch hier beginne ich wieder im Alter von circa drei Jahren, denn auch im Hinblick auf die Entwicklung unseres Potentials werden die Weichen bereits in diesem Alter gestellt. – Wie das geschieht? Im Grunde genommen ist das Kind – wie ich es bei der Bewegung ansatzweise schon ausgeführt habe – darauf angewiesen, von den Erwachsenen im Hinblick auf seine persönlichen Neigungen und sein Können gut beobachtet zu werden, damit sein Potential früh genug erkannt wird. Ist dies der Fall, kann mit der Frühförderung begonnen werden. Allerdings sollte diese so aussehen, dass dem Kind die Freude als ein Motor seines Handelns erhalten bleibt. Was es dabei zu vermeiden gilt, ist zu viel Erfolgsdruck. Mit etwas Geduld und Fingerspitzengefühl von Seiten der Erwachsenen ist in diesem Alter wesentlich mehr zu erreichen als mit einem zu viel an „Du musst!" Ein „Müssen" bedeutet unter Umständen sogar das Aus, weil es dem

Kind noch an der entsprechenden Ausdauer und Disziplin fehlt, um sich auch aus sich selbst heraus in einer bestimmten Disziplin üben zu wollen. Es muss zunächst auf eine leichte und spielerische Art und Weise dazu hingeführt werden. Wie gut dies gelingt, ist natürlich von Kind zu Kind verschieden und kommt letztlich darauf an, mit wieviel Freude das Kind an die Sache herangeht. Sie erinnern sich, viel wichtiger als die Anlagen, die das Kind mitbringt, ist seine Begeisterungsfähigkeit als die Quelle seiner Inspiration. Diese kann zwar durch die Erwachsenen gestärkt werden, indem sie dem Kind Beispiel geben, muss grundlegend aber vom Kind kommen.

Damit es diese Fähigkeit ausreichend entwickeln kann, braucht es ein Ziel, das das Kind so zu begeistern vermag, dass aus diesem Ziel heraus seine Motivation erwächst, freiwillig zu üben, zu üben und zu üben. Ist dies der Fall, wird es seine Anlagen mit so viel Freude, Motivation und Begeisterung immer weiterentwickeln, bis es in dieser Fertigkeit so zu brillieren vermag, wie es seinem Ziel entspricht.

Was dabei wichtig ist, ist zu wissen, dass es während dieser ganzen Zeit immer wieder einmal Entwicklungsphasen sowohl des Körpers als auch des Geistes gibt, in denen das Kind bzw. der Jugendliche gefordert ist, stets aufs Neue zur weiteren Entfaltung seines Potentials „JA" zu sagen, statt sich anderen Interessen zuzuwenden als denen, die seinem Ziel entsprechen.

Solch eine besonders sensible Phase ist zum Beispiel die Pubertät. Was jetzt wichtig ist, ist, dass das Kind bis dahin mithilfe von Teil-Erfolgen bereits so viel an Glauben an die eigenen Fähigkeiten, Selbstvertrauen, Charakterstärke, Ausdauer, Disziplin und Willenskraft entwickelt hat, um sich letzten Endes immer wieder neu für sein Ziel zu entscheiden, anstatt sich von anderen Bedürfnissen ablenken zu lassen. Ist dies nicht der Fall, kann es allzu leicht passieren, dass der Jugendliche auf einem Niveau stehen bleibt, das er bis dahin zwar entwickeln konnte, aber da er nicht ausreichend inspiriert und motiviert ist, wird er es nie bis zur Meisterschaft bringen.

Dabei kommt es auf jedes Wort (!) an, das den Kindern von Anfang an beim Erlernen einer Sache mit auf den Weg gegeben wird, denn jedes Wort prägt sich wie jeder Gedanke und jede Erfahrung in unserem Bewusstsein ein.

Es fällt mir zwar nicht leicht, an dieser Stelle meine Erfahrungen mit Ihnen zu teilen, denn allzu viele Erinnerungen kommen hoch. Doch mein Herz sagt: „Bitte tu es. Du weißt, du solltest diese Erfahrungen machen, um heute darüber schreiben zu können, warum dein Weg war, wie er war. Also bitte, tu es. Du weißt, es gehört zu deinen Aufgaben, deine Erfahrungen und Erkenntnisse mit anderen zu teilen, weil es wichtig ist, verstehen zu lernen, wie alles kommt."

Noch einmal heißt dies für mich, einen Blick zu werfen auf die unterschiedliche Entwicklung zwischen meinem Zwillingsbruder und mir, um daran aufzuzeigen, wie sich zwei Kinder, die die gleichen Eltern und noch dazu den gleichen Geburtstag haben, auf eine ganz unterschiedliche Art und Weise entwickeln können. Und diese Entwicklung lag zum größten Teil in der Art unseres Denkens begründet. Mein Bruder hatte so vieles von dem, wovon ich glaubte, es nicht zu haben. Obwohl wir die gleichen Eltern haben und demzufolge ja auch die gleiche Erziehung erfahren haben, war es mir Zeit meines Lebens ein Rätsel, warum er mit allem viel leichter umzugehen wusste als ich. Zumindest kam es mir so vor, denn wir hatten uns leider nie darüber unterhalten, wie er bzw. wie ich die Dinge erlebt haben. Dafür war jeder von uns viel zu sehr mit sich selbst beschäftigt. So gesehen lebten wir mehr nebeneinander her, anstatt am Leben des anderen wirklich teilzuhaben. Und das, obwohl wir während der ganzen Schulzeit und auch schon davor im Kindergarten immer in der gleichen Gruppe bzw. Klasse waren. Dennoch waren die Erfahrungen, die wir machten, sehr unterschiedlicher Natur. So ziemlich alles, was mein Bruder tat, wurde – meiner Erinnerung nach – von Anfang an mit positiven Verstärkern und lobenden Worten quittiert. Eine Erfahrung, die ich leider nicht so häufig machen sollte wie er. Mit seinem natürlichen Charme und seinem gewinnenden Wesen war es ihm ein Leichtes, auf die Menschen zuzugehen und sie so für sich zu gewinnen. Diese Leichtigkeit und Kunstfertigkeit, andere Menschen für mich einzunehmen, war mir so nicht gegeben. Ich hatte diesbezüglich ein ganz anderes Naturell. Bis ich mich anderen Menschen zuwenden, mich ihnen öffnen oder ihnen gar vertrauen konnte, dauerte es seine Zeit. Bis dahin hatte natürlich mein Bruder die Herzen der anderen schon längst erobert, sodass deren Aufmerksamkeit demzufolge natürlich mehr bei ihm lag als bei mir. Was zum Glück für ihn dazu führte, dass er sich einfach nur hinzustellen brauchte, um das zu leben, was ihm wichtig war: die Musik. Zwar war auch mir diesbezüglich ein schönes Talent gegeben, doch vermochte ich nicht, es genauso selbstbewusst und souverän zu leben wie er. Was im Ergebnis dazu führte, dass die Kommentare, die wir im Hinblick auf die Art, wie wir diese Fähigkeit lebten, sehr unterschiedlich waren. Wo sich mein Bruder nur hinstellen musste, um an seinen Instrumenten, die er sich erwählt hatte, zu brillieren, fehlte es mir an dem nötigen Selbstvertrauen. Trotz meines Könnens und meiner Fähigkeiten war es mir lieber, wenn ich diese nicht alleine zeigen musste. Ich fühlte mich im Grunde genommen nur in der Gruppe wohl. Was mir zu pass kam, war das Singen im Chor. Trotz der guten Noten traute ich mich nicht, mich allein hinzustellen und öffentlich zu singen.

In meinem ersten Buch habe ich ja bereits von dem Trick erzählt, den einer meiner Musiklehrer gebrauchte, um mich vor der Klasse zum Singen zu bringen. Allein aus mir selbst heraus war ich viel zu schüchtern und das reinste Nervenbündel. Ein Verhalten, das von den Erwachsenen leider nur allzu häufig kommentiert wurde mit den Worten: „Warum kann er es? Warum du nicht?" Doch mit diesen Fragen allein war mir nicht geholfen. Und da ich sie über die ganze Kindheit und Jugendzeit hinweg immer wieder einmal in der einen oder anderen Variation hören sollte, entwickelte ich für mich Glaubenssätze wie: „Du kannst machen, was du willst. Du bist einfach nicht gut. Du kannst das nicht. Du bist unfähig dazu, dich hinzustellen und deinen Mund aufzubekommen. Wenn's drauf ankommt, dann versagst du." … So fing es an, dass ich mir bei jeder Gelegenheit diese

Sätze immer und immer wieder sagte, bis sie mir so in Fleisch und Blut übergegangen waren, dass ich gar nicht mehr anders konnte, als diesen Worten Glauben zu schenken. Was natürlich alles andere als gut für mich war. Doch das wusste ich damals ja nicht. Ich kann auch nicht sagen, ob es für mich besser gewesen wäre, wenn ich in einer Parallelklasse unterrichtet worden wäre. Der einzige Vorteil wäre gewesen, dass ich nicht ständig dem Vergleich mit meinem Bruder ausgesetzt gewesen wäre. Doch letztlich ist es nicht mehr wichtig, darüber nachzudenken, denn es war, wie es war. Außerdem hatten mich ja nicht nur die anderen mit meinem Bruder verglichen, ich selbst war es ja, die dies ständig tat, obwohl es mir jedes Mal einen Stich ins Herz gab. Doch ich konnte von diesem Sich-Vergleichen nicht lassen. Es war, als hätte ich diesbezüglich ein Suchtverhalten entwickelt und das Ganze gepaart mit meinem Perfektionismusstreben war dann noch der Dolchstoß dazu.

Hätte ich damals gewusst, dass es meine eigenen Worte und Gedanken waren, die mich immer wieder zu weiteren Erlebnissen wie den gerade beschriebenen führten, hätte ich das Blatt meines Schicksals vielleicht wenden können. Doch es ist müßig darüber nachzudenken. Es war, wie es war. Zum Glück weiß ich heute, wie ich mir das Ganze immer wieder selbst inszeniert habe. Ich bin Gott so unendlich dankbar dafür, dass er sich stundenlang hingebungsvoll die Zeit nahm, um mich mit diesem ganzen Wissen vertraut zu machen. Es hat mir letztlich geholfen, dass ich mich inzwischen mit mir selbst aussöhnen konnte.

Doch lassen Sie mich noch eine andere Geschichte mit Ihnen teilen, die vielleicht ein sehr gutes Beispiel dafür ist, wie wichtig es ist, dass wir die Dinge nicht nur aus uns selbst heraus mit Freude, Begeisterung etc. tun, sondern diese auch durch die Erwachsenen, die uns in dieser Hinsicht Vorbild sein sollten, vorgelebt bekommen.

Mein Bruder und ich hatten bis zur fünften Klasse des Gymnasiums den gleichen Klavierlehrer: meinen Vater. Er hatte es vermocht, seine Liebe zu diesem Instrument mit uns zu teilen.

Zwar gab es bei mir zwischendurch eine Phase, wo ich lieber Cello lernen wollte, doch da es zuhause das Klavier gab, sollte auch ich das Klavierspiel erlernen. Das ging bis zur siebten Klasse ganz gut. Mit Beginn der Gymnasialzeit hatte ich Unterricht bei einer Klavierlehrerin, die mir sehr sympathisch war. Ihr Wesen gefiel mir. Sie war immer gut drauf und versprühte auf ihre Art gute Laune. Was mich an ihr faszinierte, war, dass sie irgendwie so ganz anders war als alle anderen. Sie hatte eine Fröhlichkeit an sich, die sich nicht nur in ihrer Art zeigte, sondern oft sogar auch in ihrer Kleidung, was sie meiner Erinnerung nach irgendwie besonders machte. Ich mochte sie sehr. Wir verstanden uns gut. Sie tat mir gut.

Mit Beginn der achten Klasse stand jedoch zu meinem Leidwesen ein Lehrerwechsel an. Mein neuer Klavierlehrer war so ziemlich in allen Belangen genau das Gegenteil von ihr, mit dem Ergebnis, dass ich mich aufgrund der Art und Weise, wie er den Unterricht gestaltete und sich mir gegenüber verhielt, wieder in mein „Schneckenhaus" zurückzog, anstatt offen auf ihn zuzugehen. Was es mir zusätzlich schwer machte, gefallen an diesem Lehrerwechsel zu haben, war, dass er gleich in den ersten Stunden damit anfing, meine Leistungen auf dem Instrument nicht mehr zu loben, sondern zu kritisieren. Da hieß es dann sehr schnell: „Du willst mir doch nicht erzählen, dass du bereits diese Literatur spielst. Kommt überhaupt nicht in Frage. Wir fangen hier noch einmal von vorne an, und zwar mit der Burkhard-Klavierschule. Du musst erst einmal einen vernünftigen Fingersatz erlernen, bevor du dich an die ganze andere Literatur überhaupt heranwagst." Das war natürlich alles andere als lustig für mich, sodass ich auf meine Art gegen diese harte Maßnahme zu trotzen anfing, zumal er mir nicht einmal eine Chance gegeben hatte, dass ich ihm das vorspielen kann, was ich bei meiner Lehrerin zuvor gelernt hatte. Im Ergebnis mogelte ich mich für die nächsten zwei Jahre, in denen ich diesen Lehrer haben sollte, so gut ich es vermochte, irgendwie durch diese Zeit, doch mit meinem regelmäßigen Klavierspiel geschweige denn mit der Freude daran war es für mich so ziemlich von einem Tag auf den anderen vorbei. Da ich am Instrument bis zu dieser Zeit zum „Glück" (!?) eine gewisse Fertigkeit angeeignet hatte, fiel es mir zumindest leicht, die wöchentlichen Unterrichtsstunden „abzusitzen", indem ich die Literatur, die er mir vorgab, mehr vom Blatt spielte, als dass ich sie wirklich geübt hätte.

Während dieser Zeit lebte ich also mehr von dem Können, das ich mir bis dahin bei meiner Lieblingslehrerin erworben hatte, statt etwas Neues dazuzulernen. Was ich damit jedoch nicht berücksichtigt hatte, war, dass ich dadurch natürlich auch meine Fähigkeiten nicht weiter ausbaute, sondern auf einem gewissen Entwicklungsstand stehenblieb. Zwar sollte das für die restliche Schulzeit kein wirklicher Hinderungsgrund für mich sein. Ich vermochte es dennoch, in Musik mein Abitur zu machen, doch was ich als erstes danach tat, war, diesem Instrument für den Rest meines Lebens Adieu zu sagen.

Mein Bruder hatte zur gleichen Zeit wie ich einen Lehrerwechsel am Klavier. Dieser Instrumentallehrer, den ich ebenfalls sehr sympathisch fand (bei ihm wollte ich Cello lernen), ging seinen Fachunterricht ganz anders an, als dies bislang bei den Lehrern, die ich kennenlernen sollte, der Fall war, weswegen ich von ihm erzählen will. Er ließ die Kinder stundenlang einfach nur frei improvisieren. Gab ihnen keine Literatur vor. Auch der Fingersatz war ihm egal. Was er damit bezwecken wollte, war das freie Spiel. Das einzig Wichtige war ihm dabei, dass die Schüler mit möglichst viel Freude einen völlig entspannten Zugang am Instrument erlernen sollten, und sich darin ausprobieren konnten, wie sich das, was sie gerade an Musik in sich selbst hören und fühlen, am Instrument zeigt. Wenn mein Bruder von solchen Klavierstunden erzählte, leuchteten seine Augen dabei. Genau das wäre es gewesen, was auch ich gebraucht hätte. Wie sehr ich doch meinen Bruder damals um diesen Lehrer beneidete. – Doch das Schicksal hatte es – aus welchen Gründen auch immer – einfach anders mit mir gemeint.

Was mir bezüglich der Leidenschaft meines Bruders für die Musik noch erwähnenswert erscheint, ist, dass er im Vergleich zu mir schon von klein auf wusste, dass er einmal Musik studieren wollte. Ja, er hatte sogar eine ganz konkrete Vorstellung davon, wie sein Ziel, das er sich ziemlich groß erwählt hatte, einmal aussehen sollte, und das bereits in einem Alter von sechs bzw. sieben Jahren. So hochmotiviert wie er im Hinblick auf sein Ziel war, war es ihm ein leichtes, seinen Weg vollkommen zielstrebig zu gehen. Er hatte nicht nur ein Ziel, das ihn motivieren konnte, er war von diesem Ziel im wahrsten Sinne des Wortes auch „beseelt" und lebte diesbezüglich seine „Berufung".

Noch etwas anderes sehr Wichtiges lässt sich anhand dieser Beispiele wunderbar herausarbeiten, was ich ebenfalls mit Ihnen teilen will. Wie ich Ihnen ja erzählt habe, fielen die Herausforderungen der Kindheit und Jugendzeit meinem Bruder leicht, weil er – so erfreulich, wie sich die Dinge für ihn von Anfang an entwickelt hatten – vieles positiv sah. Aufgrund seiner frühen Erfolge und persönlich gestärkt durch die vielen aufmunternden Worte, Glückwünsche und Kommentare wurde er im Glauben an sich selbst bestärkt, was ihm so viel an Sicherheit und Selbstvertrauen gab, dass er auch in den anderen Fächern erfolgreich war. Auch wenn ich nicht um seine Gedanken und Glaubenssätze weiß, die ihn durch sein Leben trugen, so weiß ich doch, dass er auf direktem Weg und in der dafür vorgesehenen Zeit sein Lebensziel erreichen konnte. – Ich hoffe, das hat ihn glücklich gemacht.

Mein Gedankenkarussell hingegen spielte aufgrund der Glaubenssätze und Gedankenmuster, die ich nach und nach immer mehr entwickelt hatte, leider nicht nur in Dur. Zwar auch nicht nur ausschließlich in Moll, aber immer wieder einmal doch ziemlich dissonant. Harmonischer sollte die Melodie meines Lebens erst mit dem zwanzigsten Lebensjahr werden, nachdem ich durch Studium und Freundschaften bedingt ebenfalls auf positivere Zeiten schauen konnte, sodass ich bis zu meinem achtundvierzigsten Lebensjahr auf eine sehr schöne Zeit zurückschauen kann. Zwar gab es auch hier und da einmal kleinere Hochs und Tiefs, doch standen sie in keinem Vergleich zu meiner Jugendzeit. Meine Partnerschaft, meine Freunde, mein Beruf taten mir gut. Vieles davon sollte mir sogar richtiggehend gut gelingen.

Was ich damals jedoch noch nicht wusste, war, dass wir vom Leben alle Lernaufgaben, die wir bis zu einem bestimmten Alter noch nicht ausreichend gelernt hatten, noch einmal gestellt bekommen. Diese zeigen sich uns dann zwar in einem anderen „Gewand", doch bleiben die Lern-Themen die gleichen. – Und das ganz egal, ob wir dies wollen oder nicht.

Für mich hieß dies, dass ich mich für die kommenden sieben Jahre beginnend mit dem Wechsel in meiner beruflichen Laufbahn nicht nur beruflich vor neue Herausforderungen gestellt sah, die meine Aufmerksamkeit forderten, sondern dass sich auch privat gravierende Veränderungen ergaben. Wodurch dies alles ausgelöst war, beschreibe ich in meinem ersten Buch, sodass ich Ihnen die Wiederholung meiner Geschichte an dieser Stelle sparen will. Nach und nach wurde ich in allen Bereichen meines Lebens vor so viele Herausforderungen gestellt, die mir immer mehr über den Kopf wuchsen, sodass ich 2016 dann die entsprechende Diagnose erhielt, die mein altes Leben beenden sollte, weil ihre Aufgabe vielmehr darin bestand, mich im Hinblick auf mein weiteres Leben auf einen völlig anderen Weg zu bringen, auf dem ich fürs Erste gefordert war, verstehen zu lernen, was die ganzen Auslöser dafür waren, dass mein altes Leben zerbrechen sollte.

Und so wurde ich, die ich mich mit dem Wechsel auf meine Schulleiterstelle eigentlich am Ziel meiner Lebensträume angekommen sah, von den diversen Lebensumständen so erschüttert, dass ich noch einmal durch die ganzen Gefühle zu gehen hatte, die ich als Kind & Jugendliche bereits hatte.

Dabei kam ich mir vor, als würde ich – einer Achterbahnfahrt gleich – nur noch durcheinandergewirbelt werden und als würde diese Fahrt im Leben niemals enden. Im Grunde genommen war da alles dabei: eine tiefe Traurigkeit, die nicht enden wollte, ein Verletztsein, eine Enttäuschung über mich selbst und mein

Leben, das mich fast dazu bewogen hätte, dieses frühzeitig zu beenden, wären da nicht meine himmlischen Begleiter gewesen, die mich regelmäßig eines Besseren belehrten. Heute kann ich jeden, der einen Suizid begeht, um ein so Vielfaches besser verstehen, weil ich jetzt aufgrund meiner eigenen Geschichte um diesen ganzen tiefen Seelenschmerz weiß, der sich einem zeigt, wenn man wirklich nicht mehr weiterweiß.

Ich hatte ständig das Gefühl, mein Leben verwirkt zu haben. Schämte mich zutiefst vor meiner Familie, meinen Freuden und vor Gott. Es gab eine Zeit, da wäre ich am liebsten nur noch im Erdboden versunken. Oft hatte ich mir gewünscht, dass sich die Erde auftut, und dass ich darin versinken könnte, oder dass ich mich irgendwie in Luft auflöse. Dass ich morgens einfach nicht mehr aufwachen muss, etc.

Im nächsten Moment waren dann wieder Gefühle da von Verbitterung, Groll, Hass, Wut etc., die ich aus meiner Kindheit und Jugendzeit heraus schon kannte. Schon damals hatte ich mich wegen dieser Gefühle geschämt, wenn ich sie meiner Mutter oder anderen Personen gegenüber hatte. Damals wusste ich noch nicht, dass ich diese Gefühle im Grunde genommen nicht gegen die anderen hatte, sondern dass ich sie nur auf sie projizierte, um an mir selbst nicht zugrunde zu gehen, weil ich im Grunde genommen einen unbändigen Hass und eine ebenso starke Wut auf mich selbst hatte, weil mir das Leben damals nicht so gelingen sollte, wie ich das gerne gehabt hätte. In meinem kindlichen Schmerz und weil ich mich von der Welt um mich her unverstanden fühlte, hatte ich mir in den anderen ein „Feindbild" erschaffen, um diese ganzen destruktiven Gefühle nicht gegen mich selbst leben zu müssen.

2016, über 40 Jahre später, waren diese ganzen Gefühle wieder da. Ausgelöst durch die ganzen Veränderungen dieser Zeit. Und sie zeigten sich mir mit einer solchen Wucht, als wäre es ihre Aufgabe, mich vollkommen niederzuschmettern. Was diesmal jedoch anders war, war, dass ich diese ganzen Gefühle nicht mehr auf andere Menschen projizierte, sondern ich richtete sie gegen mich selbst, was meinem Körper – aber nicht nur ihm, sondern auch meinem Geist und meiner Seele – ganz und gar nicht mehr gefiel, sodass er nur noch ein Krankheitsbild nach dem anderen erzeugte, um mich so auf seine Art eines Besseren zu belehren. Innerhalb kürzester Zeit wurde ich so zum größten Feind gegen mich selbst und hatte das Gefühl, als erlebte ich nur noch Krieg an allen Fronten.

Ein Kriegsschauplatz, den ich nicht im Außen austrug, sondern im Sinne der Depression und der posttraumatischen Belastungsstörung in mir selbst. Die Geister, die ich durch die ganzen widrigen Umstände der letzten Jahre unbewusst geweckt hatte, zeigten sich mir. Und ihre Fratzen waren zum Teil übelster Natur. Und gleichzeitig mit ihnen streckten mich die ganzen uralten Glaubenssätze, Verhaltensweisen und Gedankenmuster von früher nieder, so dass ich letzten Endes wie damals als Schülerin den Glauben an mich selbst, mein Selbstvertrauen, meinen Selbstwert, die Liebe zu mir selbst etc. augenblicklich verlor. Der Krieg an mehreren Fronten entbrannte immer mehr. Die ganzen plutonischen Kräfte der Selbstzerstörung waren geweckt, sodass ich letztlich gar nicht mehr anders konnte als in ein Burnout zu gehen.

Parallel zu den neuen Herausforderungen erwachten gleichzeitig auch die ganzen alten Geschichten wieder, und auch wenn ich glaubte, dass ich zwischenzeitlich meinen Frieden bereits mit all den Personen von damals gemacht hatte, so musste ich jetzt erkennen, dass dies bei weitem nicht der Fall war. Im Laufe der Jahre hatte ich mir schön brav noch einmal jede Szenerie anzuschauen, die ich mir damals aufgrund meiner Gedanken, Gefühle und meines Handelns selbst inszeniert hatte. In meinem jetzigen Leben zeigten sich mir immer mehr Personen, die mich an die Menschen von damals erinnern sollten. Als hätten sie nur den Namen getauscht, andere Gesichter und mitunter ein anderes Geschlecht bekommen, waren sie alle wieder da und stellten mich vor die gleichen Aufgaben wie damals.

Ja, sogar Neid und Eifersucht waren in diesem Programm meiner Gefühle enthalten, obwohl ich immer dachte, nicht eifersüchtig zu sein. Ich war es. Und zwar eifersüchtig auf meinen

Bruder, der bei so vielen Menschen um so vieles besser ankam als ich, obwohl ich mich doch die ganze Zeit über mindestens genauso angestrengt hatte wie er. Dass mir das, was ich tat, aufgrund meiner eigenen destruktiven Gedanken nicht gelingen sollte, wusste ich damals ja noch nicht.

Dass dies so ist, zeigte sich mir ja erst in meinen ganzen Gesprächen der letzten Jahre mit Gott. Dabei führte er mich nach und nach auf einen Weg, um verstehen zu lernen, wie diese ganzen Mechanismen von früher und heute (2016) zusammenhängen und funktionieren. Anfangs war ich nur noch sprachlos und geschockt, als ich erkennen sollte, dass dieses ganze Inferno (denn als solches erlebte ich es) meinen eigenen Gedanken entsprungen war. Dass ich selbst es war, die ihr Leben aufgrund all meiner negativen Gedanken etc. an die Wand gefahren hatte.

Doch, ob es mir letztlich gefiel oder nicht, ich hatte zu lernen, dass ich für alles – und damit meine ich auch wirklich ALLES – allein die Verantwortung zu tragen hatte. Und das von Anfang an.

Gott ließ mich wissen, dass ich den Großteil dieses negativen Gepäcks bereits aus früheren Leben mitgebracht hatte, weswegen sich mir meine Probleme bereits von klein auf sehr deutlich zeigten. Doch da ich es als Teenager und junge Frau nicht gelernt hatte, über diese ganzen negativen Gedanken, Glaubensmuster und Verhaltensweisen hinauszuwachsen, gehört es jetzt zu meiner Aufgabe, mir das Ganze im Detail noch einmal anzuschauen, um mir zumindest jetzt der Themen bewusst zu werden, die es für mich zu lösen gilt. Zudem sollte ich mit den Menschen von damals endlich meinen Frieden machen. Dieser lässt sich jedoch nur finden, wenn ich bereit bin, sowohl den anderen als auch mir selbst zu vergeben, was jemals geschah.

Den anderen zu vergeben, fiel mir nicht schwer, nachdem ich es endlich begriffen hatte, dass ich selbst im Hinblick auf meine Misere verantwortlich war. Bedeutend schwerer fiel es mir jedoch, mir selbst zu vergeben. Und das auch wirklich aus ganzem Herzen und nicht einfach nur so dahingesagt, denn schließlich hatte ich mir ziemlich viel zu vergeben: meine ganzen Krankheiten, die ganzen Probleme mit meiner Familie (vor allem mit meiner Mutter), meine zerrüttete Ehe, meine diversen Probleme mit Freunden, Kollegen etc. Da kam sowohl privat als auch beruflich einiges zusammen, was ich mir zu verzeihen hatte. Bei 55 Jahren (so alt war ich, als die Krise auf ihrem Höhepunkt war) addiert sich so manches auf, was der Aufarbeitung bedarf.

Was ich zudem erkennen sollte, war, dass meine ganzen Krankheiten, die ich im Verlauf meines Lebens entwickelt hatte, und die allesamt dem Formenkreis der Autoaggressionskrankheiten zuzuordnen sind, ebenfalls aus diesen ganzen, nicht aufgelösten Emotionen meiner Kindheit und Jugend sowie der früheren Leben entstanden waren. Das fing bei mir schon im Alter von vier oder fünf Jahren mit einer Blinddarmentzündung an und steigerte sich nach und nach bis hin zur Alopezie, der ein paar Jahre später dann ja die Diagnose von Burnout, Depression und posttraumatischer Belastungsstörung folgen sollte. Ich hatte die Selbstzerstörung in diesem Leben tatsächlich schon ziemlich weit getrieben, auch wenn mir das sehr lange Zeit so nicht wirklich bewusst war.

Weswegen ich mir das Herz fasse und so ausführlich darüber schreibe, obwohl ich Ihnen hier von meinen allergrößten Schwächen erzähle, ist, dass ich mir für jeden Einzelnen von Ihnen wünsche, dass Sie es früher vermögen als ich, sich ihr Leben diesbezüglich einmal genauer anzuschauen, damit Sie Ihre „Baustellen" frühzeitiger erkennen können, als mir dies möglich war. Möge es Ihnen gelingen, Ihre „Schwachstellen" (sofern Sie überhaupt welche haben) aufzulösen, bevor auch Ihr „Haus des Lebens" so zusammenstürzen muss, wie es mein Schicksal war.

Ich hoffe, ich konnte Ihnen anhand meiner Beispiele aufzeigen, wie wichtig es ist, dass wir uns unserer Gedanken, aus denen letztlich ja auch unsere Worte und Handlungen resultieren, bewusst sind. Stellen wir fest, dass wir mehr negative als positive Gedanken haben, ist dies ein deutliches Zeichen dafür, dass wir uns anschauen sollten, woher diese negativen Gedanken kommen. Dann sollten wir uns fragen: Warum denke ich so negativ? Gibt es einen Grund/einen Auslöser dafür? Welches Gefühl begleitet diese Gedanken? Wann hatte ich dieses Gefühl zum ersten Mal? Gab es oder gibt es einen triftigen Grund dafür? Was soll ich hier lernen? Was habe ich zu tun, um sowohl dieses negative Gefühl als auch die entsprechend negativen Gedanken auflösen zu können? Was habe ich mir anzuschauen? Welche Lernaufgabe steckt dahinter? …

„Gedanken-Hygiene" ist für mich das wohl wichtigste Tool, das wir zu erlernen haben, um ein wirklich gesundes, glückliches und erfülltes Leben zu haben. Es muss unsere erste Pflicht werden, uns unserer Gedanken bewusst zu sein, denn mit ihnen erschaffen wir uns jeden Tag aufs Neue unsere Zukunft und das nicht nur im Kleinen, sondern auch im Großen. Zudem muss es uns auch bewusst sein, dass unsere Gedanken im direkten Zusammenhang zu unseren Gefühlen stehen, denn auch mit unseren Gefühlen erschaffen wir uns unsere Welt. Sind diese positiv, ist ja alles wunderbar. – Doch was, wenn nicht?

Das, was wir in uns fühlen, zeigt sich uns letztlich auch im Außen, und das gilt auch umgekehrt. Soll heißen: Erscheint mir mein Umfeld feindlich gestimmt, habe ich mich zu fragen: Wo bin ich selbst gerade feindlich gestimmt? Was gefällt mir nicht? Was habe ich für mich selbst zu tun, damit ich im Außen das erleben kann, was ich mir wünsche? …

Wollen wir ein schöneres und besseres Leben haben, kommen wir nicht umhin, uns unser Leben regelmäßig aus dieser anderen Perspektive heraus anzuschauen und uns mindestens einmal am Tag (am besten abends) zu fragen: Was ist mir heute geglückt? Was nicht? Wie kann ich das, was mir noch nicht geglückt ist, morgen besser machen?

Lassen Sie mich von hier aus noch einmal den Bogen spannen zum Beginn dieses Kapitels und meiner Aussage, dass es nicht die Noten sind, die einen Sieger aus einem Menschen machen. Wie ich es eingangs bereits gesagt habe und am Beispiel meines Bruders veranschaulicht habe, ist es unser Mind-Set, unser Geist, der letztendlich darüber befindet, wie erfolgreich wir aufgrund unseres Denkens und Handelns im Hinblick auf unsere Werte und Ziele sind.

Das setzt natürlich wiederum voraus, dass wir unsere Werte und Ziele kennen und uns auch bewusst darüber sind, dass sich beide im Verlauf unseres Lebens auch verändern können. Das darf sein. Schließlich entwickeln wir uns ja weiter. Problematisch ist es nur, wenn wir so gar keine Vorstellung davon haben, was wir uns für unser Leben erträumen, denn dann wissen wir ja gar nicht, wohin die Reise unseres Lebens gehen soll. Dann ist es nicht verwunderlich, wenn wir nur gedankenverloren in den Tag hineinleben, jedoch nicht wissen, was wir mit uns, geschweige denn mit unserem Potential, das uns Gott gegeben hat, anfangen sollen. Kein Wunder, wenn wir dann frustriert sind.

Ob es uns passt oder nicht, muss es uns bewusst sein, dass die Verantwortung für unser Wohlergehen einzig und allein bei uns selbst liegt. Hier kann und darf ich niemand anderen dafür verantwortlich machen. Weder die Eltern noch die Schule, noch Freunde oder gar den Partner. Der Einzige, der hier Rechenschaft vor sich selbst ablegen muss, wie er seinen Tag und sein Leben gestaltet, sind wir selbst. Es liegt in unserer Hand, ob wir ein glückliches, erfülltes, freudvolles, schönes … Leben haben oder nicht. Fakt ist: Wir erschaffen uns selbst unsere Welt. Und das sowohl im Kleinen als auch im Großen.

Es ist nicht nur eine Absage an unser Leben, wenn wir auf eine destruktive Art und Weise unser Leben leben, sondern auch eine Beleidigung für Gott, der uns dieses Leben gegeben hat, um unser Potential zu entfalten und unseren Seelenauftrag zu leben. So viele andere Seelen warten nur darauf und stehen im Himmel Schlange, bis sie endlich ihre große Reise „Abenteuer Leben“ antreten dürfen. Da kommt es nicht gut, wenn wir hier unser „Geschenk Leben“ freudlos, bekümmert oder gar gelangweilt zubringen, anstatt es aus uns selbst heraus proaktiv und damit zielbewusst zu gestalten.

Was es so wertvoll macht, um die eigenen Werte und Ziele zu wissen, ist, dass sie für uns eine wichtige Orientierungshilfe sind, um bewusst und zielorientiert danach zu leben. Wenn zum Beispiel einer meiner Werte „Frieden" ist, dann muss ich mir dessen bewusst sein, dass der Friede im Außen nur dann meine Realität wird, wenn ich selbst meinen eigenen Beitrag zum Frieden leiste. Es kommt also auf mich, meine Gedanken, Gefühle und mein Handeln an, was sich mir im Außen zeigt. Bin ich friedliebend, erfahre ich Frieden. Bin ich feindlich gestimmt, zeigt sich mir auch dies im Verhalten der anderen, denn diese spiegeln mir mein eigenes Sein. Wollen wir im Außen die Veränderung einer bestimmten Situation herbeiführen, muss der Prozess der Bewusstwerdung und Veränderung zunächst einmal in mir beginnen, denn die Welt antwortet auf das, was wir senden. Das wird unsere Realität.

Genauso wichtig ist das Wissen um die eigenen Ziele. Weiß ein Kind zum Beispiel bereits von vornherein, dass es einmal Bäcker, Tierpfleger oder U-Bahnfahrer werden will, kann er sich von Anfang an für eine ganz andere Schulkarriere entscheiden als ein Kind, das einmal ein Arzt, Naturwissenschaftler oder Rechtsanwalt werden will. Was es meiner Meinung nach vielen Eltern und Kindern schwer macht, sich für die richtige Schulart zu entscheiden, ist, dass sie keine Vorstellung davon haben, was aus dem Kind später einmal werden soll. Um sich ja alle Optionen offen zu halten, wird dann sehr oft die bestmögliche Ausbildungsart gewählt, ohne sich jedoch im Klaren darüber zu sein, ob diese für das Kind überhaupt geeignet ist und seinen persönlichen Interessen und Neigungen entspricht. Oft ist es der Fall, dass sich der ganze Schul-Frust erst Monate oder gar Jahre später zeigt und dann bereits zu einer solchen Lernunlust und „Null-Bock-Mentalität" angewachsen ist, dass es für das Kind und seine schulische Laufbahn alles andere als gut ist.

Weiß ich indes um meine persönlichen Werte und Ziele, dann habe ich eine konkrete Vorstellung davon, was ich bis wann erreichen will. Kann mir von vorneherein überlegen, was mein eigener Beitrag ist, um diesen Weg auch wirklich zu gehen, damit ich meine Ziele in der dafür vorgesehenen Zeit verwirklichen kann.

Mich hat es immer wieder überrascht, wie viele Jugendliche im Alter von vierzehn/fünfzehn Jahren noch keine Vorstellung davon haben, was sie nach ihrem Schulabschluss machen wollen. Erst auf wiederholtes Nachfragen hin kamen zögerlich erste Antworten. Und oft stellte sich eine große Erleichterung ein, wenn, wenn der Schüler sagen konnte: „Das wollte ich ja schon als Kind werden!" – Als Erwachsene sollten wir die Kinder auch im Hinblick auf eine spätere Berufswahl, die ihren Neigungen entspricht, wieder mehr beobachten und das Kind beizeiten daran erinnern, damit es feststellen kann, ob dieser Beruf nach wie vor von Interesse ist oder nicht.

Warum ich dies erwähne: Als Kinder im Alter zwischen drei bis fünf Jahren wissen wir in den meisten Fällen noch sehr genau, was wir später einmal werden wollen. Dieses intuitive Wissen geht meist erst im Verlauf der nächsten Jahre verloren. Durch die Vielzahl der Eindrücke, die wir im Verlauf unseres Erwachsenwerdens sammeln, verlieren wir oft den Bezug zur Stimme unseres Herzens, die sehr wohl um die richtige Antwort weiß. Oft lassen wir uns von unserem eigentlichen Wollen um das, wir als Kind noch wussten, abbringen und sind dann enttäuscht, wenn sich unsere berufliche Laufbahn ganz anders entwickelt, als wir uns dies einmal gedacht hatten.

Als kleine Kinder stehen wir diesem ganzen intuitiven Wissen noch viel näher als nach Ablauf unserer Schulzeit, wenn wir mit so vielen Eindrücken angefüllt sind, dass wir nicht mehr wissen, was wir wollen. Doch hätten wir uns rechtzeitig daran erinnert, was unser eigentlicher Berufswunsch ist, der unseren Fähigkeiten entspricht, wäre uns mitunter viel Ärger und Schul-Frust durch die Wahl der falschen Schulart erspart geblieben. Im Hinblick auf unsere Berufswahl sind wir als Seele nicht ins Blaue hinein gestartet, sondern hatten sehr wohl eine konkrete Vorstellung davon, welche Fähigkeiten und Qualitäten wir in diesem Leben als Seele weiterentwickeln wollen. Hätten wir von Anfang an gelernt, mehr auf die Stimme unseres Herzens zu hören und würden dieser Stimme folgen, anstatt den Weg zu gehen, den der Großteil der Menschen geht, dann – davon bin ich überzeugt – gäbe es mehr Menschen, die mit einer gewissen Passion ihre(n) Beruf(ung) leben würden, anstatt nur von einem Job zu sprechen, der im Bewusstsein vieler sogar nur ein notwendiges Übel ist, um sich damit den Lebensunterhalt zu verdienen.

Was zeichnet einen Sieger aus?

Was uns zu einem Sieger macht, sind unsere Gedanken. Jedoch nur die positiven, mit denen wir Tag für Tag aufs Neue in unser Leben starten, um unsere Ziele zu verfolgen. Wie wir unser „Mind-Set" bewusst gestalten, liegt allein bei uns. Gott hat uns in dieser Hinsicht einen großen Spielraum gelassen, so dass jeder von uns selbst wählen kann, was er aus den Anlagen, die uns Gott gegeben hat, machen will. Wir haben hier die freie Wahl und können selbst entscheiden, ob wir einmal zu den Siegern gehören wollen. Wie einsatzbereit, konsequent und zielbewusst wir dieses Spiel „spielen", liegt allein bei uns. Letztlich ist es der Glaube an uns selbst, der uns bei diesem Spiel in die entscheidende Richtung führt, ob wir eine Sieger- oder Verlierer-Mentalität entwickeln. Wie überhaupt im Leben liegt die Verantwortung auch hier wieder einmal bei uns. Auch dafür können wir im Außen niemanden verantwortlich machen. Ich kann nicht behaupten, dass ich heute arbeitslos bzw. ein Sozialhilfeempfänger bin, nur weil mir meine Eltern das eine oder andere an Bildung aus welchen Gründen auch immer nicht zugestanden haben. So wie ich die Verantwortung auch nicht bei den Lehrern suchen kann, wenn es darum geht, ob ich das Klassenziel erreiche oder nicht …

Wenn es mir *wirklich* ernst damit ist, dass aus mir etwas wird, dann liegt es allein bei mir, mich auch entsprechend zu verhalten, sowie mir bewusst darüber zu werden, was meine (!) Ziele sind, die ich erreichen will. Manchmal verlieren wir uns nämlich viel zu leicht in den Vorstellungen und Zielen der anderen. Das ist eben vor allem dann der Fall, wenn ich um meine eigenen nicht weiß.

Weiß ich um keine eigenen Ziele, ist es nicht verwunderlich, wenn ich planlos durchs Leben gehe. Das ist dann vergleichbar mit einer Fahrt ins Blaue. Nur wenn ich mein Ziel kenne, kann ich mir entweder mit Hilfe einer Straßenkarte einen Überblick verschaffen, welchen Weg ich nehmen muss. Oder ich nehme mir das Navi zu Hilfe, um mein Ziel auch wirklich sicher zu erreichen. Letzteres ist dabei mit den Eltern oder einem guten Freund vergleichbar, der um mein Ziel weiß und von Zeit zu Zeit ein Auge darauf hat, dass ich selbst mein Ziel nicht aus den Augen verliere, sondern auch weiterhin eine klare Vorstellung davon habe, wie ich am besten von A nach B komme.

Sieger sind für mich mit Helden vergleichbar, denn auch sie geben niemals auf. Fallen sie hin, stehen sie wieder auf. Werden sie durch äußere Umstände aus der Bahn geworfen oder haben Niederlagen hinzunehmen, so lassen sie sich davon nicht von ihrem Kurs abbringen. Sie wissen, dass sie selbst diesen Erfahrungen noch etwas Positives abgewinnen können. Für sie ist eine Niederlage nicht wirklich eine Niederlage und ein Fehler nicht wirklich ein Fehler, sondern einfach nur eine Lernchance, die sie darin unterweist, was sie beim nächsten Mal anders zu machen haben, um wirklich erfolgreich zu sein. Aufgrund ihres Glaubens an sich selbst sehen sie selbst in diesen Erfahrungen einen Vorteil und handeln gemäß dem Motto: „Ich erreiche, was ich glaube erreichen zu können." Sie wissen:

„Ein Mensch ist das, was er den Tag über denkt". – *Ralph Waldo Emerson*[11]

Sieger lieben, was sie tun. Ihre Begeisterungsfähigkeit (Faszination) für eine Sache ist ihr eigentlicher Lohn. Ihr Selbstbild und ihr Wissen um ihren persönlichen Wert sind so stark, dass sie nichts aus der Bahn werfen kann, denn sie wissen um ihren inneren Schatz. Ihr Selbstwert ist nicht von den Bewertungen oder der Kritik anderer Menschen abhängig. Wie auch immer sich die Situation für sie im Außen gerade zeigt, bleiben sie sich

---

11 Quellenangabe: Ralph Waldo Emerson. Aphorismen.de. Abrufdatum 15.07.2021, von https://www.aphorismen.de/zitat/81089

selbst treu und sind von daher immer ein Held bzw. ein Sieger.
Sie haben weder Angst vor Fehlern noch vor der Meinung anderer und sehen in allem stets das Gute. Legen sich ihm Hindernisse in den Weg, dann bleibt ein Sieger ein Sieger, lernt über diese hinwegzugehen und nutzt sie als Pflastersteine auf dem Weg hin zu seinem Ziel. Sieger denken groß. Sie haben eine Vision, einen Traum. Sie erwarten nicht, dass der Weg zu ihrem Ziel einfach ist. Sie denken realistisch und planen ihren Weg Schritt für Schritt. Damit es ihnen gelingt, ihre Vision Wirklichkeit werden zu lassen, bereiten sie sich nicht nur körperlich, sondern auch mental darauf vor. Sind willensstark, diszipliniert, begeisterungsfähig, motiviert, offen für Veränderungen und neue Ideen, probieren Neues aus und denken in allem lösungsorientiert.

Sie teilen mit anderen ihre Stärken, nicht ihre Schwächen.

Wie bekommen wir eine Sieger-Mentalität?

Indem wir uns frühzeitig daran erinnern, dass sie uns in die Wiege gelegt ist. Haben wir dies verstanden, geht es darum, selbst ins Handeln zu kommen und Mittel und Wege zu ergreifen, um uns von den ganzen destruktiven Gedanken, negativen Glaubenssätzen und Verhaltensweisen zu verabschieden, die uns bislang gefangen halten. Wer ein wahrer Sieger werden will, der weiß, dass er nur dann siegen kann, wenn er sich im Hinblick auf die Dinge, die ihn blockieren, im Verzicht übt. Er weiß, dass er nichts einfach nur so geschenkt bekommt, sondern dass es an ihm liegt, ins Handeln zu kommen. Zeigt er diesen Einsatz, dann lässt sich zurecht sagen: „Hilf dir selbst, dann hilft dir Gott." Was soviel bedeutet wie: „Weil ich dich liebe, bin ich (Gott) bereit, dir jederzeit zu helfen, wenn du mir zeigst, wie groß deine Einsatzbereitschaft und dein Wille sind, deine Ziele und Träume Realität werden zu lassen. Wende dich an mich und ich helfe dir."

Ein Sieger will wissen, welches Potential Gott ihm gegeben hat, um sich gemeinsam mit ihm das schönste Leben zu erschaffen, das denkbar und möglich ist. Er gibt sich nicht mit weniger zufrieden. Er greift nach den Sternen. Er hat einen Traum. Und von diesem, seiner Vision, ist er so „beseelt", dass er bereit ist, dafür alles zu tun, was notwendig ist, um dieses Ziel auch wirklich zu erreichen. Was ihn auszeichnet, ist, dass er – seine Vision betreffend – konkrete Vorstellungen hat. Er weiß, bis wann er dieses große Ziel erreichen will, und plant dementsprechend jeden einzelnen Schritt. Dabei unterteilt er sein übergeordnetes Ziel in mehrere Teilziele, die es erst zu erreichen gilt, bevor er sich dem großen Ganzen zuwenden kann. Und er weiß, dass es wichtig für ihn ist, darauf zu schauen, dass er stets die Balance hält. Soll heißen, dass es ihm sowohl an Körper, Geist als auch an Seele gut geht, denn nur in einem gesunden Körper wohnt ein gesunder Geist, was gleichzeitig auch die Voraussetzung dafür ist, dass es auch seiner Seele gut geht.

Was dem Sieger bewusst geworden ist, ist: „Einfach tun, was richtig ist. Lassen, was nichts bringt. Leben, was mir meine innere Stimme sagt." Ihm wird immer mehr bewusst: „Alles, was ich brauche, finde ich. Alles, was überflüssig ist, gebe ich auf." Denn es verändert sich so lange nichts in unserem Leben, bis wir uns selbst verändern. Tun wir dies, verändert sich auf einmal alles. – Doch wie kommen wir dahin, in uns selbst ebenfalls diese Sieger-Natur zu entwickeln? Was hilft uns dabei?

Meditation – unser Weg zu Gott

Die Technik, die mir am meisten geholfen hat, ist die Konzentration auf das Wesentliche. Die Konzentration auf mich selbst. Ich nenne es die „Innenschau", denn Gott hat uns unsere Fähigkeiten nicht nur in die Wiege gelegt, er stellt uns auch alles Wissen zur Verfügung, das wir brauchen, um uns in unser wahres Potential hineinentwickeln zu können. Und dies alles findet nicht im Außen statt, sondern in uns.

Zwar habe ich anfangs diverse Seminare besucht, um von anderen zu lernen, doch wurde mir irgendwann bewusst, dass es nicht darum geht, zu den verschiedensten Themen Seminare zu besuchen und diverse Qualifikationen zu erwerben. Obwohl jedes Seminar genau zur richtigen Zeit in mein Leben kam und mir vorübergehend hilfreich war, spürte ich, dass mir doch Entscheidendes fehlte, um für mich selbst weiterzukommen. Es war also nicht mehr damit getan, Seminare zu besuchen, sondern zu lernen, mich auf mich selbst zu verlassen und der Stimme meines Herzens auch wirklich voll und ganz zu vertrauen.

Das, was für mich dabei an erster Stelle stand, war die Meditation. Bis zu meinem 48. Lebensjahr gehörte sie keineswegs zu meiner Tagesroutine. In den Jahren danach gewöhnte ich es mir zwar an, ab und an geführte Meditationen zu hören. Vor allem dann, wenn die Tage sehr hektisch und anstrengend waren und ich wieder auf andere Gedanken kommen wollte, anstatt mich ständig in meinem Gedankenkarussell zu drehen, das sich neben den eigenen Gedanken immer mehr auch mit den Problemen anderer Menschen (Schüler, Eltern …) beschäftigte. Mithilfe der Meditationen vermochte ich, mich wenigstens wieder insoweit zu entspannen, um den ganzen Aufgaben gewachsen zu sein, für die ich mich verantwortlich fühlte.

Mit dem regelmäßigen Meditieren habe ich im Grunde genommen erst vor gut sieben Jahren begonnen und muss zugeben, dass es seine Zeit brauchte, bis ich fähig war, länger als fünfzehn Minuten ruhig dazusitzen und zu meditieren. Anfangs wollte ich vor den ganzen Gedanken, die sich mir zeigten, nur noch davonlaufen und dachte mir: „Das ist ja nicht auszuhalten. Wie bitte können da manche Menschen gleich über mehrere Stunden hinweg ruhig sitzen und sich das antun?"

Mein Ego fand es keineswegs gut und rebellierte auf seine Art, als es lernen sollte, dass es sich mit der Tatsache abzufinden hat, dass ihm diese Meditationszeiten nun auch noch regelmäßig morgens und abends zugemutet werden. Den größten Aufstand zeigte es, als ich entschloss, mich abends nicht mehr vor den Fernseher zu setzen, sondern diese Zeit zur Meditationszeit zu ernennen. Wochenlang versuchte es mir einzureden, was ich alles versäume, wenn ich nicht mehr fernsehe. Inzwischen hat es nach fünf Jahren fernsehfreier Zeit akzeptiert, dass ich nicht mehr länger gewillt bin, das Fernsehprogramm darüber entscheiden zu lassen, wie ich meine Abende zubringen will, sondern dass ich mir diese Zeit nun frei gestaltete, indem ich mit Malen oder Schreiben den Künstler in mir erwecke und im Anschluss daran meditiere.

Inzwischen kann ich mir einen Tag ohne Meditation nicht mehr vorstellen. Mir würde etwas fehlen. Diese Zeit ist für mich inzwischen eine heilige Zeit, denn sie gehört mir und Gott. Ich liebe es, mich mit ihm zu verbinden, ihm von mir zu erzählen oder ihm Fragen zu stellen und seinen Antworten zu lauschen. Es ist so schön und tut so unendlich gut, diese gemeinsame Zeit zu haben und diese zu genießen.

Seitdem ich dies tue, komme ich auch mit dem Alleinsein viel besser zurecht, weil ich inzwischen gelernt habe, dass in mir ab und an zwar noch Gefühle der Einsamkeit aufkommen, dass ich in Wirklichkeit aber niemals alleine bin, da wir alle miteinander verbunden sind: „All-eins" sind.

Gott tröstet mich dann immer auf seine wundervolle Art und erinnert mich wieder daran, dass er zu jeder Zeit für mich da ist.

Ich muss ihn nur bei seinem Namen rufen und zu Beginn der Meditation die Absicht aussprechen, dass ich mich mit ihm verbinden will. Anfangs bat ich immer noch um ein Zeichen, damit ich weiß, wann dies der Fall ist. Und ab dann ist es einfach nur noch schön, zu entspannen und seine Anwesenheit zu genießen. Oft nutze ich die Zeit der Meditation aber auch einfach nur dazu, um in aller Ruhe darüber nachzudenken, was ich untertags mal wieder alles lernen konnte, oder wofür ich unendlich dankbar bin …

Es ist immer wieder interessant, wenn ich mir innerhalb der Meditationszeit die eine oder andere Situation von früher noch einmal vergegenwärtige. Das mache ich aber nicht alleine. Bevor ich in diese Geschichten, die mich einmal so sehr gefordert haben, noch einmal hineingehe, bitte ich jedes Mal Gott darum, mit mir zu sein, damit ich mir auch ja sicher bin, dass ich mich in den alten Geschichten von damals nicht verliere. Dann nehme ich die Beobachterperspektive ein und schau mir das Ganze zusammen mit Gott noch einmal an. Stelle ihm meine Fragen und höre auf seine Worte.

Bei einem dieser Gespräche erklärte er mir, warum sich die ganzen Themen und Probleme, die ich habe, nicht einfach von selbst auflösen, wenn ich sie mir einmal angeschaut habe, denn anfangs war ich ziemlich überrascht, als ich feststellen musste, dass ich mich – meines Dafürhaltens nach – zwar über einen längeren Zeitraum hinweg mit einem bestimmten Thema befasst hatte, doch dass sich mir dies Wochen, manchmal sogar Monate später, erneut aufdrängte, um noch einmal angeschaut zu werden. Anfangs war ich frustriert, dass sich die Dinge so leicht nicht lösen lassen, sondern dass es immer wieder dieser Wiederholungen bedarf, die mich dazu anhalten sollten, mich noch eingehender mit der gesamten Thematik zu befassen.

Gott ließ mich hierzu wissen, dass sich uns Gefühle wie Wut, Zorn etc. zeigen, wenn wir uns durch eine andere Person entsprechend verletzt fühlen. Leben wir diese Gefühle zeitnah aus und finden die richtigen Worte dafür, um den Sachverhalt mit der anderen Person zu klären, dann verpuffen diese Gefühle innerhalb kürzester Zeit auch wieder, sodass sich im Anschluss an ein klärendes Gespräch diese ganze negative Energie auch wieder auflösen kann.

Haben wir es jedoch nicht gelernt, uns in solchen Situationen, die uns derart verletzt haben, dass sie sich uns in Form dieser Gefühle zeigen, offen und verständlich dem anderen mitzuteilen, bleibt diese destruktive Energie erhalten. Diese verdichtet sich sogar jedes Mal dann, wenn wir das, was uns so verletzt, nicht thematisieren. Irgendwann entwickeln sich dann aus einer anfänglichen Wut, die mit einem klärenden Gespräch noch ganz einfach aufzulösen gewesen wäre, noch negativere Gefühle wie Groll, Verbitterung oder gar der Hass. Diese geballte Ladung negativer Energie potenziert sich auch weiterhin, wenn wir nie bereit sind, die entsprechenden Sachverhalte dann anzusprechen, wenn sie der Klärung bedürfen.

Zwar wirken wir in diesen Fällen nach außen hin friedlich und sind scheinbar auf Harmonie bedacht, doch in Wahrheit brodelt es in uns wie in einem Vulkan. Hätten wir den Ärger jedoch nicht hinuntergeschluckt, sondern die Dinge gleich geklärt, als sie entstanden sind, dann wäre das Ganze vielmehr mit einem „Gewitter" vergleichbar, indem es grollt und kracht, doch sind diese Energien verpufft, ist es auch wieder gut. Dann hätte sich nicht nur die Luft gereinigt, sondern auch das Energiefeld, das die betreffenden Personen umgibt. Da dies jedoch nicht der Fall ist, werden die Probleme immer größer und wachsen sich unter Umständen sogar bis zu ernsthaften Schwierigkeiten aus. Dies beeinträchtigt letztlich nicht nur die Beziehung zwischen diesen Personen, sondern zeigt sich ihnen sehr häufig auch in Form von Krankheiten. Letztlich ist keinem damit geholfen, sondern alles verschlimmert sich von Mal zu Mal.

Hier zeigt sich ein Verhalten, das uns keineswegs guttut. Statt mutig genug zu sein, um für unsere Belange und Bedürfnisse einzustehen, täuschen wir – egal ob bewusst oder unbewusst – ein Verhalten vor, das der Wirklichkeit nicht entspricht, denn unsere Verletzung und Wut verfliegen nicht einfach so.

Unsere Gefühle sind die Sprache unserer Seele, das heißt, wir sollten darauf hören, was sie uns zu sagen hat. Die Gefühle wollen uns helfen, zu erkennen, wie wir uns im Hinblick auf eine bestimmte Sache oder Person fühlen. Sie wollen auf eine sozialverträgliche und dem Sachverhalt angemessene Art und Weise zum Ausdruck gebracht werden. Das ist die Lernaufgabe, die sich uns hinter allem zeigt. Es kommt nicht gut, wenn wir nicht lernen, unsere Gefühle zu leben. Sie zurückzuhalten und sie somit zu verschweigen, ist letztlich sogar eine Form von Betrug. Wir betrügen damit nicht nur den anderen, sondern auch uns selbst. Viel ehrlicher ist es da, sich einmal ordentlich zu streiten und dabei auf eine anständige Art und Weise das anzusprechen, was das eigentliche Thema ist, das zum Streit bzw. zur Verletzung geführt hat. Tun wir dies nicht, können sich die Energien zwischen den betreffenden Personen nicht klären. Das ist dann bei der nächsten Auseinandersetzung nicht mehr nur eine Welle, die den anderen überrollt, sondern baut sich über Jahre und Jahrzehnte hinweg, in denen ein solch falsches Verhalten gelebt wird, unter Umständen sogar zu einem Tsunami auf, der dann immer mehr zu Feindschaft und Krieg zwischen den Personen führt.

Was die betreffenden Personen zu lernen haben, ist, sich anzuschauen, was das eigentliche Thema ist, das dazu geführt hat, dass die Situation ist, wie sie ist. In aller Regel sind dies unausgesprochene Bedürfnisse, die der eine auf den anderen projiziert. Doch indem er die Sache an sich nicht klar benennt, kann es auch zu keiner Klärung des Sachverhalts kommen. Nach und nach schaukelt sich dann der ganze Ärger so weit auf, dass ein ernstzunehmendes Problem daraus entsteht. Ein Problem lässt sich jedoch nicht vertagen. Was hier gilt, ist: „Störungen haben Vorrang." Das Problem, bzw. das darunterliegende Thema will angeschaut und thematisiert werden. Und zwar dann, wenn es sich zum ersten Mal zeigt. Alles andere ist für keine der am Problem beteiligten Personen gut. Das Leben bzw. unser Unterbewusstsein wird uns so lange immer wieder in ähnliche Situationen führen, bis wir bereit sind, hier die Verantwortung zu übernehmen und das richtige Verhalten zu erlernen.

Was es vielen schwer macht, in solchen Situationen angemessen zu reagieren, liegt zum einen daran, dass es als Kind nicht gelernt wurde, Gefühle zu zeigen und diese auf eine gute Art und Weise zum Ausdruck zu bringen.

Zum anderen bringen diese Personen, die mit diesem Sachverhalt größere Schwierigkeiten haben, dieses ganze ungesunde Verhalten bereits aus früheren Leben mit, um es sich jetzt noch einmal bewusst zu machen, was es zu lernen gilt. Nämlich alle Gefühle (sowohl die guten als auch die schlechten) offen und ehrlich zu leben. Denn im Grunde genommen ist nicht das Gefühl schlecht, sondern das, was wir unserer Interpretation nach daraus machen und wie wir uns letztlich verhalten. Das Gefühl an sich ist einfach nur neutral. Das gilt es zusätzlich zu erkennen, um den Mut zu finden, auch wirklich alle Gefühle rechtzeitig so zu leben, wie sie sich uns in der jeweiligen Situation zeigen. Das meint authentisch sein.

Es ist folglich nicht damit getan, diese alten Energien, die sich inzwischen zu schweren Emotionen verdichtet haben, von Situation zu Situation immer wieder aufs Neue unter den Teppich zu kehren und zu glauben, dass sich das Ganze schon von alleine lösen wird. Das ist ganz und gar nicht der Fall. Im Gegenteil. Eines schönen Tages richtet sich diese geballte Ladung an negativer Energie gegen die Person selbst und richtet letztlich einen wesentlich größeren Schaden an, als dies jemals der Fall gewesen wäre, hätte es dieser Mensch frühzeitig gelernt, für sich selbst und seine Interessen souverän und selbstbewusst einzustehen.

Gott ließ mich in diesem Zusammenhang wissen, dass es wichtig ist, dass sich diese uralten Emotionen nicht auf einmal auflösen. So wie es einst einer gewissen Zeit bedurfte, bis die Gefühle von Wut etc. sich zu einer Emotion ausgewachsen haben, braucht es auch seine Zeit, bis sich diese Energien nach und nach wieder abbauen. Ich merke das zum Beispiel daran, dass sich mir bestimmte Themen auch heute noch immer in Erinnerung bringen, obwohl ich sie mir schon so oft angeschaut habe. Dann bin ich zwar jedes Mal wieder aufs Neue überrascht und sage mir oft: „Nein, nicht schon wieder das Thema … mit der Emotion … Hört das irgendwann auch einmal auf?" – Doch diese Wiederholungen zeigen mir, ob ich mir das ursprüngliche Thema auch wirklich in seiner Vielfalt von allen Seiten her schon ausreichend gut angeschaut habe.

Ist das noch nicht der Fall, dann kann ich jetzt in der Betrachtung des Themas mit dem, was ich zwischenzeitlich wiederum erlernt habe, noch tiefer gehen, um so nach und nach auch wirklich an die Wurzel des eigentlichen Sachverhalts zu kommen, denn es hilft nichts, das Unkraut nur an der Oberfläche zu jäten, wenn die Ursache selbst nicht wirklich bereinigt ist. Aus diesem Grunde gibt es diese „Wiederholungen".

Viele sprechen in der Therapie oder im Coaching von der sogenannten „Zwiebeltechnik", weil der Sachverhalt quasi wie die Schalen einer Zwiebel von außen nach innen immer mehr abgetragen wird, bis wir irgendwann merken, dass uns das Thema innerlich nicht mehr aufwühlt oder unsicher macht. Erst dann ist gewährleistet, dass wir bei der Betrachtung der gesamten Thematik auch wirklich bis zum Kern der Sache vorgedrungen sind. Erst wenn uns dies geglückt ist und wir uns des gesamten komplexen Sachverhalts bewusst geworden sind, können wir auch wirklich unseren Frieden mit der Sache machen.

Indem ich mir also anschaue, mit welcher Stärke sich mir die Emotion noch immer zeigt, werde ich mir darüber bewusst, was es noch zu tun gibt, damit eine vollständige Heilung geschehen kann. Inzwischen habe ich die Angst vor diesen „Wiederholungen" verloren. Stattdessen bin ich ihnen heute sogar dankbar, dass sie mich immer wieder noch auf etwas Neues aufmerksam machen, was ich im Anschluss daran dann Gott wieder zur Heilung übergeben kann.

So hilft er mir jedes Mal aufs Neue, mich durch meine „Zwiebel" hindurchzuarbeiten, bis sie immer kleiner und kleiner wird, ich dafür aber immer fröhlicher werde, weil ich weiß, dass ich diesen ganzen Ballast dann auch endlich für alle Zeiten überwunden habe. Doch nicht nur dies. Ich habe mich letztlich sogar mit göttlichem Segen von all dem Ballast befreit, der mir einst mein Leben so schwer gemacht hat.

Was für ein Geschenk, für das ich Gott, meinem himmlischen Vater, unendlich dankbar bin.

Ich kann es nur jedem dringend ans Herz legen, sich seine Themen gemeinsam mit Gott anzuschauen. Ich habe es noch keine Sekunde bereut, auch wenn ich zugeben muss, dass es phasenweise sehr, sehr anstrengend war. Doch letztendlich zahlt sich dieser ganze Einsatz dadurch aus, dass ich heute schon weiß, dass ich mir in meinen zukünftigen Leben keines dieser Themen mehr anschauen muss, weil ich mir der ganzen Zusammenhänge inzwischen bewusst geworden bin und ich mittlerweile weiß, wie sie entstanden sind. Wenn ich dann an meine zukünftigen Leben denke, dann rufe ich heute schon vor lauter Freude „HURRA" und strahle über das ganze Gesicht.

Nachdem ich im Laufe der Zeit immer mehr erkannt habe, dass ich bei den Meditationen die Regie selbst führe, fiel es mir immer leichter, zu entscheiden, ob ich in der Meditation in die Verbindung mit Gott gehen oder die Stille genießen will und dabei mein Sehen und Hören nach innen richte. Oder ob ich in der Gegenwart weilen will, um Antworten auf Fragen zu bekommen, die mich gerade aktuell beschäftigen. Was ich ebenfalls liebe, ist, mir während der Meditationszeit meine Gesundheit bzw. meine Zukunft in den schönsten Farben und Bildern zu visualisieren.

Dass ich dies alles tun kann und dabei noch so viel über mich selbst lerne, hat dazu geführt, dass ich diese Zeit „Innenschau" nenne, weil sie mich an einen Kinobesuch erinnert. Der einzige Unterschied besteht darin, dass ich mir nicht länger die Geschichten anderer ansehe, sondern mir meine Filme selbst drehe. Damit bin ich sowohl die Regisseurin als auch die Hauptakteurin im Film meines Lebens und gestalte mir auf diese Art sowohl das Jetzt, als auch meine Zukunft.

Die Meditation hat mir nicht nur geholfen, wieder zu mir selbst zu finden, sondern gibt mir jeden Tag so viel an Gestaltungsspielraum, dass ich es einfach herrlich finde, in dieser Zeit mit Gott und mit mir selbst verbunden zu sein. Ein Leben ohne die Meditation kann ich mir ehrlich gesagt nicht mehr vorstellen. Ich kann es nur jedem empfehlen, diese Technik möglichst früh zu erlernen, denn es öffnen sich uns damit so viele Türen, wenn uns bewusst wird, wie wir diese Zeit am besten für uns selbst nutzen können.

Ich bin davon überzeugt, dass schon Vier- und Fünfjährige ihre wahre Freude daran haben, wenn man es ihnen hinreichend gut erklärt, was für ein Gewinn es für sie ist, regelmäßig zu meditieren. Und das schon bei einem täglichen Zeitaufwand von zehn bis fünfzehn Minuten.

Es ist so kostbar, sich diese regelmäßigen Auszeiten zu gönnen, ganz egal, wofür der Einzelne sie nutzen mag. Ob es die klassischen Meditationstechniken sind oder eine freiere Form in der Art, wie ich Sie ihnen gerade beschrieben habe. Das einzig Wichtige ist die Freude am Tun. Und das Schöne daran ist, dass die Meditation – sofern sie regelmäßig praktiziert wird – ein so kostenneutraler und dennoch so wichtiger Beitrag zur Erhaltung oder Regeneration unserer Gesundheit ist.

Was haben unsere Gedanken mit unserer Zukunft zu tun?

Unsere Gedanken und damit letztlich auch unsere Gefühle bestimmen nicht nur, wie wir in einer bestimmten Situation handeln, sondern sie beeinflussen unsere Zukunft. Wie ich es schon erwähnt habe, tragen wir alle einem Gepäckstück (Koffer, Rucksack, Korb etc.) vergleichbar „Altlasten" mit uns herum, derer wir uns im Laufe unseres Lebens bewusstwerden sollten, um diese ganzen alten Verhaltensweisen durch neue und vor allem gesündere Gedanken und Gefühle zu ersetzen, aus denen letztlich unsere neuen Handlungen entspringen.

Kommen wir dieser Aufgabe nicht nach, geben wir sie von Generation zu Generation an unsere Kinder weiter. Und das so lange, bis eines der Kinder diese ganzen alten Muster aus der Ahnenreihe durchbricht und sich auf etwas Besseres besinnt. Die Redensart „Der Apfel fällt nicht weit vom Stamm" belegt in vortrefflicher Weise, dass es nicht nur unsere individuellen Probleme aus diesem und früheren Inkarnationen sind, vor die uns das Leben stellt, sondern dass etliche dieser sogenannten „Gepäckstücke" generationenübergreifend weitergegeben wurden. Es sind also auch diese Altlasten bzw. Erbstücke", die uns so lange durchs Leben begleiten, bis wir uns ihrer bewusstwerden und sie auflösen. Es darf nicht unterschätzt werden, was wir in unserem Mind alles aufzuräumen haben, doch es ist machbar. Stellen wir uns dieser Aufgabe, verlieren unsere Schwächen immer mehr an Kraft, doch gleichzeitig kommen unsere Stärken immer mehr zur Geltung. Ganz nach dem Motto: „Schwächen schwächen & Stärken stärken" gewinnen wir zunehmend an Selbstwertgefühl, Selbstsicherheit, an Liebe zu uns selbst etc. Stärken so unsere positiven „Selbste" und bekommen letztlich ein wirklich gesundes Selbstvertrauen, das uns nicht nur stark, sondern zu wahren Gewinnern macht. Nach und nach wird es uns auf diese Art möglich, unser gesamtes Potential zu entfalten. – Was haben wir diesbezüglich zu tun? Wessen sollten wir uns dabei bewusst sein?

Wo ist der Mensch von seinem ursprünglichen Weg einmal abgekommen und hat für sich entschieden, der Stimme des Egos mehr Glauben zu schenken als der Stimme seines Herzens? Bereits seit dieser Zeit, die uns noch einmal zurückführt bis zu Adam und Eva und der sogenannten Vertreibung aus dem Paradies, lässt sich der Mensch sein Leben mehr vom Ego (der Schlange) diktieren, anstatt aus der Kraft des eigenen Geistes (seines Schöpfergeistes) heraus zu leben und sich das Leben zu erschaffen, das ihm möglich wäre, wenn sein Geist in direkter Verbindung mit der Stimme seines Herzens stünde. – Wie kann sich der Mensch aus dieser Abhängigkeit vom Ego wieder befreien?

Das, worüber wir dabei nachzudenken haben, ist: Entscheide ich mich wieder für ein Leben mit Gott, oder für ein Leben, indem auch weiterhin das Ego das Sagen hat und mir vorgibt, wie ich mein Leben zu leben habe? Keine ganz so leichte Entscheidung. Ich weiß. Nicht umsonst habe ich im Kapitel über die Sieger davon gesprochen, dass sich wahre Sieger dadurch auszeichnen, dass sie gelernt haben, sich im Verzicht zu üben. Statt grenzenlosem Konsum und so manch anderer Ablenkungen erschaffen sie sich mithilfe ihrer Disziplin und Willensstärke das Leben, das ihnen in Wahrheit zusteht und von dem sie schon so lange träumen.

Erst mit der Entscheidung für den freiwilligen Verzicht stoßen wahre Sieger ihr Ego vom Thron, um in ihrem Leben selbst den Platz einzunehmen, der ihnen als Gewinner dieses Duells gebührt. Gelingt es ihnen, diesen entscheidenden Schritt zu tun, werden sie wieder zu Kindern Gottes, die um ihre wahre Herkunft wissen. Mit Hilfe Gottes können sie sich nun endlich das Leben aufbauen und gestalten, das ihnen im Grunde genommen schon seit Anbeginn der Welt zugestanden hätte, hätte es damals nicht die Schlange gegeben, die sich ins Paradies eingeschlichen hatte, um den Menschen im Hinblick auf seine Liebe zu Gott zu prüfen.

Mit dem „Gleichnis von der Heimkehr des verlorenen Sohnes" hat uns Jesus indirekt bereits davon berichtet, wie sich Gott über die Rückkehr eines jeden seiner Kinder freut. Und nicht nur er, denn dann jubilieren im Himmel tatsächlich auch alle Engel und feiern ein Fest, um den verloren Geglaubten auf das Freudigste zu empfangen.

Was haben wir zu tun, um uns von der Vorherrschaft unseres Egos zu befreien?

1. Eine klare Entscheidung für Gott treffen. Mit ihr senden wir die eindeutige Botschaft ins Universum, dass es uns auch wirklich ernst damit ist, diesen Weg gemeinsam *mit* Gott zu gehen. Jesus wusste, warum er uns im *Vater unser* lehrt: „Vater unser im Himmel, *Dein* Reich komme, *Dein* Wille geschehe, wie im Himmel also auch auf Erden ...". Akzeptieren wir voll und ganz, dass uns Gott unseren Weg durch unser Leben zeigt, werden wir von den Anhaftungen des Egos erlöst. Ab dann wird es uns möglich, wirklich das Leben zu leben, das sich auch unsere Seele für uns wünscht.

2. Sowohl die eigenen Fehler als auch die der Ahnen nicht mehr wiederholen, sondern aus der Geschichte der Menschheit lernen und die Zusammenhänge erkennen, die uns in diese ganze Abhängigkeit vom Ego geführt haben.

3. Sich der *eigenen* Werte und Ziele bewusstwerden, um zu wissen, nach welchen Grundsätzen und Zielen wir denn wirklich leben wollen.

4. Sich darüber bewusst sein, dass wir uns jeden Tag aufs Neue mit unseren Gedanken, Gefühlen, Worten und Handlungen unsere Zukunft selbst erschaffen. Diesbezüglich gilt es, entsprechende Maßnahmen zu ergreifen, um die ganzen alten Verhaltensweisen, Glaubenssätze und Denkmuster aufzugeben und sie durch neue zu ersetzen.

5. Sich darüber im Klaren sein, dass eine Veränderung nur dadurch geschieht, indem wir loslassen, was nicht mehr länger in unser Leben passt. Das kann mitunter auch bedeuten,

Menschen loslassen zu müssen, die nicht bereit sind, den gleichen Weg zu gehen wie wir.

6. Statt sich nur einseitig um den Körper zu kümmern, um fit zu sein, ist es dringend erforderlich zusammen mit dem Körper auch den Geist (das eigene „Mind-Set") zu trainieren im Hinblick auf positive Gedanken, Willensstärke, Disziplin etc., denn wer ein wahrer Sieger sein will, bedarf dieser grundlegenden Kompetenzen.

Wenn wir diese Schritte gemeinsam mit Gott und/oder Jesus gehen, dann werden wir mit jedem Schritt, den wir gehen, immer mehr zu einem Sieger vor Gott.

Damit uns dies gelingt, haben wir uns als erstes der Aufgabe zu stellen, in unserem Mind-Set so ordentlich aufzuräumen, dass es da nichts mehr gibt, was uns noch blockieren könnte, unser neues Leben der Wahl und unser gesamtes Potential zu leben. Diese Aufgabe kommt mitunter durchaus der Aufgabe des Herkules gleich, der der Legende nach einst von König Eurystheus aufgefordert wurde an einem einzigen Tag die Rinderställe des Augias, des Königs von Elis auf der Peloponnes, auszumisten.

Wir müssen diese Aufgabe zum Glück nicht an einem einzigen Tag erledigen und sind dabei auch nicht auf uns alleine gestellt, wenn wir uns wieder für ein Leben mit Gott entscheiden, doch kann sie uns auch nicht erspart werden. Das *Gesetz des Karmas* (= Gesetz des Ausgleichs) sieht es vor, dass wir den ganzen „Mist" bzw. die „Fehler", die wir in diesem wie in früheren Leben gemacht haben, erst ausgleichen/bereinigen, damit die neue Saat, die wir ausbringen wollen, auch wirklich unter günstigeren und gesünderen Lebensbedingungen heranwachsen kann, als dies bislang der Fall war. Was uns dabei hilft, ist, wenn wir lernen, das Ganze positiv zu sehen und uns darauf fokussieren, was die Belohnung für diese heroische Tat ist. Sie erinnern sich: Sieger sind Helden vergleichbar.

Wenn wir nicht davon sprechen, den „Stall ausmisten" zu müssen, wie ich es getan habe, um auf diese Aufgabe zu verweisen, die auch Herkules zu leisten hatte, sondern das Ganze sportlich nehmen und uns vorstellen, dass wir einen „Frühjahrsputz" machen, um mal wieder ordentlich in allen Räumen aufzuräumen, dann hört sich das alles bereits viel positiver an. Erinnern wir uns dann noch daran, was für ein herrliches Gefühl es ist, den Kleiderschrank sowie die Wohnräume vom Dachgeschoss bis zum Keller wieder einmal ordentlich „durchgeputzt" und alles weggegeben zu haben, was wir nicht mehr brauchen, dann hilft uns dies, diese Aufgabe beherzt anzugehen. Zudem wissen Sie ja bereits, dass wir alles, was wir uns heute anschauen und transformieren, in künftigen Leben nicht mehr zu lösen haben. Auch dieses Wissen kann für viele genau der Anreiz sein, ab sofort den Weg des Herzens und der Seele zu gehen.

In meinem ersten Buch habe ich Techniken zum Auflösen von alten Glaubenssätzen und Verhaltensweisen beschrieben, die gleichzeitig auch helfen, neue Muster zu etablieren, indem wir uns mittels Affirmationen neue Gedankenmuster antrainieren. Für alle, die sich der persönlichen Werte und Ziele bewusstwerden wollen, gibt es genauso ein Kapitel wie für die Biografie-Arbeit und die Arbeit mit dem sogenannten Rad des Lebens, was helfen kann, mehr darüber zu erfahren, in welchen Bereichen das derzeitige Leben unter Umständen noch der Veränderung bedarf. Hier erkläre ich auch, warum es so wichtig ist, sich immer wieder einmal für den Prozess der Veränderung zu öffnen und gebe Hilfestellung, wie man mit Ressourcenarbeit wieder in die eigene Kraft kommen kann. Begründe mit einem Kapitel über die Seele, warum wir wieder in ein Leben mit Gott zurückfinden sollten, denn letztlich geht es nicht allein darum, uns mit alledem nur das Leben unserer Wahl möglich zu machen, sondern vielmehr darum, uns aus der Verbundenheit mit Gott heraus ein wirklich erfülltes und vor allem auch gesundes Leben zu erschaffen. Und das in allen Bereichen unseres Lebens *und* mit Gottes Segen.

Was heißt holistisches Denken in Bezug auf die Seele?

Nur ein ganzheitlicher Ansatz ist heilsam, denn die Heilung eines Systems geschieht dann, wenn sich Körper, Geist und Seele wieder zu einem gesunden Ganzen vereinen. Nur durch die Zusammenführung aller drei Bereiche, die alle die gleiche Würdigung erfahren, ist es möglich, aus der Dysbalance wieder in die Balance zu kommen.

Kritiker könnten jetzt sehr leicht sagen: Was bitte hat Schule mit Körper, Geist und Seele zu tun? Meiner Meinung nach sehr viel, denn Schule hat es mit Menschen zu tun, die genau diese drei Wesensanteile in sich verkörpern. Krankt es an einem dieser drei Grundpfeiler, gerät das ganze System in eine Dysfunktion, das sich uns dann nicht immer nur auf der physischen, sondern auch auf der mentalen wie psychischen Ebene zeigt und dabei zu Störungen führt, die sich für den Menschen insgesamt gesehen sehr negativ auswirken. Wollen wir jedoch die Gesundheit erhalten, ist es notwendig, dass wir allen drei Bereichen zu jeder Zeit die gleiche Aufmerksamkeit schenken.

Schule berücksichtigt meiner Meinung nach diese drei Teile nicht in ausreichendem Maße. Was überwiegt, ist die Schulung des Geistes, während der Körper und die Seele viel zu kurz kommen. Seit der Aufklärung wird zwar das logische und wissenschaftliche Denken großgeschrieben, und in diesem Bereich haben wir auch viel Fortschritt zu verzeichnen. Doch zu welchem Preis? Kann eine Schule, die überwiegend nur auf die Schulung des Geistes abzielt, denn überhaupt alle Menschen erreichen? Was ist mit den Begabungen (!), die nicht in dieses Konzept von Schule passen? Wer fängt diese Kinder auf und lehrt sie, wie sie ihre Fähigkeiten und Potentiale sinnvoll erkennen, ausbauen und nutzen können?

Es gibt so viele Kinder, die Schule – so wie sie derzeit konzipiert ist – nicht wirklich erreichen kann, weil sie noch einer ganz anderen Art des Lernens bedürften, als es in Schule derzeit vermittelt wird. Dabei kommt es nicht nur auf einen fachlichen Input an, sondern mehr auf die Vermittlung von Inhalten, die lebenspraktisch gesehen für das Kind wichtiger sind als irgendein Fachwissen in irgendeinem Fach. Vieles von dem Wissen, das Schule mit ihrem Bildungskanon vermittelt, ist für jeden, der sich für ein bestimmtes Thema interessiert, mithilfe entsprechender Literatur oder Recherche im Internet nachlesbar, sodass es bei Bedarf jederzeit erlernt werden kann. In der Schule „paukt" das Kind in aller Regel allein für die Noten, weil es ihm noch gar nicht bewusst ist, wozu es diese ganzen Lerninhalte braucht. Hat es denn überhaupt schon eine Vorstellung davon, was es später einmal werden will? Weiß es denn überhaupt, wozu ihm dieses ganze Wissen nützt? Ohne eine klare Vorstellung davon, wozu es etwas lernen soll, fehlt ihm die Begeisterungsfähigkeit für eine bestimmte Sache, auf die es jedoch ankäme, damit das Kind dies auch wirklich lernen mag.

Das Problem ist, dass das Lernen oft nur mechanisch geschieht, aber ohne jegliche Motivation. Das Kind eignet sich im Grunde genommen nur deswegen Wissen an, weil es Prüfungen gibt, die bestanden werden wollen. Doch dieses antrainierte Wissen vermag oftmals den Tag der Prüfung kaum zu überstehen, weil der ganze Stoff in aller Regel nur unmotiviert fürs Kurzzeitgedächtnis gelernt wurde. Schon ein paar Tage nach der Prüfung tut sich der Schüler schwer, sich an den Sachverhalt noch so zu erinnern, wie dies am Tag der Prüfung war. – Heißt das dann fürs Leben lernen? Wie sinnvoll ist das, was hier geschieht? Brauchen wir diese ganzen Bildungsinhalte wirklich in dem Umfang, wie sie in der Schule derzeit vermittelt werden? Wäre es nicht zielführender, dem Kind Methoden an die Hand zu geben, damit es jederzeit weiß, wie es sich lebenspraktisch gesehen situativ besser zu helfen weiß? Wie lebendig könnte Schule sein, und wie motiviert und interessiert das Kind, wenn das, was es lernt, später auch wirklich einen Bezug zum Leben hat, und ihm dabei helfen kann, die verschiedensten Herausforderungen aufs Beste zu bestehen?

Dem holistischen Ansatz nach ist es nicht nur die Summe der Teilbereiche, aus denen sich etwas zusammensetzt, das dem Ganzen seinen Sinn gibt, sondern da gibt es noch etwas Übergeordnetes, was sich nur erahnen lässt. Das uns nicht bewusst ist, das jedoch dafür sorgt, dass alles in sich gesehen Bestand hat und funktioniert. Erst wenn wir unseren Horizont erweitern und den Blick weiten, können wir nach und nach immer mehr erkennen, welche Einflussfaktoren dies im Einzelnen sind, die menschliches Sein und Handeln insgesamt gesehen ausmachen und den Menschen dazu motivieren, das eine zu tun und das andere zu lassen. Wenn wir diese berücksichtigen, können wir in etwa erahnen, worin ein bestimmtes Verhalten begründet liegt. Damit eine solch umfassendere Betrachtungsweise gelingt, sollte von vornherein jedoch nichts als richtig oder falsch abgestempelt werden, sondern erst einmal neutral betrachtet werden, um verstehen zu lernen, warum etwas ist, wie es ist.

Was könnte auch hier die Schule tun?

Was mir in Bezug auf meine eigene Biografie immer mehr bewusst geworden ist, ist, dass ich nicht ein spezielles Fachwissen in der Schule gebraucht hätte, als vielmehr Lernangebote, die zu mir als Mensch individuell viel besser gepasst hätten. Wäre dies der Fall gewesen, wäre letztlich mein Denken, das ich mir in dieser „sensiblen Phase" meines Lebens angewöhnt hatte, in vielen Bereichen nicht so negativ gewesen. Ich hätte mir damit so manchen Frust ersparen können, wäre es mir möglich gewesen, die Wahl der Fächer so zusammenzustellen, dass sie auch ja meinen Interessen, Neigungen und Fähigkeiten entsprechen. Das hätte mir das Lernen nicht nur leichter gemacht und mir mehr Freude bereitet, sondern der Entwicklung meiner ganzen Persönlichkeit gutgetan. So war ich stets auf das konzentriert, was ich nicht kann, statt auf das, was ich kann. Letzteres jedoch hätte mir zum Vorteil gereicht und mir geholfen, ein gutes Selbstbewusstsein und Selbstvertrauen zu entwickeln.

Was mir in manchen Fächern beim Lernen gefehlt hat, war, dass es da keinen Lernanreiz gab, der mich hätte veranlassen können, mein Bestes zu geben. Sie erinnern sich: Diesen entscheidenden Impuls, der aus der Begeisterungsfähigkeit heraus erwächst. Dieser Impuls war bei mir nicht immer da. Hätten es die Lehrer vermocht, mir nicht nur Inhalte zu vermitteln, die es zu lernen galt, sondern den Sinn in dem Ganzen zu erkennen und dieses „Feuer der Inspiration" in mir zu entfachen, wäre es mir mit Sicherheit leichter gefallen, bereits damals mein Potential zu entfalten. So habe ich weder in dem, was ich lernte, noch in meinem Leben einen wirklichen Sinn gesehen.

Was hätte es mir geholfen, wenn es mir einer hätte erklären können, warum wir in der Welt sind. Warum wir uns entwickeln und unsere Fähigkeiten entfalten sollen. Im Grunde genommen wusste ich meine ganze Schulzeit über nicht, worin mein Potential liegt. Wo stünde ich heute, wenn mir dies bereits damals zu entfalten tatsächlich möglich gewesen wäre? …

Was in der Schule eindeutig zu kurz kommt, ist die Entwicklung unserer Seele. Damit meine ich, dass wir überhaupt mit ihr in Kontakt kommen. Vielleicht kann es noch am ehesten der Religions- bzw. der Ethikunterricht leisten, je nachdem, wie aufgeschlossen hier der Lehrer ist. Dabei ist es gerade dieser Kontakt zu unserer Seele, der so wichtig ist, um überhaupt eine Beziehung zu uns selbst aufbauen zu können und um so etwas über den tieferen Sinn unseres Lebens zu erfahren, der ganz und gar nicht damit begründet ist, später einmal einen Partner, Kinder, ein Haus, ein Auto plus diverse andere Dinge zu haben.

Was für mich im Hinblick auf den Kontakt zu unserer Seele sehr wichtig ist, ist eine frühzeitige Schulung in der Praxis der Meditation, denn die Zeit der Meditation ist unsere Zeit mit Gott. Laden wir ihn auf diese Art in unser Leben ein und lassen ihn teilhaben an alldem, was uns beschäftigt, dann wird unser Leben göttlich inspiriert. Dann sind wir nicht nur ein Wesen, das sich Mensch nennt, sondern kommen in Kontakt mit Gott und dem Heiligen Geist. Einem Kontakt, der unser Leben beseelt.

Wie ich es im vorigen Kapitel an meinen Beispielen zur Meditation ja bereits ausgeführt habe, ließe sich diese in der Schule je nach Alter auf verschiedene Art gestalten. Dabei muss ich mir als Kind noch nicht einmal meine Glaubenssätze, Verhaltensweisen etc. anschauen, sondern einfach nur lernen, dass nach jeder Phase von körperlichem wie geistigem Lernen auch wieder eine Phase der Ruhe und Erholung kommen darf. Wie angenehm könnte sich das Klima im Klassenzimmer immer wieder von alleine dadurch regulieren, wenn es neben den Phasen der Aktivität auch wieder welche der Passivität gäbe? Egal, ob dies über eine stille Meditation oder eine geführte Meditation erfolgt. Dies kann je nach Situation und Schülern ganz individuell gestaltet sein.

Und wie schön könnte Schule sein, wenn es zu den kreativen Fächern (Musik, Kunst, Werken) noch ein weitreichenderes kreatives Angebot gäbe wie zum Beispiel das Kreative Schreiben, die Pflege eines Kräutergartens oder den Tanz etc. Wie schön wäre es außerdem, wenn es Stunden gäbe, wo man anhand der Biografien bedeutender Menschen lernen könnte, was sie so erfolgreich werden ließ. Oder um am Beispiel ihres Lebens zu studieren, welche Werte und Ideale fürs Leben wirklich relevant ist, um zum einen ein sinnerfülltes Leben zu haben und es andererseits auch mit Bravour meistern zu können. Wie wirkte sich ein solches Lernen wohl auf die Menschheit aus? Was gäbe es anhand dieser Biografien nicht alles zu lernen, was den Kindern wirklich zum Vorbild gereichen könnte? Wen ich hier besonders nennen möchte sind Persönlichkeiten wie Albert Schweitzer, Albert Einstein, Abraham Lincoln, Nelson Mandela, Dr. Martin Luther King, Mahatma Gandhi, Mutter Theresa etc. …

Wie schön könnte sich die Seele eines Kindes von klein auf entfalten, wenn es hier von denen lernen kann, die es vermocht haben, ihr Leben nicht einfach nur zu leben, sondern die auf eine herausragende Art und Weise ihren Idealen und Werten gefolgt sind, um mit ihrem Leben anderen zu zeigen, worum es im Leben wirklich geht. Menschen, die der Stimme ihres Herzens gefolgt sind, mitunter viele Opfer gebracht haben. So gesehen wahre Helden waren und trotz all der Herausforderungen, die ihnen das Leben abverlangt hat, optimistisch blieben und ihre Herzensqualitäten, die auch die Qualitäten ihrer Seele sind, auf das Wundervollste zur Entfaltung brachten …

Ich könnte hier noch so manche andere Idee einfließen lassen, die mir derzeit in den Sinn kommt, doch will ich anderen, die ebenfalls einen sehr kreativen Geist haben, nicht alles vorgeben. Das wäre schade. Ich fände es viel spannender, zu sehen, was sich aus meinen Impulsen heraus noch so alles entwickeln kann.

Was mir zur Entwicklung unserer Persönlichkeit und in diesem Zusammenhang zur Entfaltung unserer Seele neben dem individuellen Lernen noch betrachtenswert erscheint, ist der zwischen-

menschliche Bereich. Meines Dafürhaltens nach gibt es auch hier
so einiges, was man sich anschauen sollte, was der Verbesserung
bedarf. Doch verlasse ich hier den Bereich der Schule und wende mich zumindest in Ansätzen noch der Familie und der All-
gemeinheit zu.

Was können die Eltern tun?

Ich danke meinen Eltern, dass sie mir so viel an Glauben und Liebe zu Gott mit auf den Weg gegeben haben, wie ihnen dies nur möglich war. Auch wenn ich für mich feststellen musste, dass ihr Weg nicht der meine war. Erst Gott erklärte mir, dass es gut für mich war, durch meine Eltern so viel an Liebe zu ihm im Herzen zu tragen, dass es mir dadurch möglich war, mich wieder an ihn zu wenden. Eine wesentliche Aufgabe der Eltern besteht darin, dass sie uns Beispiel geben für ein Leben mit Gott, um uns so darauf vorzubereiten, dass wir aus uns selbst heraus ebenfalls ein Gott-Sucher werden. Doch müssen sie uns auch den Weg gehen lassen, den wir – aus welchen Gründen auch immer – für richtig erachten, zumal damit auch bestimmte Lernaufgaben für unser weiteres Leben daraus resultieren. Die Aufgabe der Eltern ist damit erfüllt, dass sie uns die nötige Basis für ein gottgefälliges Leben mit an die Hand geben. Was wir dann daraus zu machen gedenken, liegt allein in unserer Verantwortung.

Durch Gott hörte ich überhaupt zum ersten Mal vom Gesetz des Karmas, dass die Mitglieder unserer Familie zum größten Teil bereits unser Karma repräsentieren und wir für dieses Leben bestimmte Absprachen mit ihnen getroffen haben. Mit einigen von ihnen haben wir ein bestimmtes Thema zu lösen (karmische Aufgabe), die anderen helfen uns dabei, eine gute Beziehungsebene zu halten und sorgen so unter Umständen auch für ein notwendiges Gegengewicht, das es möglich macht, in der Familie zusammenleben zu können. Von daher ist es äußerst wichtig, dass wir uns im Laufe unseres Lebens unsere Beziehungen zu den einzelnen Familienmitgliedern genauer anschauen. Um das Karma auszugleichen, müssen wir nicht in die früheren Leben reisen. Wir müssen uns an diese ganzen Geschichten nicht mehr erinnern, sondern uns allein anschauen, was das aktuelle Thema ist, das wir gerade mit einem der Familienmitglieder haben, das bestimmte negative Gefühle bei uns wachruft.

Aufgrund meiner Erfahrungen aus früheren Leben, meiner Lernaufgaben als Seele und der Persönlichkeitsstruktur, die ich zwischenzeitlich entwickelt hatte, konnte und sollte ich nicht den Weg meiner Eltern gehen, sondern musste meinen eigenen finden, um aus freier Entscheidung heraus wieder „Ja" zu einem Leben mit Gott zu sagen.

Dazu gehört auch, dass ich zunächst bestimmte Erfahrungen zu machen hatte, die mir aufzeigen sollten, durch welche Widrigkeiten ich zu gehen habe, wenn ich das Leben ohne Gott meistern will. Dies ist zwar möglich, doch im Grunde genommen ein steter Kampf zwischen der zarten Stimme meines Herzens und dem Ego, das sich zunächst einmal den Triumph über mein Leben nicht nehmen lassen will. Folglich hatte ich erst einmal diverse Herausforderungen zu bestehen, um mich letztlich wieder aus freiem Willen und mit der Bitte um Hilfe Gott zuzuwenden zu können.

Für mich gehörte außerdem dazu, dass ich das Gottesbild meiner Kindheit erst einmal komplett zu wandeln hatte, um mein Herz für Gott wieder öffnen zu können und wieder zu lernen, ihm zu vertrauen. Zu vieles war in der Zwischenzeit in den diversen Leben passiert, das es mir nicht leicht machen sollte, zu Gott einfach „Ja" zu sagen und mich ihm wieder voll und ganz zuzuwenden. Hier hatte ich mir erst so manchen Groll sowie meine Verbitterung aus früheren Leben anzuschauen. Selbst für dieses Leben hatte ich mir noch so manches Thema aufgehoben, das ich stellvertretend für Gott interessanterweise ja mit meiner Mutter auszutragen hatte. Ich habe an früherer Stelle im Buch ja bereits erwähnt, dass uns unsere biologischen Eltern in diesem Leben für genau die Themen ein Spiegel sind, die wir mit Gott als unserem himmlischen Vater bzw. unserer himmlischen Mutter haben. Erst wenn wir uns dieser Themen bewusst geworden sind und sie sowohl mit unseren leiblichen Eltern als auch mit Gott ausreichend angeschaut und aufgelöst haben, finden wir wieder den Zugang zu Gott. Es gilt also fürs Erste, diese

Hürde zu nehmen und dieses Hindernis zu meistern. Erst wenn wir auch wirklich bereit sind, hier das unsere zu tun, um sowohl uns selbst als auch Gottes Vertretern hier auf Erde aus ganzem Herzen zu vergeben und zu verzeihen, ebnet sich uns ein weiterer Abschnitt des Weges, den sich die Seele für dieses Leben ausgesucht hat, um ihre Reise nach Hause wieder anzutreten.

Manchmal kam ich mir bei dieser „Rückkehr nach Hause" vor, als hätte ich mich zu einer Olympiade im Hürdenlauf angemeldet, die niemals enden will, weil ich mir gleich in allen Bereichen meines Lebens zahlreiche Baustellen erschaffen hatte. Doch immer dann, wenn ich mal wieder vollkommen verzagt war und selbst nicht mehr weiterwusste, war Gott da, um mir mit sehr viel Geduld und Liebe immer wieder einmal zu helfen, nach einem Sturz wieder aufzustehen und wieder ins Trainingslager zurückzukehren. Fragen Sie mich lieber nicht, wie oft ich aufgeben wollte. Irgendwann hörte ich auf, die diversen Stürze zu zählen. Da gab es jede Menge an blauen Flecken, Zerrungen und anderen Wehwehchen … Doch kaum hatte ich wieder einigermaßen Luft geholt, meldete sich auch schon wieder das zarte Stimmchen meiner Seele und flüsterte mir ins Ohr „Steh auf. Gib nicht auf. Du schaffst das. Du kannst das. Ich glaube ganz fest an dich. Gönne dir eine kurze Pause und dann erinnere dich wieder daran, wozu wir hier sind. Diesmal wollen wir auf dem Siegertreppchen stehen und uns die Lorbeeren verdienen. Du und ich, wir sind einfach unschlagbar. Wir sind ein Team. Außerdem stehen uns so viele himmlische Helfer zur Seite, die können wir beim besten Willen nicht enttäuschen. Stell dir vor, wie das ist, wenn wir unverrichteter Dinge wieder nach Hause kommen. Willst du das? Willst du das wirklich?" – Was bitte sagt man dazu? – Also kurze Erholung. Auszeit in der Badewanne. Danach ab ins Bett. Regenerationsphase. Schlaf in dem Wissen, dass die himmlischen Freunde stets an meiner Seite sind und nachts sogar intensiv mit mir arbeiten, während ich daliege und träume. – Tja, und dann geht es weiter. Und weiter. Und weiter. Und irgendwann war ich diesen Weg dann bereits so weit gegangen, dass an ein Umkehren geschweige denn an ein Aufgeben gar nicht mehr zu denken war. Zum Glück hatte ich dank göttlicher Hilfe und regelmäßiger Unterstützung zwischenzeitlich dann doch bereits so viele Kräfte in mir mobilisiert, dass es mit dem nächsten Tag dann auch wieder weiter ging. Und das so lange, bis es zwischendurch dann immer wieder einmal das nächste Down mit anschließender Regenerationsphase gab. Wie viele Täler und Höhen ich dabei durchschritten bin? Ich kann es ehrlich gesagt nicht mehr sagen. Für mich war diese Zeit neben dem Trainingslager als Hürden-Sprinterin manchmal sehr stark einer Bergbesteigung vergleichbar. In meinem ersten Buch hatte ich noch davon geschrieben, dass es mir vorkam, als besteige ich den Mount Everest, weil mich das Ganze in der Anfangszeit unwahrscheinlich viel Kraft gekostet hatte. Das wurde zum Glück jedoch von Jahr zu Jahr immer leichter.

Doch lassen Sie sich von meiner Beschreibung bitte keineswegs abhalten, ihren eigenen Weg zu finden und zu gehen, denn ich sage Ihnen, dazwischen gibt es Wiesen, Bäche, Täler und immer wieder einmal Höhen, wo sie nur noch erstaunt sind über all die Schönheit, die sich ihnen zwischendurch auch immer wieder einmal zeigt. Und es lässt sich vor allem nicht in Worte fassen, was wir dadurch an Kraft und innerer Stärke gewinnen.

Allein diese Geschenke sind es bereits wert, diese ganzen Strapazen auf sich zu nehmen, in dem Wissen, dass dies alles vor allem ein vorübergehender Zustand ist, der früher oder später endet, je nachdem, wie fleißig wir unsere Hausaufgaben machen, regelmäßig trainieren und auf die Gesundheit unseres Körpers achten, denn auch er will letztlich von dem Ganzen profitieren, um sich ebenfalls über den Sieg über die Kräfte des Egos zu freuen.

Diesen Weg gegangen zu sein, bedeutet für mich – um noch ein anderes Bild zu gebrauchen –, eine Pilgerreise gemacht zu haben, die zwar nicht quer durch Europa verlief, sondern einem inneren Weg glich, der aus einem Getrenntsein und der Dunkelheit heraus immer mehr wieder ins Licht und zurück ins Leben führte. Zwar könnte ich noch viele Bilder finden und dabei Worte gebrauchen, um Ihnen davon zu erzählen, was Ihnen auf dieser Reise noch so alles an Abenteuern passieren kann, doch will ich Ihnen mit meinen Darstellungen die eigene Freude am Tun nicht nehmen. Das wäre Ihnen gegenüber nicht fair.

Doch ich will mit meiner Berichterstattung auch ganz ehrlich sein und Sie wissen lassen, dass es definitiv sowohl Ups als auch Downs geben wird. Wie viele Downs das sein werden, vermag ich jedoch keineswegs zu sagen, denn das kommt ganz allein auf Sie an. Ihren persönlichen Entwicklungsstand als Seele, Ihre früheren Leben, folglich auch Ihr Karma, das es auszugleichen gilt. Letztlich aber auch auf sehr stark auf Ihren Willen, Ihre Disziplin, Ihr Durchhaltevermögen etc.

Ich kann Ihnen nur sagen, dass es auf alle Fälle ein Weg ist, den zu gehen wir als Menschheit nicht länger vor uns herschieben sollten. Sie würden es zutiefst bereuen, denn über kurz oder lang müssen Sie ihn irgendwann gehen, um nicht länger als Seele im Tal der Tränen und Dramen umherzuirren oder sich gar zu verlieren. Ich kann Ihnen nur sagen, es lohnt sich, diese einmalige Reise anzutreten, für die Sie weder ein Reisebüro noch ein Flugzeug, ein Schiff oder sonst ein Vehikel brauchen. Sie brauchen dafür noch nicht einmal Gepäck.

Was ich Ihnen versprechen kann, ist, dass wenn Sie tatsächlich Ihr Ziel erreicht haben, Sie nur noch staunen werden über das, was Sie erreicht haben.

Die Gefühle, die Sie dann haben, sind einfach mit nichts zu vergleichen. Die muss jeder für sich selbst erleben. Dafür können die Worte eines anderen nicht stehen. Hier gilt es, die ganz eigenen Erfahrungen zu machen und das eigene *wirkliche* Glück zu finden. Ich kann im Grunde nur noch sagen: Seien Sie es sich wert, diese Reise anzutreten. Egal, in welchem Alter Sie sind. Gott wird Ihnen stets zur Seite stehen und bereits diese Erfahrung allein ist es schon wert. Während dieser ganzen Zeit seine bedingungslose Liebe zu spüren, gibt bereits so viel an Halt und lässt Sie letztlich jedes Hindernis überwinden. Denken Sie daran:

„Wir erreichen das, was wir glauben, erreichen zu können." –
und – „Gott ist für jeden von uns *IMMER* da!"

Ich weiß, dass er auch Sie tragen wird, wenn Sie glauben,
nicht mehr weiterzukommen. Ich weiß es deshalb, weil er mich
oft genug getragen hat oder mich an die Hand genommen und
mich geführt hat. So groß ist seine Liebe zu uns.

Ein weiteres Thema, das mich immer wieder einmal beschäftigt,
ist der Gemeinschaftssinn. Was lässt sich dazu sagen? Inwiefern
könnte dieser wieder gefördert werden? Was brauchen wir dafür?

Den Gemeinschaftssinn fördern

Je besser es gelingt, die Gemeinschaft im Kleinen wie im Großen wieder mehr zu fördern, umso mehr stärken wir auch wieder den Gemeinschaftssinn. Was dem Ganzen jedoch nicht zuträglich ist, ist, dass wir uns durch die Nutzung digitaler Medien selbst einen Lebensstil angewöhnt haben, der alles andere als verbindend ist. Da mag es dann vielleicht sein, dass die gesamte Familie abends gemeinsam vor dem Fernseher sitzt und sich einen Film ansieht, doch findet dadurch bereits auch wirklich schon etwas wirklich Verbindendes statt, das die Gemeinschaft der Familienmitglieder untereinander stärkt und eine Atmosphäre von „hier fühle ich mich wohl" fördern kann? Und entfalten wir so denn überhaupt unser Potential, indem wir uns von den diversen Angeboten aus der Film- und Medienindustrie einen ganzen Abend lang berieseln lassen, statt unsere eigenen Fertigkeiten zu nutzen und diese zur Entfaltung zu bringen? Fühlen wir uns damit wirklich wohl? Geht es uns – wenn wir einmal ganz ehrlich sind – dabei wirklich gut? Warum läuft der Mensch eigentlich ständig vor sich selbst davon? …

Kein Wunder, wenn der Mensch nicht zu sich selbst finden kann, wenn der von den Ereignissen des Tages geforderte und inzwischen müde gewordene Körper und Geist sich abends nur noch von den diversen Programmen verschiedenster Medienangebote berieseln lassen möchte. – Was sagt denn eigentlich die Seele dazu? Gilt es nicht die Gesundheit aller drei Teile unseres Seins durch die Kultivierung eines besseren Lebensstils bewusst zu pflegen?

Wie werden wir den Aufgaben unserer Seele denn überhaupt gerecht, wenn wir mit unserer Seele gar nicht in Verbindung sind? Reicht es denn, wenn wir einmal in der Woche für eine Stunde in die Kirche gehen, um unserer Seele ausreichend Nahrung zu geben? Vermögen es die Worte des Geistlichen, der als Vertreter

Gottes hier auf Erden gilt, überhaupt so viel Balsam für unsere Seele zu sein, um als Seele damit gestärkt wieder in die nächste Woche zu gehen und den Herausforderungen standhalten zu können, vor die uns das Leben stellt? …

Wie schaut es denn um die Erfüllung unserer ureigenen Bedürfnisse wirklich aus? Kennen wir diese überhaupt noch oder sind wir inzwischen schon zu einem Menschen geworden, der nur noch auf Abruf funktioniert? Der sogenannte „mechanische Mensch", der einen wirklichen Bezug zu sich selbst – und damit meine ich seine Seele – gar nicht mehr kennt?

Wenn ich mir mein Leben anschaue, dann habe ich in den ersten fünfundfünfzig Jahren meines Lebens etliche Fehler gemacht. Ich kann es heute verstehen, dass meine Seele damals zu mir sagte: „Du, ich will nicht mehr! Entweder zu veränderst hier etwas grundsätzlich zum Besseren oder ich gehe. Ich habe anderes zu tun, als nur so zu funktionieren, wie dein Ego dies gerade mal so will. Dann bleiben dir deine Lernaufgaben eben erhalten und du musst warten, bis du wieder auf die Erde zurückkehren kannst, um es dann vielleicht besser zu machen als in diesem Leben. Bist du dir dessen eigentlich bewusst, was du MIR, deiner Seele, damit antust, weil du mir, so wie du derzeit lebst, nicht wirklich eine Chance zur Weiterentwicklung gibst. Ich bin nicht dazu da, mich fremdgesteuert unterhalten zu wollen und mehr in den Belangen anderer aufzugehen, als dass du dich um dich selbst und damit aber auch um MICH kümmerst. Ist dir eigentlich klar, dass du so den Auftrag deiner Seele NICHT erfüllst? …"

Ich kann Ihnen sagen, so energisch habe ich meine Seele noch nie zu mir sprechen gehört. Doch wo sie recht hat, hat sie recht. Und so wurde ich nach fünfundfünfzig Jahren von ihr eines Besseren belehrt. Hat es sich für mich rentiert in all den Jahren zuvor, so ehrgeizig, strebsam und fleißig gewesen zu sein? Im Hinblick auf mein Ego „ja", doch im Hinblick auf meine Seele „NEIN". Ich darf meiner Seele also mehr als dankbar dafür sein, dass sie mir einmal ordentlich die Leviten gelesen hat und mich so wissen ließ, dass es für mich nur dann eine zweite Chance im Leben gibt, wenn ich mich ab sofort viel, viel mehr um sie kümmere als ich dies in all den Jahren zuvor getan habe.

Aus menschlicher Perspektive gesehen und mit den Augen meines Egos betrachtet, mag das, was mir geschehen ist, vielleicht eine Tragödie gewesen sein. Doch so sehr ich mich bei alledem zunächst als das Opfer sah, sollte ich erkennen, dass ich in Wahrheit nicht das Opfer, sondern der Täter war. Sie lesen richtig. Ich – der Täter.

Die vermeintlichen „Täter im Außen" waren nur Stellvertreter, die ich mir ins Leben geholt hatte, um endlich aufzuwachen und mir dessen bewusst zu werden, dass es so, wie es war, definitiv nicht mehr weitergehen kann.

Doch was hat das Ganze mit „den Gemeinschaftssinn fördern" zu tun? – Ich war Teil einer Familie, Teil einer Partnerschaft, Teil eines Freundeskreises und Teil einer größeren Gemeinschaft, einer Schul-Familie. Und was davon ist mir fürs Leben geblieben? Nichts. Daran sind aber wieder einmal nicht die anderen schuld, sondern wiederum ich selbst.

Ich war es, die sich irgendwann das Ziel gesetzt hatte, Schulleiterin werden zu wollen, um mit zu den erfolgreichen Menschen zu zählen, die ich mir als Vorbild genommen hatte, ohne mir darüber wirklich bewusst zu sein, ob dieses Ziel denn überhaupt meinen Fähigkeiten und Fertigkeiten entspricht. Und der auch nicht wirklich klar war, was sie dafür – zumindest für die ersten Jahre – aufzugeben hat, um dieses Amt auch ja so leben zu können, wie es meiner Erwartungshaltung an mich selbst entsprach.

Heute weiß ich, dass es unter anderem mein beruflicher Ehrgeiz und mein Perfektionismus waren, die mich sowohl beruflich als auch privat zu Fall gebracht hatten, denn irgendwann konnte ich in keinem der Bereiche mehr die sein, die ich vom Herzen her gerne gewesen wäre: eine liebevolle Tochter und Partnerin, eine lebenslustige und gutgelaunte Freundin, eine entspannte und routinierte Schulleiterin, zu der sowohl die Kinder & Jugendlichen als auch deren Eltern und natürlich auch die Lehrer jederzeit kommen können, um Gehör zu finden und ihre Anliegen vortragen zu können.

Von Jahr zu Jahr war immer mehr das Gegenteil der Fall und was mir von alledem blieb, war neben viel Traurigkeit darüber, dass mir dies alles nicht gelingen sollte, jede Menge an Verzweiflung, Frust und Wut auf mich selbst, weil ich meinem eigenen Urteil nach so versagt habe.

Um mein Ziel auch ja Wirklichkeit werden zu lassen, nahm ich vieles auf mich, gab viel, und hatte dennoch ständig das Gefühl „Ich kann geben, was ich will, es kommt nichts zurück." Diese Erkenntnis hatte bei mir aber nicht dazu geführt, dass ich mir Zeiten der Erholung und Ruhepausen verordnete, sondern zu dem Zeitpunkt hatte ich mich im „Hamsterrad" bereits so abgestrampelt und verloren, dass ich schon gar nicht mehr wusste, wie sich das andere denn überhaupt anfühlen mag. Und da ich mich nach der Trennung von meinem Mann bereits so in die Einsamkeit zurückgezogen hatte, fiel mir gar nicht mehr auf, dass sich auch alle anderen Freundschaften und Bekanntschaften immer mehr auflösten, weil ich im Grunde genommen für niemand mehr erreichbar war.

So hatte ich mich also selbst von Jahr zu Jahr immer mehr in genau die Einsamkeit gebracht, die ich schon als Kind immer sehr stark fühlte. Ein Gefühl von „Du bist zwar in dieser Welt, aber nicht von dieser Welt." – bzw. – „Mitten unter Menschen und dennoch so entsetzlich allein." In meinem ersten Buch bezeichnete ich dieses Gefühl als „mutterseelenallein", was bereits darauf hindeutete, dass ich weder einen guten Bezug zu meiner biologischen Mutter noch zu Gott, meiner himmlischen Mutter, hatte.

Ich war irgendwo auf der Suche nach etwas, das mich und mein Leben erfüllen könnte, einfach verloren gegangen und hatte von daher den Sinn meines Lebens vollkommen aus den Augen verloren, bis mich meine Seele auf ihre Art entschieden ermahnte, dass dieses verrückte Spiel nun endlich einmal aufhören muss, bevor ich mich noch im Schlimmsten verliere, was sich der Mensch antun kann.

Weil ich anderen ständig helfen wollte (Helfersyndrom) und nebenbei noch in allem möglichst perfekt sein wollte, hatte ich mich so in meiner Arbeit verloren, dass ich gar nicht mehr mitbekam, worum es im Leben eigentlich geht. Und da mir ein soziales Netz fehlte, das mich wenigstens zum Teil hätte auffangen können, vereinsamte ich immer noch mehr, bis ich mich letztendlich den Menschen und dem Leben gegenüber gänzlich verschloss. Mein Herz erschien mir zu diesem Zeitpunkt wie zubetoniert, dabei hätte es sich so sehr nach dem Leben gesehnt. Doch wie das Leben überhaupt funktioniert, das hatte ich zu diesem Zeitpunkt vollkommen verlernt.

Und was mir zudem fehlte, war einfach das Eingebundensein in eine gute soziale Gemeinschaft, in der ich mich entsprechend meiner Interessen, Werte und Ziele auch wirklich gesehen, gehört, wahrgenommen und wertgeschätzt hätte fühlen können. Mit manchen Menschen, die mir lange Zeit lieb und teuer waren, konnte ich nach der Scheidung von meinem Mann keinen Kontakt mehr halten, weil es mir das Herz zerrissen hat, mit ihnen ohne ihn zusammen zu sein. Diese Kontakte hatte ich – um diesen Herzschmerz nicht mehr spüren zu müssen – selbst immer mehr heruntergefahren, bis sie irgendwann gänzlich erloschen waren.

Und neue Freundschaften zu schließen und dabei offen auf andere zugehen zu können, war mir aufgrund meiner persönlichen Situation wie auch meines Verletztseins leider nur sehr bedingt möglich. So begann für mich eine Zeit, in der ich mich von anderen Menschen größtenteils zurückgezogen hatte.

Heute weiß ich, dass die Zeit mit mir alleine die vielleicht anstrengendste, aber dafür auch um so wertvollste Zeit war, die ich nur haben konnte. Ich musste von all dem anderen weg, um fast wie ein Eremit an einem schönen Fleckchen Erde zu wohnen und mich den Herausforderungen und Themen meines Lebens zu stellen, von denen ich hier in meinen Büchern berichte.

Inzwischen bin ich nur noch dankbar und froh, dass ich diesen Weg gegangen bin, auch wenn er phasenweise sehr steinig war. Doch ich möchte um nichts in der Welt mein heutiges Leben mit dem eintauschen, was ich zuvor hatte, obwohl ich insgesamt gesehen ein wirklich gutes Leben mit vielen Annehmlichkeiten hatte, bevor ich mich für die Schulleitung entschied.

Doch auch diese Entscheidung kann letztlich nichts dafür, dass sich die Dinge entwickelt hatten, wie sie waren. Gott sagte mir: „Wenn es an der Zeit ist, dass wir uns den Lernaufgaben unserer Seele zu stellen haben, dann werden Unterbewusstsein und Seele gemeinsam alles dafür tun, dass wir genau in die Lebenssituationen geführt werden, die zur Entwicklung unseres Seelenplanes nötig sind."

Im Ergebnis kann ich nur sagen: Wir sollten bei allem, was wir über andere denken oder wo immer wir gar meinen, am Verhalten eines anderen Kritik üben zu müssen, niemals unberücksichtigt lassen, dass nichts im Leben einfach nur so geschieht. Alles, was passiert, unterliegt einem höheren Plan, der mehr umfasst als die Summe der einzelnen Teile. Egal, was geschieht, Gott hat immer ein Auge auf uns, weil er sich für jeden Einzelnen von uns wünscht, dass wir uns entsprechend unserem Seelenplan entwickeln und wachsen können, denn dafür sind wir hier.

Jetzt bin ich zwar aufgrund meines Beispiels über den Verlust eines Eingebundenseins in eine soziale Gemeinschaft allem Anschein nach wieder einmal vom Thema „Gemeinschaft fördern" abgekommen, doch da es im Leben keine Zufälle gibt, weiß ich, dass das genauso sein sollte, dass ich Ihnen von mir erzähle, damit Sie – sofern Sie dies natürlich wollen – anhand meines Beispiels lernen können, wie es man auf jeden Fall nicht machen sollte.

Ein anderes Thema, das mich beschäftigt und das ebenfalls im Zusammenhang mit Gemeinschaftsbildung steht, ist: Derzeit geht ein Riss durch die Gesellschaft, der sich uns auf vielen Ebenen zeigt. Aufgrund der veränderten Lebenssituation, bedingt durch das Virus, findet das Leben nicht mehr so sehr im Außen statt, wie das früher der Fall war. Die Familienmitglieder leben mitunter auf engem Raum zusammen und merken dabei oft, dass sie mehr trennt als eint. Früher, als jedes Mitglied der Familie sowohl beruflich als auch privat seine eigenen Wege gehen konnte, ist ihnen das vielleicht gar nicht aufgefallen. Doch durch die staatlichen Maßnahmen bedingt, an die sich alle zu halten haben, wird es in manchen Fällen immer offensichtlicher, dass man mitunter nur wenig Gemeinsames hat, das wirklich verbindet.

Das fängt oft schon im Kleinen innerhalb der Partnerschaft an, durchzieht das gesamte Familienleben und zeigt sich letztlich auch in den verschiedenen sozialen Gruppen und Gemeinschaften. Doch etwas Gemeinsames, Schönes, Tragendes kann nur entstehen, wenn die Gruppe als solche – egal wie groß oder klein – einen kleinen gemeinsamen Nenner an Zielen hat. Das müssen keine zehn, zwanzig, oder gar noch mehr Ziele sein. Wenn man heutzutage im Internet schaut, kann man auf den entsprechenden Seiten eine Vielzahl an Zielen finden, die dort aufgelistet sind, um dem Suchenden den Überblick an möglichen Zielen zu erleichtern, doch welche davon sind wirklich essentiell und könnten eine tragende Säule für ein gutes menschliches Miteinander sein? Eine wichtige Frage, wenn es darum geht, diesen Riss durch die Gemeinschaft sowohl im Kleinen als auch im Großen wieder zu einen.

Damit uns dies gelingt, bedarf es der „Innenschau". Damit meine ich aber nicht, dass wir darüber lange Gespräche und Diskussionen führen, was für den einen und den anderen wichtig ist, sondern dass sich jeder von uns einmal fragt, was sind eigentlich die drei allerwichtigsten Ziele, unter denen ich mir menschliches Miteinander sowohl in der Familie als auch in einer größeren Gemeinschaft (Schule, Arbeitsplatz, Stadt, Land, Nation, Welt) vorstellen kann? Was aus dieser ganzen Flut an Zielen, die wir uns einmal gesetzt haben, ist dann wirklich wichtig? Und könnten diese Ziele zum tragenden Fundament für etwas größeres Ganzes werden? Ist es für jeden – egal ob arm oder reich, ob gesund oder krank, ob jung oder alt ... – möglich, nach diesen Zielen zu trachten und zu leben? Was bräuchte der Einzelne dazu, um motiviert genug zu sein, nach der Erfüllung dieser Kern- oder Basis-Ziele zu streben? ...

Für mich stellt sich unsere derzeitige Situation sowohl innerhalb der einzelnen Familien als auch landes-, europa- und weltweit als problematisch dar, weil uns allen dieses gemeinsame Fundament an solch verbindenden Zielen fehlt. Im Grunde genommen agieren wir sowohl als Einzelperson wie auch als Nation viel mehr nach dem Motto „Hauptsache mir geht es gut!" So kocht jeder sein eigenes Süppchen, ohne groß darauf zu achten, ob die Zutaten auch wirklich für alle gesundheitsverträglich sind. Ergibt das einen Sinn? Geht es uns wirklich gut, wenn wir uns überwiegend nur für die eigenen Belange interessieren? Kann dabei im Ergebnis denn überhaupt etwas Schönes entstehen? Findet hier nicht nur ein Hauen und Stechen statt, wo der eine mal mehr, mal weniger das Opfer ist und dafür beim nächsten Mal zum Täter wird? Zeichnet ein solches Verhalten eine wirklich gute menschliche Gemeinschaft aus? Kann es sein, dass Tiere wie zum Beispiel die Elefanten, Löwen, Wölfe … ein besseres Sozialverhalten haben als wir Menschen? Wo in der langen Kette der Evolution steht da der Mensch als das Wesen, das Gott als Krönung seiner Schöpfung erschaffen hat? Dem er den gleichen mächtigen Geist gegeben hat, mit dem er selbst die Welt und das gesamte Universum erschaffen hat und am Leben erhält.

Ist es nicht traurig, dass wir uns als Menschheit irgendwie nur im Kreise drehen und all die Fehler wiederholen, die unsere Ahnen schon gemacht haben, anstatt aus ihren und unseren eigenen Fehlern zu lernen und uns als Spezies weiterzuentwickeln? Endet hier bereits die Geschichte der Evolution für die Gattung Mensch? Oder ist es dem Menschen letztlich doch noch möglich, sich über all seine Schwächen und menschlichen Unzulänglichkeiten hinwegzusetzen und sich stattdessen immer mehr zu der Person zu entwickeln, als die uns Gott gedacht hat: der „Krone der Schöpfung"? Vermögen wir es mit Gottes Hilfe, über uns selbst hinauszuwachsen? Was muss geschehen, damit jedes seiner Kinder die Gelegenheit ergreift, sich wieder seiner göttlichen Herkunft voll und ganz bewusst zu werden? Was könnte die Menschheit sowohl im Kleinen als auch im Großen wieder einen? Was könnte der kleinste gemeinsame Nenner ihrer Ziele sein? Liegt darin vielleicht die Chance für ein Fortbestehen der Welt so wie es sowohl Gott als auch den Menschen gefällt … Diese ganzen Fragen und noch so viel mehr fallen mir bei der Suche nach einer Antwort auf die Frage nach den gemeinsamen Zielen der Menschheit ein. Ich weiß nicht, wie es Ihnen geht, doch mir drängen sich diese Fragen geradezu auf, wenn ich mir ansehe, wo wir derzeit stehen, und ich mich frage, wie sich der Mensch wohl weiterentwickeln wird. – Was fällt Ihnen dazu ein?

Mit diesen und ähnlichen Fragen beschäftige ich mich immer wieder einmal. Sie haben sich mir bereits aufgedrängt als ich noch ein Teenager war und ich nach dem Sinn meines Lebens suchte … Es hat sehr, sehr lange gedauert, bis ich verstanden habe, dass es im Grunde genommen darum geht, zu sein, und sich dabei nicht das Leben der anderen anzusehen, sondern das eigene, damit es uns überhaupt möglich wird, unseren Seelenplan zu leben, denn darin liegt der Sinn unserer Reise ins Leben.

Um diesen Plan zu erfüllen, gilt es immer mehr das Wirkliche vom Unwirklichen bzw. das Wichtige vom Unwichtigen zu trennen und sich dabei wieder auf die Suche nach einer Rückverbindung zu Gott zu machen.

Was ich zu erkennen hatte, war: Ohne Gott bin ich nicht Fisch noch Fleisch … Ohne Gott fehlt mir das Herzstück für mein Sein. Erst mit ihm an meiner Seite bekommt mein Leben eine tiefere Bedeutung und damit auch wirklich einen Sinn. Dann wird mir bewusst, dass der Sinn des Lebens nicht darin besteht, nach dem flüchtigen Glück im Außen zu suchen und mich selbst dabei zu verlieren, sondern nach dem Plan meiner Seele zu leben und dabei die Hausaufgaben zu machen, die ich mir für dieses Leben ausgesucht habe, weil ich mich als Seele weiterentwickeln will.

Als ich 2016 vor der größten Krise meines Lebens stand, fragte ich Gott nach dem Sinn, warum mein Leben auf diese Art und Weise zerbrechen musste. Eine seiner ersten Antworten darauf war: „Die Dinge sind nie so, wie sie erscheinen. Auch wenn du das Ganze derzeit noch nicht verstehen kannst, wird sich dir der Sinn des Ganzen nach und nach immer mehr erschließen. Lerne fürs Erste zu akzeptieren, dass es ist, wie es ist und lerne trotz alledem, den Weg deiner Seele zu gehen."

Heute, fünf Jahre später, nachdem ich meine Krise überwunden habe, weiß ich, dass mir dies alles nicht einfach nur so geschehen ist. Damals konnte und wollte ich es nicht glauben, dass tatsächlich in jeder Krise eine Chance liegt. Wir dürfen nur nicht in der Krise verweilen und über die Umstände, wie auch immer sie sich uns zeigen, jammern. Statt sich im Jammern und Wehklagen zu verlieren, gilt es aufzustehen und wieder ins Handeln zu kommen.

Zwar war ich anfangs vom Leben bitter enttäuscht, weil ich niemals damit gerechnet hatte, dass ich einmal alles, was mir wichtig war, auf diese Art und Weise verlieren sollte, doch spätestens als ich im Herbst 2019 anfing, mein erstes Buch zu schreiben, sagte mir Gott: „Siehst du, jetzt geht es wieder aufwärts. Jetzt bekommt dein Leben wieder einen Sinn. Gib niemals auf! Niemals! Es liegt einzig und allein daran, wie du die Dinge betrachtest, welche Aufmerksamkeit du ihnen gibst und was du letztlich für dich daraus machst. Mach weiter. Nutze die Zeit. Schreibe dieses Buch in dem Wissen, dass noch weitere folgen werden."

Heute kenne ich einen Teil meiner Seelenaufgaben und weiß, dass ich über das, was meine Geschichte ist und das, was ich zwischenzeitlich gelernt habe, tatsächlich Bücher schreiben soll, um so mein heutiges Wissen mit der Welt zu teilen.

Aus der Geschichte lernen

Für uns alle gilt: Aus der Geschichte lernen. Sowohl aus der eigenen Geschichte als auch aus der unserer Ahnen. Lernen. Lernen. Lernen. Lernen. – Wir lernen nicht nur in der Schule. In Wahrheit lernen wir unser ganzes Leben lang. Ja selbst noch mit unserem letzten Atemzug lernen wir, wie wichtig es ist, das, was einmal war, loszulassen, um sich voll und ganz neuen Erfahrungen zuzuwenden, auch wenn wir nicht wissen, was danach kommt.

Zugegeben, vielleicht lernen wir mal etwas mehr, dann wieder etwas weniger intensiv, sodass wir zwischendurch immer wieder einmal eine kleine Atempause haben, bevor das Lernen wieder weitergeht. Doch im Großen und Ganzen kennt unsere Seele nur eine Motivation und die heißt: „Lernen". Dafür sind wir hier. Das ist Sinn und Zweck unserer Abenteuerreise in dieses menschliche Wunderland.

Was das Besondere hier auf Erden im Prozess des Lernens ist, ist, dass wir – wie ich es an anderer Stelle ja schon ausgeführt habe – uns in unserem Gegenüber ständig selbst begegnen, denn der andere spiegelt einen Teil von mir (Gesetz der Spiegelung). Und das fängt ja schon mit der Auswahl unserer Eltern an, die wesentliche Anteile von uns selbst verkörpern, die wir in uns selbst noch zu entdecken haben. Ob uns dies dann immer so gut gefällt, sei dahingestellt. Das Positive anzunehmen, fällt leicht. Damit fühlen wir uns wohl. Gehen positiv in Resonanz und fühlen uns von Herz zu Herz mit dem anderen verbunden, was das Miteinander schön macht. Wenn dann noch gemeinsame Interessen und Hobbies dazukommen, dann wird das Band zu diesem Elternteil immer stärker und wir fühlen uns angenommen, gesehen, gehört etc.

Doch was, wenn ich eine bestimmte Wesensart von Vater oder Mutter ablehne, weil sie mir nicht gefällt? Wie gehe ich damit um? Was dabei geschieht, wenn ich mich auf etwas konzentriere, das mich an Mutter oder Vater (bzw. an jeder anderen Person, die mir im Leben begegnet) stört, ist, dass wir dann mit unseren Gedanken und der Meinung, die wir über den anderen haben, jedes Mal genau das verstärken, was wir in Wirklichkeit nicht im Leben haben wollen. Die ganzen negativen Bilder, die wir über den anderen im Kopf haben, beschwören förmlich herauf, dass sich der andere genau so verhält, wie wir es uns nicht wünschen. Was hier wirkt, ist das „Geistige Gesetz des Widerstands". Was uns bewusstwerden soll, ist, dass wir selbst es sind, die mit unserem Denken genau das Verhalten, das wir am andern ablehnen, verstärken. Wir provozieren es geradezu, dass sich der andere mal wieder so verhält, wie uns dies nicht gefällt.

Das Interessante daran ist, dass unsere Beziehung so ist, weil es uns wütend macht, wenn der andere so ist. Im Grunde genommen haben wir es uns – aus welchen Gründen auch immer – fälschlicherweise angewöhnt, mehr auf die negativen Eigenschaften des anderen zu schauen als auf die positiven. Unbewusst leisten wir so Widerstand gegen seine guten (!) Eigenschaften. Geben wir diesen Widerstand jedoch auf und konzentrieren uns stattdessen auf das Positive, das diese Person ausmacht, verbessert sich unsere Beziehung.

Das Gesetz des Widerstands greift auch dann, wenn wir uns immer wieder sagen: „Ich will niemals so werden wie meine Mutter." Ist dies der Fall, dann dürfen wir davon ausgehen, dass wir einmal genauso werden wie sie, denn das, was wir ablehnen, ziehen wir automatisch an. Wir werden sozusagen zu dem, wogegen wir uns wehren. Die Beziehung zur Mutter kann sich nur dann ändern, wenn wir keinen Widerstand mehr leisten, sondern unsere Mutter nehmen, wie sie ist und sie nicht mehr verändern wollen. Konzentrieren wir uns stattdessen auf das, was wir positiv bekräftigen wollen, geht es uns um ein Vielfaches besser. Das Spannende dabei ist, dass wir feststellen können, dass die Mutter genau das Verhalten, das uns bislang an ihr gestört hat, auch nicht mehr leben wird. Sie muss uns dieses Verhalten jetzt nicht mehr zeigen, da uns bewusst geworden ist, dass nicht sie sich verändern muss, sondern wir uns selbst. – Das Gleiche gilt natürlich auch andersherum, denn auch wir sind für unsere Mutter ein Spiegel, in den sie zu schauen hat, um zu erkennen, was sie zu verändern hat. So will es das Gesetz der Spiegelung und des Widerstands.

Was wir hierbei zu lernen haben, ist, dass das, wogegen wir uns wehren, solange in unserem Leben bleibt und an unseren Kräften zehrt, bis wir unser Verhalten dem anderen gegenüber verändern. Statt uns über irgendetwas am anderen aufzuregen, sollten wir uns stattdessen vielmehr fragen: Was genau hat das Verhalten des anderen mit mir zu tun? Wann bin ich so, wie mir dies mein Gegenüber zeigt? In welchen Situationen reagiere ich wie …? Was macht's mit mir? Welche Gefühle löst es aus? Was trage ich dieser Person gegebenenfalls nach? Wozu fordert mich dies auf? Wenn ich diese bestimmte Wesensart ablehne, wie möchte ich stattdessen sein? Was kann ich tun, um dieses Verhaltensmuster abzulegen? …

Das Gesetz des Widerstands zeigt sich uns auch in der Zusammenarbeit mit Kollegen, wenn wir mit anderen zum Beispiel an einem gemeinsamen Projekt arbeiten. Haben wir beide die gleiche Vorstellung davon, welches Ziel wir erreichen wollen, bzw. was unsere gemeinsame Vision von einer bestimmten Sache ist, dann fällt uns die Arbeit leicht und wir kommen gut voran, weil wir miteinander harmonieren.

Kritisch wird die Zusammenarbeit mit dem anderen dann, wenn wir gegenüber der anderen Person gewisse Vorbehalte haben. Indem wir hier – egal ob bewusst oder unbewusst – im Widerstand mit dem anderen sind, wird dies die gemeinsame Arbeit beeinträchtigen. Ist dies der Fall, dann sollten wir uns fragen, welche Vorbehalte, Gefühle, Zweifel etc. trage ich in mir, die mir die Arbeit mit dem anderen erschweren. Der andere ist nicht umsonst in unserem Leben. Er ist unser Spiegel, weil er uns zeigen will, was wir an uns selbst zu verändern haben. Das Beispiel mit Tieren, die aggressiv sind, weil der Besitzer – wenn auch nicht offensichtlich – aggressiv ist, habe ich an anderer Stelle ja bereits erwähnt.

Auch alles, wogegen ich eine Abneigung habe, enthält eine wichtige Botschaft für mich. Egal, ob dies für den Lehrer das Unterrichten oder das Korrigieren, für den Schüler die Hausaufgaben etc. sind. Ein jeder von ihnen hat sich zu fragen, was der eigentliche Grund dafür ist, warum er diese Aufgaben nicht erledigen will. Nur wenn er sich dem Problem stellt, das unter der ganzen Sache liegt, wird ihm bewusst, worum es wirklich geht. Das gilt auch für andere Arbeiten wie das Bügeln, das Putzen, das Rasenmähen etc. Je größer unser Widerstand im Hinblick auf etwas ist, desto schwieriger fällt es uns, diese Sache zu erledigen. Wir sollten alles, was wir ungern machen, nutzen, um zu erkennen, warum wir diesen Widerstand haben, denn nur so können wir ihn auflösen und dadurch auch unser Verhalten zum Positiven hin verändern.

Im Laufe vieler Leben haben sich viele Gründe ergeben, warum sich uns die Dinge heute zeigen, wie sie sind. Doch um dies zu erkennen, müssen wir nicht in die früheren Leben reisen. Wer seine Freude daran hat und weiß, wie es geht, kann dies selbstverständlich tun, doch um die aktuelle Situation zu verändern, ist dies nicht nötig. Es reicht, wenn wir uns stattdessen fragen: „Wann in meinem jetzigen Leben gab es eine Ursprungssituation, in der ich diesen Widerwillen gegen ‚…‘ entwickelt habe? Wie alt war ich da?"

Die erste Zahl, die Ihnen im Hinblick auf die Frage nach dem Alter in den Sinn kommt, bringt Sie zu dem Lebensabschnitt, in dem Sie den Widerstand entwickelt haben. Diese Situation von damals enthält eine wichtige Botschaft für Sie, die es sich anzuschauen gilt, um verstehen zu lernen, warum etwas ist, wie es ist.

Bereits diese zwei Fragen reichen aus, und Sie können ins eigene „Heimkino" gehen. Doch auch hier ist es wichtig, dass Sie zur Betrachtung dieser Situation eine Beobachterposition einnehmen. Stellen Sie sich vor, Sie sitzen in einem Kino. Vor Ihnen eine große Leinwand, auf der sie sich diesen Film Ihres

Lebens gleich anschauen werden, um hinter das „Geheimnis"
zu kommen, was der Auslöser für Ihren Widerstand ist. In der
Hand halten Sie eine Fernbedienung, mit der Sie Einfluss auf
das nehmen können, was sich Ihnen beim Betrachten Ihres Filmes zeigt. Mit Hilfe der Fernbedienung können Sie zum Beispiel
die Lautstärke oder die Bildqualität bestimmen, mit der Sie auf
diese Situation Ihres Lebens schauen. Sollte der Filmausschnitt
Sie emotional so berühren, dass Sie merken, wie bestimmte Gefühle in Ihnen aufsteigen, können Sie mit der Fernbedienung
neben laut und leise, hell und dunkel etc. auch entscheiden, ob
Sie die Bilder in Großformat oder in einem kleineren Format
sehen wollen, um nicht so stark in die Gefühle von damals hineingezogen zu werden. Achten Sie gut darauf, dass Sie sich
den Film auch wirklich nur als Beobachter anschauen und sich
nicht in den Gefühlen verlieren. Diese nehmen Sie einfach nur
zur Kenntnis im Sinne von: „Ah, interessant. Von daher kommt
also die Wut, die ich heute noch spüre." Ihr einziges Ziel sollte
es sein, sich nur insofern auf Ihre Gefühle zu konzentrieren, um
zu erkennen, welches davon sich Ihnen aktuell beim Betrachten
des Films am stärksten zeigt. Das kann die Wut sein. Das kann
aber auch jedes andere Gefühl sein. Dieses Gefühl von damals
will erkannt und losgelassen werden. Auch das ist nicht schwer,
vor allem dann nicht, wenn Sie Gott darum bitten, Ihnen zu
helfen, dieses Gefühl auflösen zu können. Ich sage dann zum
Beispiel: „Danke, Vater, dass ich anhand dieses Filmausschnittes
erkennen konnte, dass ich bereits seit dieser Zeit dieses Gefühl
von ,…' in mir trage, das mir den wahren Grund dafür zeigt,
warum ich diesen Widerstand gegen ,…' (eine bestimmte Person oder Sache) habe. Da ich weiß, dass ich nicht dieses Gefühl
bin, sondern es nur habe, lege ich es jetzt in deine Hände mit
der Bitte, es für mich vollständig aufzulösen, so dass durch diese Transformation für alle an der Situation beteiligten Personen
Heilung geschieht. Danke. Danke. Danke."

Eine wichtige Anmerkung dazu ist: Wir sind niemals die Wut,
die Angst, der Groll, die Verbitterung oder gar der Hass, der sich
uns da unter Umständen zeigt. Also bitte niemals denken oder

sagen „Ich bin wütend!“, sondern „Ich habe eine Wut!“ – Nicht „Ich bin verbittert!“, sondern „Ich stelle fest, dass sich mir hier das Gefühl der Verbitterung zeigt.“ Das gilt auch für die anderen Gefühle.

Warum ist es so wichtig, nicht „Ich bin …!“ zu sagen? Diese beiden Worte stehen für Ihr wahres Sein. Also für das, was Sie in Wahrheit sind. Und in Wahrheit sind Sie niemals die Wut etc., sondern ein Kind Gottes, das sich derzeit nur gerade in dem Gefühl von „…“ verloren hat, weil es eine Situation erlebt hat, die dieses Gefühl ausgelöst hat.

Sie erinnern sich: Unsere Gefühle sind die Stimme unserer Seele. Das Gefühl selbst ist neutral. Es zeigt nur an, dass es irgendwann in einem unserer Leben einmal eine oder mehrere Situationen gab, in denen dieses Gefühl öfters durchlebt wurde, sodass es sich zu einer richtig schweren Emotion ausgewachsen hat, deren negative Energie jetzt durch uns befreit werden will. Akzeptieren wir, dass es diese Vergangenheit gibt und sich uns heute nur deswegen eine ähnliche Situation zeigt, damit wir dieses Verhalten mit dem entsprechenden Gefühl von damals heute loslassen können, werden wir frei und können uns im Anschluss daran in der aktuellen Situation positiver verhalten als es uns damals möglich war. Heute sind wir alt genug, um besser auf den entsprechenden Sachverhalt oder eine bestimmte Person zu reagieren als damals, als wir noch nicht um die Geistigen Gesetze wussten. Doch um uns dieser ganzen Zusammenhänge bewusst zu werden, dafür sind wir hier und lernen immer wieder einmal etwas Neues dazu. Das ist in Wirklichkeit das Leben.

Gott ist pure, reine Liebe

Jahrzehntelang war ich viel zu sehr von Gott getrennt. Ich habe Ihnen ja schon davon erzählt, was mich jahrelang davon abgehalten hatte, gemäß der Tradition zu leben, in der ich erzogen wurde. Etliche Enttäuschungen aus meiner Kinder- und Jugendzeit führten dazu, dass ich gegen Gott schmollte wie ein kleines, verletztes Kind, weil ich geglaubt hatte, dass er die Menschen unterschiedlich behandelt. Heute weiß ich, dass er das nicht tut. Das käme ihm niemals in den Sinn. Dafür liebt er uns viel zu sehr.

In der ersten Phase des Lebens sieht sich der Mensch vor Aufgaben gestellt, die bewältigt werden wollen, damit unsere Seele wachsen kann, bis sie eines schönen Tages nicht mehr zu inkarnieren braucht, weil sie alles gelernt hat, was ihr das Leben im Körper eines Menschen an Erfahrungen bieten kann. Ist diese „Seelen-Reise" beendet, kehrt sie wieder vollständig heim zu Gott und wird fortan himmlische Aufgaben übernehmen.

Es ist das Ziel jeder Seele, sich mit Gott, dem Ursprung, der Quelle ihres Seins, wieder zu verbinden. Wir kehren folglich nur so lange als Seele in einem menschlichen Körper auf die Erde zurück, bis wir all das gelernt haben, was es hier zu lernen gibt. Von Leben zu Leben werden wir dazu angehalten, alte karmische Lasten abzutragen, die entweder aus früheren oder dem jetzigen Leben kommen. Haben wir unser Karma bereinigt und stellen uns bewusst den neuen Aufgaben, die die Seele erfahren will, dann bricht für uns ein neues Leben an.

Im Hinblick auf unsere Beziehung mit Gott geht es vielen von uns so, wie es mir ergangen ist. Von daher stehe ich mit meiner Geschichte nicht allein da. Das Außergewöhnliche für mich ist nur, dass ich dank der Kraft meiner Seele diesen Kreislauf der Trennung von Gott unterbrochen habe. Zwar vielleicht auf eine sehr ungewöhnliche Art und Weise, doch das ist letztlich egal. Das Einzige, was zählt, ist das Ergebnis, und das lautet: Kraft meines Willens und der Stärke meiner Seele habe ich mich mit der Hilfe Gottes aus dem Gefängnis meines Egos befreit und stattdessen die Verbindung zu Gott, meinem himmlischen Vater wieder hergestellt und diese Verbindung kann mir fortan keiner mehr nehmen. HURRA! ☺

Und auch wenn ich meinen Weg so gegangen bin, akzeptiere ich voll und ganz, dass andere ihren Weg auf ihre Art und Weise gehen. Jeder tut hier letztlich genau das, was er für richtig hält. Diesbezüglich kann, darf und sollte es keine Vorschriften geben, denn es sind nicht die anderen Menschen, die wissen, was jedem Einzelnen von uns gut tut, sondern es ist allein unsere Seele, die um ihre Aufgaben weiß und von daher selbst am besten zu sagen weiß, welcher der Wege, die sich ihr zeigen, für sie der einzig Richtige ist. Und genau diesen hat sie dann zu gehen. Egal, ob in diesem oder in einem späteren Leben. Für Gott ist die Zeit relativ. Bei ihm gibt es keine Uhren. Ihn interessiert nicht, wann wir zu ihm zurückkommen, sondern allein die Tatsache, dass wir's tun. Denn das ist es, was ihn glücklich macht.

Für viele von uns mag der Weg der Richtige sein, den ihnen die Kirche vorgibt. Ihre Glaubensgemeinschaft ist für sie der Ort, wo sie sich angenommen, gesehen und gehört fühlen mit dem, was ihre Anliegen sind. Sie brauchen diese Art der Zusammenkunft in Gottesdiensten, um sich auf diese Art Gott bzw. seinen Stellvertretern hier auf Erden nahe zu fühlen. Ihnen gibt dieses Geborgensein innerhalb einer Gruppe von Menschen, mit denen sie ihre Werte teilen können, Sicherheit und Halt. Sie brauchen diesen Anker, der sich ihnen durch die Aufrechterhaltung bestimmter Traditionen zeigt.

Für mich war dies nichts. Ich bin zwar in den ersten zwanzig Jahren meines Lebens ebenfalls diesen Weg schön brav mitgegangen, weil ich meine Eltern nicht enttäuschen wollte, doch spätestens ab Beginn der Pubertät hatte ich mich immer wieder einmal gefragt: „Warum kann ich dem Ganzen nichts abgewinnen? Warum fühle ich mich hier, in der Kirche und der Gemeinschaft der Katholiken nicht so angekommen und wohl, wie dies meine Eltern und Geschwister tun? Was ist nur los mit mir, dass ich mich hier vollkommen unfrei fühle, anstatt mich wohlzufühlen?"

Keine wirklich leichte Zeit für mich. Während des Studiums hatte ich im erziehungswissenschaftlichen Bereich des Studiums für ein Semester sogar die Theologie gewählt, weil ich versuchen wollte, hinter das Geheimnis zu kommen, warum die Kirche mir das nicht geben kann, was sie anderen Menschen allem Anschein nach sehr wohl zu geben vermag. Im Ergebnis fühlte sich das Ganze für mich nicht gut an, sodass ich kurzerhand von der Theologie in die Philosophie wechselte, um dort nach Antworten zu suchen. Doch hier war ich ebenfalls nicht wirklich gut aufgehoben.

Irgendwann danach gab ich es auf, herausfinden zu wollen, warum ich so anders war als all die anderen. Mir reichte mein schlechtes Gewissen, das ich Gott gegenüber hatte, weil ich nicht verstehen konnte, was mich wirklich von ihm trennt, und warum ich keinen Sinn darin sah, weiterhin regelmäßig Gottesdienste zu besuchen. Ich verstand einfach nicht, warum ich einmal in der Woche für eine Stunde dem Gottesdienst beiwohnen sollte und kurz darauf ist es mit der Frömmigkeit dann aber auch schon wieder vorbei und das Leben geht da weiter, wo es davor aufgehört hatte. So hatte ich während der ganzen Zeit keine Antworten darauf gefunden, warum das Leben ist, wie es ist. Zumal es für mich aufgrund all der Gedanken und Fragen, die da in mir lebten, alles andere als leicht war. Was hätte ich als Teenager und junge Frau darum gegeben, wenn ich damals schon gewusst hätte, was ich heute weiß. Und vor allem auch, dass es diese Universellen Gesetze gibt, nach denen unser gesamtes Leben funktioniert.

Auch wenn ich anfangs mehr als frustriert war und mich vollkommen am Ende fühlte, als mein früheres Leben mit fünfundfünfzig Jahren zu Bruch ging, bin ich heute froh, dass ich diesen ganzen Scherbenhaufen nicht irgendwie notdürftig zusammengeklebt habe, um mit meinem alten Leben weiterzumachen.

Zwar kam es mir in den letzten fünf Jahren zu manchen Zeiten so vor, als hinge ich mehr in der Luft als dass ich mit beiden Beinen auf der Erde stehe und mich sicher fühle, doch innerlich wusste ich dank der starken Seele, die ich habe, dass das Ganze irgendwann ein Ende haben wird. Ich musste nur lernen, sowohl mir selbst als auch Gott wieder zu vertrauen. Wobei ich hier sagen muss, dass es mir bedeutend leichter fiel, Gott zu vertrauen, als mir selbst. Dafür hatte ich in der Vergangenheit meines Dafürhaltens nach einfach zu viel falsch gemacht. Doch zum Glück weiß ich inzwischen, dass die größten Hürden genommen sind. Vielleicht geht es manchmal noch etwas zögerlich voran, doch das liegt dann allein an mir.

An solchen Tagen bin ich dann dankbar für die Worte von Hilde Domin: „Ich setzte meinen Fuß in die Luft und sie trug." – Dann erinnere mich wieder daran, dass ich nicht die erste bin, die diese ganzen Aufgaben und diversen Herausforderungen eines Lebens zu meistern hat. Und ich werde unter Garantie auch nicht die letzte sein.

Dass mir die Rückverbindung in diesem Leben möglich ist, dafür DANKE ich GOTT, meiner Seele, die bei der Umsetzung ihrer Lebensaufgaben und Ziele sehr hartnäckig sein kann, sowie meinem Unterbewusstsein, das mich immer wieder aufs Neue in Situationen bringt, in denen ich etwas zu lernen habe. Und obendrein DANKE ich Jesus und Mutter Maria sowie Erzengel Gabriel, die tagaus und tagein meine treuesten Wegbegleiter sind. Was täte ich nur ohne sie? Es geht nichts über eine innige Beziehung zu unserer himmlischen Familie. Sie alle freuen sich so sehr auf uns, dass es im Grunde genommen dafür gar keine Worte gibt, um diese Freude mit Worten zu beschreiben. Es ist einfach nur wunderschön! – Und ich liebe sie! Jeden Einzelnen auf meine Art. Sie sind und bleiben mein „himmlisches Dream-Team", von dem ich in meinem ersten Buch schon geschrieben habe.

Doch bis ich in meiner Liebe zu Gott wieder da ankam, wo sie einst begann, hatte ich ganz einfach den Weg zu gehen, den ich Ihnen bisher in Auszügen geschildert habe. Natürlich hatte ich im Hinblick auf diesen Weg sehr viele Fragen an Gott, vor allem wollte ich wissen, warum ich mir ausgerechnet diese Familie ausgesucht hatte, deren christliches Leben sich so sehr von dem meinen unterschied. Die Antwort darauf kennen Sie inzwischen ja bereits.

Eine meiner ersten Aufgaben bestand somit darin, mir darüber bewusst zu werden, wie lebt meine Familie ihre Beziehung zu Gott und wie will ich sie leben? Auch wenn ich gewaltige Umwege dabei zu gehen hatte, so war es doch genau mein Weg, den ich zu gehen hatte, denn wäre dies nicht der Fall gewesen, hätte ich mir im Leben höchstwahrscheinlich niemals diese ganzen Fragen gestellt und stellenweise so verbissen nach dem Sinn meines Lebens gesucht.

Gott erklärte mir auch, warum jeder von uns seinen ganz eigenen Weg finden und gehen muss. Auch das liegt in unseren vielen Vorleben begründet. In manchen dieser Leben waren wir auf der Suche nach Gott. In anderen hatten wir ihn mehr oder weniger vergessen und hatten stattdessen alleine versucht, irgendwie durchs Leben zu gehen. Die Menschen sind nicht nur im Hinblick auf ihr Geschlecht, auf bestimmte Charakter- und Persönlichkeitsmerkmale oder ihr Potential, das sie im Laufe der Zeit entwickelt haben, einzigartige Wesen. Was sie zudem unterscheidet, ist, dass manche bereits auf sehr viele Leben zurückblicken, in denen sie ein Gott-Suchender waren. Andere nicht. Von daher sind die Menschen in ihrer Art, wie sie ihre Beziehung mit Gott während ihrer aktuellen Erdenzeit gestalten wollen, keineswegs zu vergleichen, sondern sind Individualisten, die auf ihre eigene Seelen-Geschichte zurückblicken.

Das erklärt, warum manche Zeit ihres Lebens einer bestimmten religiösen Gemeinschaft angehören und ganz streng nach deren Vorschriften leben, während sich andere auch andere Glaubensgemeinschaften anschauen wollen, um so ihren eigenen Weg zu Gott zu finden. Manche bleiben nur den westlichen

Gemeinschaften treu, während sich andere auch den östlichen Religionen gegenüber öffnen, was zu einer bunten Vielfalt von Gott-Suchern führt, die im Grunde genommen in der Geschichte eines jeden Einzelnen von uns ganz individuell begründet liegt.

Letztlich gibt es ja auch nicht nur Gott-Sucher, sondern auch Atheisten und Agnostiker. Atheisten sind zum Beispiel davon überzeugt, dass es einen Gott nicht gibt, während ein Agnostiker die Existenz Gottes von vorneherein zwar nicht abstreitet. Doch er geht davon aus, dass ein solch übernatürliches Wesen rational nicht zu erklären ist, auch wenn es dieses Wesen geben mag. Gott nimmt ihnen diese Einstellung und Sichtweise nicht böse. Das Einzige, was für ihn wichtig ist, ist, dass wir eines Tages wieder zurückfinden zu ihm. Wann dies der Fall ist, stellt er uns frei, wie auch die Art, wie wir unseren Glauben leben.

Was er sich von seinen Kindern wünscht, ist, dass wir von Leben zu Leben immer mehr motiviert sind, noch bessere Menschen werden zu wollen. Zudem ist es Gott wichtig, dass wir unser Leben nicht nur für uns alleine leben, sondern dass wir das, was uns gehört, auch mit anderen großherzig teilen, denn schließlich sind wir alle Brüder und Schwestern.

Was seine Kinder auszeichnen sollte, ist, dass sie wie er alle gleich behandeln sollten, denn vor ihm sind wir alle gleich. Da gibt es kein Denken in verschiedenen Nationen, sozialen Gruppierungen und Ständen. Diese Unterteilung ist nicht von Gott gemacht. Er wünscht sich, dass wir uns untereinander wieder versöhnen und lernen, friedlich miteinander zu leben. Für ihn gibt es nichts Schöneres, als wenn er sieht, dass wir wieder bereit sind, unser Herz zu öffnen, füreinander da sind und das respektieren, wertschätzen, ehren und achten, was er uns als Lebensraum anvertraut hat: Mutter Erde mit allen anderen Lebewesen darauf. Auch ihnen sollte zu jeder Zeit mit Wertschätzung, Respekt und Achtung begegnet werden.

Gott wünscht sich, dass wir erkennen, dass ein friedliches Miteinander nur dann gewährleistet ist, wenn wir zuallererst den Frieden in uns selbst finden. Dieser ist jedoch nur dann möglich, wenn sich ein jeder von uns seine eigenen „Fehler" und menschlichen Unzulänglichkeiten anschaut und sich selbst vergibt. Erst wenn der Friede in uns wiederhergestellt ist, kann die Menschheit auch im Außen den wahren Frieden finden und leben, den sich alle wünschen. Damit dies geschieht, muss jeder Einzelne erst einmal an Körper, Geist und Seele wieder ganz werden und heilen, denn: Heilung bedeutet „Ganz Sein“. Womit wir wieder beim Holismus wären, der zunehmend unser Denken und Handeln bestimmen sollte.

Damit jeder von uns seinen individuellen Weg der Heilung, der auch der Weg zu Gott ist, gehen kann, sollte jeder lernen, wieder mehr auf sich selbst zu schauen, als sein Leben nach den Bedürfnissen und Wünschen anderer auszurichten. Es geht nicht darum, anderen zu gefallen, nicht einmal unseren Eltern. Dem Einzigen, dem wir gefallen sollten, ist Gott!

Das lehrte uns auch schon Jesus und lebte uns vor, was ein wahrlich gottgefälliges Leben ist und was es bedeutet, zu sagen: „Vater, DEIN Wille geschehe!“. Was letztlich bedeutet, dass wir unser Leben wieder vollkommen Gott anvertrauen und aus dieser Verbundenheit heraus unser Leben im Kontakt mit ihm sowie unserem Höchsten Selbst zur schönsten Blüte bringen.

Erkenne die eigene Individualität

Um in Erfahrung zu bringen, was uns selbst guttut, ist es wichtiger denn je, aus dem „Massenbewusstsein" auszusteigen, denn nur so finden wir wieder zu uns selbst. Das heißt jetzt nicht, dass wir uns alle für die nächsten Jahre als Eremit in die Berge oder in irgendwelche Höhlen zurückziehen müssen, wie das früher der Fall war, um den Geist zu läutern und Buße zu tun. Das ist damit nicht gemeint. Was es vielmehr zu lernen gilt, ist, dass wir uns täglich fragen: „Was von dem, was ich heute gemacht habe, war gut? Was könnte ich noch besser machen, um ein noch besserer Mensch zu werden?"

Tun wir dies regelmäßig, kommen wir wieder viel mehr in Kontakt mit uns selbst, denken dabei vielmehr über unser Handeln nach, das für viele derzeit einfach nur noch zur Routine geworden ist. Selbstreflexion kann uns jedoch helfen, wieder eine richtig gute Beziehung zu uns selbst aufzubauen, die zugleich zum Motor für unser Denken und Handeln wird. Erst wenn wir wieder mehr mit uns selbst verbunden sind und uns bewusst geworden sind, wie wir wirklich leben wollen, was unsere wahren Werte und Ziele sind, gelingt es uns auch wirklich, gute und anhaltende Beziehungen mit anderen Menschen zu führen.

Ganz davon abgesehen, dass es uns nur dann gelingt, auch wirklich eine gute Beziehung zu Gott aufzubauen, wenn wir wieder im Kontakt mit unserem Herzen und unserer Seele sind.

Gott wendet sich mit all der Liebe, die er für uns Menschen empfindet, jedem einzelnen von uns zu, um uns zu helfen, unseren Seelenweg zu finden und zu gehen. Für viele geht dieser Weg über Jesus, was wunderbar ist, denn genauso war es gedacht, als uns Jesus vor über zweitausend Jahren sagte: „Ich bin der Weg und die Wahrheit und das Leben; niemand kommt zum

Vater außer durch mich" (Johannes 14,6)[12]. Auch Paulus hat von Jesus als dem Mittler zwischen Gott und den Menschen gesprochen, als er sagte: „Denn Gott ist einer, und einer Mittler zwischen Gott und Menschen, der Mensch Christus Jesus, …". (1. Timotheus 2,5)[13].

Es ist tatsächlich unsere Beziehung zu Gott, auf die alles im Leben aufbaut, denn er ist die Quelle, der Ursprung, aus dem alles kommt. Er ist unser Lebensfundament. Uns mag im Leben so manches gelingen, doch bedarf es eines sehr großen Kraftaufwands, bis wir uns allein das Leben erschaffen haben, das uns gefällt. Für manche bedeutet ein Leben ohne Gott Ziel- und Orientierungslosigkeit. Sie schweben mehr durch ihr Leben, als dass sie ausreichend geerdet und gehimmelt wären, um das Leben ihrer Wahl zu leben. Hier hat jede Seele ihren eigenen Plan, weswegen sich der Mensch niemals (!) mit anderen Menschen vergleichen sollte, denn der Vergleich erschafft letztlich den Krieg.

Es kommt nicht gut, wenn der Mensch ein Leben lang glaubt, sich mit anderen messen zu müssen. Anfangs ist dies unter Kindern noch ein harmloses Spiel, doch sobald dieses Spiel von den falschen Kommentaren der Erwachsenen begleitet wird, wird aus dem Spiel schnell ernst und das, was ursprünglich einmal als ein kindliches Spiel vorgesehen war, verfestigt sich dann nur allzu häufig zu einem falschen Lebensstil. Ist dies der Fall, dann erschweren sich diese Menschen nicht nur aufgrund ihres Konkurrenzdenkens das Leben, sondern haben in aller Regel auch noch die ganzen schweren Energien von Neid, Groll, Verbitterung und Eifersucht im Gepäck. Doch wie soll da ein leichtes

---

12 Jesus. Bibeltext. Abrufdatum 15.07.2021, von https://bibeltext.com/john/14-6.htm
13 Paulus. Bibelkommentare.de. Abrufdatum 15.07.2021, von https://www.bibelkommentare.de/kommentare/k-3780/1-timotheus-2-eine-vers-fuer-vers-auslegung/vers-5

und schönes Leben gelingen, wenn diese ganzen negativen Energien zu mehr Feindschaft als Freundschaft führen?

Was es immer mehr zu verstehen gilt, ist: Unsere Seele und unser Unterbewusstsein führen uns auf dem Weg hin zu Gott. Sie bringen uns in Situationen, die noch der Heilung bedürfen, damit wir wieder ganz (heil) werden. Dabei navigieren sie uns auf ihre Art von Lernaufgabe zu Lernaufgabe durch unser Leben. Jeder geht dabei seinen Weg, der nur für ihn vorgesehen ist. Diesen Weg kann kein anderer für ihn gehen. Hier sind wir selbst gefragt.

Von daher kommen die einzelnen Aufgaben auch erst dann in unser Leben, wenn die Seele darum weiß, dass der Mensch jetzt soweit ist, dass er die einzelnen Lebensthemen mit ihren Herausforderungen meistern kann. Manchmal treffen wir dabei noch die falsche Entscheidung und befinden uns dann kurzfristig auf einem „Irrweg“. Für den einen oder anderen bedeutet das, dass er erst noch einen „Umweg“ machen muss, um etwas Entscheidendes zu lernen, das ihm die notwendige Erfahrung bringt, damit er beim nächsten Mal die Aufgabe, vor die ihn das Leben stellt, zur Zufriedenheit aller meistern kann. Doch da die Zeit relativ ist, ist es egal, wie viele Umwege wir machen, um eines Tages an unser Ziel zu kommen. Im Grunde genommen ist jeder Weg der Richtige. Es gibt kein Richtig oder Falsch. In Wahrheit ist alles, was sich uns zeigt, einfach nur eine Erfahrung unterschiedlichster Qualität.

Den Weg des Herzens gehen

Nur der Weg des Herzens ist auch der Weg der Seele und somit der einzig richtige Weg zu Gott. Doch so, wie sich schon Adam und Eva der großen Frage gegenübersahen, ob sie vom Baum der Erkenntnis essen sollen oder nicht, so ist seit dieser Zeit der Mensch ein Leben lang bestimmten Verführungen ausgesetzt und muss jedes Mal aufs Neue überlegen, wie er sich im Hinblick auf diese ganzen Verlockungen entscheiden will, die sein Ego (die Schlange) für ihn bereithält. Mit diversen Wünschen und Bedürfnissen bindet uns das Ego an bestimmte Dinge. Manchmal so stark, dass wir glauben, ohne sie nicht leben zu können. So erliegen wir den Tücken des Egos, die sich uns in Form von diversen Süchten, Konsumverhalten, Zwängen, Medienkonsum etc., aber auch in einer Abhängigkeit von anderen Menschen zeigen können.

Was ein Leichtes für das Ego ist, uns in der Abhängigkeit von dem zu halten, wofür wir anfällig sind, ist, dass sich sehr viele Menschen eben ihrer eigenen Werte und Ziele nicht bewusst sind. So können sie einfach nicht das Leben ihrer Wahl leben, sondern leben manchmal mehr schlecht als recht nur vor sich hin.

Bei etlichen Menschen gleicht das Leben einem „Dornröschen-Schlaf". Sie führen ein Leben wie in Trance und warten auf den Prinzen, der sie wachküsst. Stellt sich nur die Frage: „Wer könnte dieser Prinz sein?" – Für mich ist es Gott!

Im Grunde genommen geht es für die Menschheit um ein „Erwachen" in ihr wahres Sein. Was Gott sehr traurig stimmt, ist, dass die Menschen im Großen und Ganzen gesehen noch nie ihr wahres Potential so wenig gelebt haben, wie dies heutzutage trotz all der Fortschritte im Bereich von Wissenschaft und Technik der Fall ist. Und das fängt schon bei den kleinen Kindern an, die immer mehr mit einer Vielfalt an Medien ruhig gehalten werden, anstatt darin begleitet zu werden, ihr Potential zu entwickeln und dieses bewusst zu leben. Doch wie sollen diese Fähigkeiten zu einer Meisterschaft gebracht werden, wenn sie nicht trainiert werden? Dabei geht so viel wundervolles Potential verloren.

Aber es sind nicht nur die Eltern, sondern auch die Erzieher und Lehrer, die mehr denn je gefordert sind, die Kinder zu begleiten, damit diese möglichst früh um ihre Fähigkeiten und Fertigkeiten wissen. Statt Erziehung brauchen die Kinder heute viel mehr eine gute Begleitung und Förderung.

Potentialentfaltung ist nicht mit Noten zu erreichen. Worum es in der Begleitung junger Menschen geht, ist, ihnen die verschiedensten Möglichkeiten aufzuzeigen, wie sie ihre Kreativität entfalten können. Obwohl es viele Angebote gibt, werden diese von sehr vielen leider nicht genutzt. Das Einzige, was hier helfen kann, ist, wenn der junge Mensch von den Erwachsenen an die Hand genommen und begleitet wird. Darin liegt der Auftrag sowohl an die Eltern als auch an die Menschen, die das Kind und den Jugendlichen auf seinem Weg ins Erwachsensein hinein begleiten. Hier sind alle gefragt: Eltern, Geschwister, Verwandtschaft, Freunde, Erzieher, Lehrer und alle, denen das Kind am Herzen liegt.

Neben dem Kindergarten müsste es vor allem an den Grundschulen viel mehr Angebote geben, bei denen sich das Kind selbst wahrnehmen, erleben und spüren kann, um herausfinden zu können, was ihm gefällt und was nicht. Ein Kind in diesem Alter, das noch kein Ziel vor Augen hat, muss noch sehr stark begleitet werden, um die Angebote, die es erhält, sinnvoll nutzen zu können. Letztlich kann ein Kind nur dann sein Bestes geben, wenn es von einer Sache so beseelt/begeistert ist, dass es diese auch freiwillig erlernen will. Womit wir wieder bei der intrinsischen Motivation und der Begeisterungsfähigkeit wären. Der Mensch wird von seinen Anlagen her als Genie geboren. Doch was er aus diesen Anlagen im Laufe seines Lebens macht, diese Entscheidung liegt bei ihm.

Rückverbindung mit Gott

Alles Wissen, das wir für unser Leben brauchen, tragen wir in uns. Es will nur wieder aktiviert werden, und das geschieht durch die Rückverbindung (= „religio") mit Gott. Seit der Aufklärung konzentriert sich der Mensch viel zu sehr auf die Entwicklung des menschlichen Verstandes, vergisst dabei aber, dass wir so viel mehr sind als nur unser Geist. Zwar hat uns diese Entwicklung einen großen Fortschritt in den Bereichen von Wissenschaft und Technik erbracht, was großartig ist, doch der Mensch verfügt über noch so viel mehr an Potential, das leider viel zu wenig zum Einsatz kommt, weil es weder gesehen noch gefördert wird.

Wir haben uns im Verlauf der Zeit viel zu sehr nur noch auf den Geist fokussiert. Doch was ist mit den ganzen Fähigkeiten und Fertigkeiten, die neben dem Geist auch in unserem Körper bzw. in unserer Seele zu finden sind?

Es ist so schade, dass viele dieser Begabungen nicht berücksichtigt werden, weil der Mensch viel zu einseitig nur nach dem Erwerb von Wissen strebt. Doch es ist nicht nur der Geist, der den Menschen ausmacht. Auch die anderen Qualitäten wollen entdeckt und entfaltet werden, um ein wirklich gutes Leben zu haben.

Indem wir uns viel zu sehr auf die Bildung konzentrieren, vergisst der Mensch immer mehr, worum es im Leben wirklich geht. Am ehesten wird neben dem Geist ja noch der Körper trainiert, doch wie steht es um die Seele? Welche Angebote gibt es hier? Den wöchentlichen Sonntagsgottesdienst, den Religionsunterricht. Und dann? Zwar gibt es noch den Ethikunterricht, den die besuchen, die entweder noch nie einer Glaubensgemeinschaft angehört haben oder sich einer anderen Konfession zugehörig fühlen. Letztlich ist dieser Unterricht aber auch nur wieder auf das bloße Erlernen theoretischen Wissens aufgebaut. Wie soll der Mensch dabei lernen, in einen wirklich guten Kontakt zu seiner Seele zu kommen? Sie kommt trotz des Bemühens um Bildung viel zu kurz. – *und* – Bringt der Mensch aus sich selbst heraus nicht das Interesse mit, sich seiner Seelenqualitäten bewusstwerden zu wollen, lernt er es unter Umständen ein Leben lang nicht, sich ausreichend gut um das Wohlergehen seiner Seele zu kümmern und kann dieses Potential nie entfalten.

Dass wir den Kontakt mit unserer Seele suchen, ist in aller Regel erst dann der Fall, wenn wir durch eine Krise, Krankheit, Unfall etc. aus unserem sogenannten „normalen Leben" herauskatapultiert wurden und uns Herausforderungen gegenübersehen, auf die uns weder das Elternhaus noch die Schule noch der Arbeitgeber jemals vorbereitet haben. Kein Wunder, wenn wir dann erst einmal nicht mehr weiterwissen, weil wir so heillos überfordert sind aufgrund der Situation, die sich uns durch die Krise zeigt. – Doch muss das so sein?

Was wäre, wenn der Seele im Leben auch wirklich der Platz zustünde, weswegen sie diese Reise ins Leben überhaupt angetreten hat? Was könnte der Mensch sein, der es vermag, sich den Kontakt zur Seele so zu erhalten, wie ihm das als Kind noch möglich war, als er noch nicht durch Erziehung und diverse Schulbesuche so „verbildet" war, dass der Bezug zu ihr immer weniger wurde? Wozu wäre der Mensch dann wohl fähig?

Wenn es uns klar wird, dass unser bewusstes Denken (also der Verstand, den wir mit Schulbesuch, Studium etc. „bilden") gerade einmal 5–10 % unseres menschlichen Potentials ausmacht, und die restlichen 90–95 % in unserem Unterbewusstsein schlummern, dann können wir in etwa erahnen, welches Potential in Wahrheit in uns liegt. Doch diese ganzen wundervollen Fähigkeiten liegen brach, statt dass sie gesehen, wertgeschätzt und entwickelt werden. Wo in seiner Entwicklung stünde der Mensch, wenn er auch um dieses Potential wüsste? Wäre das nicht phänomenal? Was wäre, wenn der Mensch mit dem richtigen Wissen um seine wahren Qualitäten und seinen Schöpfergeist sein Leben von vornherein ganz anders gestalten könnte? Wo stünde der Mensch dann?

Der Mensch – die Krone der Schöpfung

Wie ich es bereits erwähnt habe, sind wir für Gott die Krone seiner Schöpfung. Was das bedeutet, das muss uns erst einmal klar werden. Das sollte der Mensch auf sich wirken lassen. Gott traut uns zu, dass wir es vermögen, mit diesem ganzen Potential, das er in jeden Einzelnen von uns gelegt hat, souverän umzugehen, vorausgesetzt, dass wir wieder in Verbindung mit ihm sind.

Es sind nicht die Schulbildung, das Studium, diverse Fort- und Weiterbildungen sowie die dadurch erworbenen Qualifikationen, die uns zur Krone der Schöpfung machen. Eine Krone zu tragen, dazu sind die Kinder Gottes berechtigt, die sich mit Gott wiedervereinigt haben. Sie werden zurecht „Königskinder" genannt, weil sie aufs engste wieder verbunden sind mit Gott als ihrem himmlischen Vater. Diese Kinder weiht Gott in die wahren Geheimnisse allen Seins ein.

Sie lernen wieder, mit den Augen der Wahrheit zu sehen und Trug und Wirklichkeit zu unterscheiden. Sie treten durch die Türen, die ihnen der Himmel öffnet, sodass sie sich nach und nach auch wieder mit dem ganzen Wissen verbinden können, das sie bereits in früheren Leben erworben haben. Sie finden Zugang zu dem Schatz, der nicht im Außen, sondern in ihnen selbst liegt. Sie lernen wieder die ganzen Qualitäten ihrer Seele kennen und werden sich ihres wahren Schöpfergeistes immer mehr bewusst. Sie leben ihr Leben in Übereinstimmung mit dem Willen Gottes und lernen ihm wieder voll und ganz zu vertrauen. Sie stehen in seinem Dienst und wissen, dass alles, was sie tun, dem höheren Ganzen dient. Sie haben ihr Ego überwunden und stattdessen in ihre göttliche Kraft gefunden. Sie wissen, dass sie hier sind, um ihren Seelenplan zu leben und damit der ganzen Welt zu dienen.

Sie leben ihr Leben nicht nur für sich selbst, sondern zum Wohle aller. Ihnen liegt es am Herzen, die Reichtümer, die Gott ihnen anvertraut hat, mit der ganzen Welt zu teilen, statt sie nur für sich selbst zu nutzen, denn sie wissen, dass Gott für sie alles bereithält, wessen sie bedürfen, um wirklich das schönste aller Leben leben zu können, das sie sich mithilfe ihres Schöpfergeistes erschaffen wollen.

Doch bevor der Mensch in sein gesamtes Potential hinein erwachen kann, gilt es, sich darüber bewusst zu werden, was seine menschlichen Schwächen und Unzulänglichkeiten sind, um sich mit ihnen auszusöhnen. Diese Phase der Bewusstwerdung und Versöhnung ist uns als „Schattenarbeit" bekannt, weil es genau diese Schatten sowohl aus früheren als auch aus dem aktuellen Leben sind, die zuerst angeschaut und akzeptiert werden wollen, bevor sich der Mensch seiner wahren Fähigkeiten und Qualitäten sowie des Lichts, das in ihm ist, wieder in Gänze bewusst wird.

Hat er diese Arbeit getan, sollte es sein Ziel sein, sich darauf zu besinnen, was er wirklich will, denn erst, wenn er dies weiß, kann er loslassen, was nicht mehr länger zu ihm passt, und sich stattdessen auf das konzentrieren, was er will. Nur indem wir uns auf das konzentrieren, was wir wirklich wollen, können wir unseren Weg letztlich auch wirklich erfolgreich gehen.

Neben der Klärung der eigenen Schwächen und Stärken und dem Wissen darum, wo wir im Augenblick stehen, gehört zu einem neuen Selbstbild auch dazu, dass der Mensch sich selbst endlich lieben lernt. Was bedeutet, dass er sich auch mit all seinen menschlichen Unzulänglichkeiten akzeptieren und lieben lernt, denn lehnt er diese ab, steht er damit seiner weiteren Entwicklung im Wege. Hier wirkt wieder das Gesetz des Widerstandes.

Erst wenn der Mensch versteht, warum er sich selbst gegenüber so ein großer Feind und Kritiker war und um die Hintergründe diesbezüglich weiß, die ihn bislang an der Entfaltung seines Potentials blockiert haben, kann er sich immer mehr dem Leben öffnen, das er in Wahrheit führen will und das dann auch in Verbindung steht mit den Aufgaben der Seele.

Was ihm hilft, diesen Weg zu gehen, der ihn auch wieder vermehrt in Kontakt mit seiner Seele und seinem Herzen bringt, sind Fragen wie: Was ist da irgendwann passiert, warum ich diese Meinung über mich habe, die mir alles andere als guttut? Was hindert mich daran, mir selbst gegenüber freundlich und wohlgesonnen zu sein? Was muss ich mir anschauen, um zu verstehen, wann ich die Liebe zu mir selbst und das Vertrauen in mich verloren habe? Was kann ich tun, um diese ganzen negativen Muster, die ich im Laufe meines Lebens entwickelt habe, wieder aufzugeben? Wie lerne ich, wieder ins Leben und damit in Gott zu vertrauen? Wie kann ich sowohl den Glauben an ihn als auch an mich selbst wieder stärken? Wer hilft mir dabei? – Am leichtesten ist bei diesen ganzen Fragen die letzte zu beantworten, denn hier gibt es nur eine Antwort für mich: GOTT!

Wir dürfen hier wirklich davon ausgehen, dass er für jeden von uns da ist, der beschließt, diese Arbeit zusammen mit ihm zu tun. Natürlich können wir uns unter den Menschen ebenfalls Hilfe und Unterstützung suchen. Keine Frage. Aber um hier wirklich bis ganz an die Wurzel zu kommen, um dieses ganze „Unkraut" menschlicher Unzulänglichkeiten auch wirklich nachhaltig entfernen zu können, gibt es für mich nur Gott.

Den eigenen Wert erkennen und sich selbst lieben lernen

Bemerken die Eltern oder Erzieher, dass sich ein Kind bereits von klein auf immer wieder kritisiert und mit seiner Leistung niemals zufrieden ist, sollten im Interesse des Kindes früh Maßnahmen ergriffen werden, um dieses Fehlverhalten im Denken des Kindes zu korrigieren. Was hier wichtig ist, ist, dass dabei Techniken angewendet werden, die auf eine spielerisch leichte Art und Weise funktionieren, denn umso leichter das Ganze geht, umso mehr können wir davon ausgehen, dass sie vom Kind auch wirklich angewendet werden, um das Seine zu tun, die alten Muster und Gewohnheiten zu überwinden. Hier muss nichts kompliziert sein. Alles darf leicht sein.

Doch wobei das Kind in jedem Falle – zumindest anfangs – Unterstützung braucht, ist, dass es lernt, seinen Blick zu verändern im Hinblick auf das, was es tut. Wir müssen das Kind vom negativen Denken immer mehr wegführen hin zu einem positiven Denken. Das heißt: Anstatt weiterhin nur auf das zu schauen, was man nicht kann, ist es wichtig, zu lernen, vermehrt auf das zu schauen, was man kann. Das gilt auch für alles, was das Kind an sich ablehnt. Egal, ob dies die Farbe der Haare, die Länge der Nase, die Form der Ohren etc. ist. Statt auf das zu schauen, was ihm nicht gefällt, muss der Blick vermehrt auf das gerichtet werden, was ihm gefällt. Denn nur wenn es ihm gelingt, positiv auf alles zu schauen, entwickelt es auch eine Liebe zu sich selbst. Keine Angst, diese Art von Liebe hat nichts mit einem narzisstischen Selbstbild zu tun. Sie trägt eine ganz andere Qualität in sich.

Das Einzige, worum es geht, ist, dass das Kind oder der junge Erwachsene mit der Zeit immer besser aus seinem negativen Denken herauswächst und stattdessen seinen wahren Wert erkennt. Bleibt es vermehrt im defizitären Denken verhaftet, verhindert es jede positive Entwicklung seines Selbst. Und das wirkt sich nicht nur in Noten aus. Über kurz oder lang können sich hier beim Kind diverse Krankheiten des Körpers wie auch des Geistes entwickeln. Schlimmstenfalls heißen diese dann Krebs oder Depression. Doch muss es wirklich erst so weit kommen, bis dem Menschen geholfen werden kann? Ich bin der Überzeugung „Nein!". Was es zu verhindern gilt, ist, dass das Kind immer mehr den Glauben an sich selbst verliert, denn sobald dies geschieht, öffnet sich ein Kreis, der ein immer weiteres negatives Denken nach sich zieht. Und das so lange, bis letztlich das Selbstvertrauen des Kindes und damit aber auch seine Freude und seine Motivation nicht nur am Lernen, sondern am Leben selbst immer mehr schwindet.

Von den Anlagen her, die Gott uns gegeben hat, ist der Mensch weder zum Versager, noch zum Faulsein geboren. Diese menschliche Schwäche entwickelt sich erst, wenn das Kind etliche negative Erfahrungen gemacht hat. Aus sich selbst heraus ist jedes Kind zunächst einmal hochmotiviert und will lernen. Es will wissen, was in ihm steckt und probiert sich aus. Da es jedoch noch nicht weiß, wie alles auch wirklich richtig funktioniert, wird es hier und da im Verlauf seiner Entwicklung noch den einen oder anderen Fehler machen, denn es ist noch kein Meister vom Himmel gefallen.

Was Eltern wie Erzieher und Lehrer nutzen müssen, um die Fähigkeiten des Kindes zu fördern, ist seine Motivation, etwas lernen zu wollen, das es auch wirklich interessiert. Denn nur, wenn es ausreichend viel Freude an seinem Tun hat, bleibt ihm diese auch dann erhalten, wenn der Lernprozess einmal etwas schwieriger wird. Sind die Freude und die Motivation am Erlernen einer bestimmten Fertigkeit groß, wird das Kind aus sich selbst heraus diszipliniert genug sein, um das zu lernen, was es lernen will, weil es davon begeistert/beseelt ist.

Andererseits ist es für den jungen Menschen auch wichtig, in diesem Prozess des Lernens von den Erwachsenen bestmöglich unterstützt zu werden. Er wünscht sich auch, dass sich vor allem die Eltern für das, was er tut, interessieren. Sich Zeit nehmen für das Kind. Kinder bedürfen weniger der Korrektur, sondern vielmehr der Hilfestellung, der Begleitung sowie der Beratung, wie sie etwas besser machen können.

Lassen Sie mich an einem Beispiel erklären, was ich damit meine. Sage ich zum Kind „Das und das und das hast du falsch gemacht! So geht das nicht. Du musst das richtig machen!“, überfordere ich nicht nur das Kind, sondern ich demotiviere es auch, den Sachverhalt überhaupt noch lernen zu wollen. Das Kind hört nur noch „falsch“ und folgert daraus „Ich kann das nicht!“. Bereits jetzt sind die Freude und damit auch ein Großteil der Motivation dahin. Passiert das des Öfteren und das Kind macht weitere Erfahrungen dieser Art, wird damit nicht nur ständig der Glaubenssatz von „Ich bin nicht gut!“ aktiviert, sondern sein Verhalten auch immer mehr dahingehend gesteuert, dass es sich immer mehr in der Lustlosigkeit verliert, die Sache überhaupt noch lernen zu wollen.

Kommen letztendlich noch negativ verstärkende Kommentare der Erwachsenen dazu, bzw. bekommt das Kind anhand von Noten aufgezeigt, dass seine Leistungen dem Urteil der Erwachsenen nach ungenügend sind, verliert es immer noch mehr den Glauben an sich selbst. Das Schlimmste, was Erwachsene Kindern dabei antun können, sind Bemerkungen wie: „Hast du das schon wieder falsch gemacht? Wann lernst du endlich, dass es so geht und nicht anders? Warst du mal wieder nicht konzentriert? Hast du deine Hausaufgaben schon wieder nicht gemacht? Was soll nur einmal aus dir werden? …“

Was hier passiert, ist, dass das Kind mit solchen Worten nicht nur eine „Verbal-Ohrfeige“ nach der anderen bekommt, sondern mit der Zeit gänzlich die Freude und Lust an irgendetwas verliert. Wozu auch, wenn es den Worten der Erwachsenen nach ohnedies alles nur falsch macht. Werden so erfolgreiche Menschen, Gewinner, Sieger erzogen? – ???

Hier wirkt das Resonanzgesetz. Und nach diesem Gesetz wird das Kind mit genau der Einstellung, die die Erwachsenen ihm und seinen Leistungen gegenüber haben, in Resonanz gehen. Da der Erwachsene bereits von vornherein wieder einmal eine schlechte Leistung erwartet, statt das Kind ausreichend im

Hinblick auf ein anderes Ergebnis zu motivieren, bekommt er genau das, was er will. Ich kann hier auch sagen: „Du erntest, was du säst." – bzw. – „Du bekommst, was du erwartest." (Spiegelgesetz) Die negative Erwartungshaltung des Erwachsenen wirkt sich bereits von vorneherein negativ auf das Kind aus, sodass es gar nicht mehr anders kann, als sich unbewusst genau so verhalten, wie es von ihm erwartet wird.

Was es hier wieder einmal zu verstehen gilt, ist, dass sowohl durch die Misserfolge als auch durch das negative Denken des Kindes (und der Erwartungshaltung der Erwachsenen) genau die destruktiven alten Glaubenssätze und Verhaltensweisen aktiviert werden, die das Kind erkennen und überwinden muss, um für das weitere Leben ein neues Programm zu starten, das im Ergebnis positiver ist.

Insgesamt gesehen ist es von daher nicht damit getan, zu sagen: „In Deutsch, Englisch oder Mathematik habe ich die Note 5. Ich kann's nicht. Ich bin zu dumm." Ein solches Verhalten führt nur in die Resignation, die von Mal zu Mal größer wird und sich zuletzt im Frust und Ärger über sich selbst auswächst, weil man ja wieder einmal versagt hat. Worum es vielmehr geht, ist, sich anzuschauen, worin das Leistungsversagen tatsächlich begründet liegt. Diesbezüglich sollte sich das Kind fragen: „War ich einfach nur zu faul und habe deswegen jetzt diese Note? Was verstehe ich nicht? Woran bin ich wirklich gescheitert? Was kann ich tun, um künftig bessere Ergebnisse zu erzielen? Brauche ich dafür die Hilfe anderer? Wenn ja, wer könnte mir dabei helfen?"

Doch nicht nur das Kind, auch die Eltern, Erzieher und Lehrer sollten sich im Interesse des Kindes fragen, wie sie ihm helfen können, über diese Schwächen hinauszuwachsen, damit seine Motivation am Lernen trotz einiger Misserfolge grundsätzlich erhalten bleibt. Wir unterschätzen, dass das Kind hier noch sehr viel Begleitung braucht, bis es lernt, was es anders machen kann.

Will man dem Kind helfen, sollte aus den verschiedenen Perspektiven heraus auf das Kind geschaut werden, um es wirklich gut beraten und begleiten zu können. Nur so lernt es, was es sich anzuschauen hat, um es künftig besser zu machen. Je früher es

hier eine positive Unterstützung erfährt, umso leichter kann es in
genau die Selbstständigkeit hineinwachsen, die es später braucht,
um irgendwann auf sich allein gestellt auch weiterhin gut lernen
zu können und sich die Freude daran zu erhalten, auch wenn
nicht immer alles gleich von Anfang an den persönlichen Erwar-
tungen entspricht. Worauf Eltern und Lehrer zusätzlich achten
sollten, ist: Was im Leben des Kindes hat unter Umständen zu
diesem Leistungseinbruch geführt? Was davon liegt in der Verantwortung der Eltern? Was in der der Lehrer? Auch hier sind
alle gefragt. Was hilfreich ist, ist, immer wieder einmal aus möglichst verschiedenen Perspektiven auf das Kind zu schauen, um
die Situation des Kindes im Ganzen zu sehen, anstatt nur auf bestimmte Noten und Ergebnisse zu schauen.

Manchmal ist es auch die Berufstätigkeit beider Eltern, die Grund
dafür ist, warum sich das Kind beim Lernen alleingelassen und
überfordert fühlt, sodass es nicht wirklich lernen kann. Manchen
Kindern tut es einfach nicht gut, wenn die Eltern den ganzen Tag
über für sie nicht da sind. Vor allem sensible Kinder fühlen sich dadurch nicht ausreichend gesehen, gehört, wertgeschätzt und geliebt.

Was Eltern hier ebenfalls bedenken müssen, ist, dass sie mitunter ihr eigenes berufliches Fortkommen auf Kosten ihres Kindes leben, das sich von ihnen jedoch alleine gelassen fühlt. Kein
Wunder, wenn es in so einem Fall den Kopf fürs Lernen nicht
frei hat, weil es mit ganz anderen Themen beschäftigt ist als mit
dem, was es zu lernen hat.

Die Entscheidung der Eltern, warum sie ihre Kinder in dieser sensiblen Phase alleine lassen, muss möglicherweise genauso
hinterfragt werden, wie sich auch Lehrer immer wieder einmal
fragen sollten, mit wieviel Leidenschaft/Begeisterungsfähigkeit,
Freude und Motivation sie die Kinder unterrichten. Wenn wir
ganz ehrlich sind, ist es nicht immer nur das Kind, das sich aufgrund seiner negativen Kommentare selbst zum Versager macht.
Auch hier gilt es, in Betracht zu ziehen, dass es viele Komponenten gibt, die daran beteiligt sein können, wie erfolgreich und gut
ein Schüler ist oder nicht.

Wollen die Schulen in dieser Hinsicht mehr Beratungsarbeit leisten, bedarf es – was die Situation der Lehrer angeht – viel kleinerer Klassen sowie einer deutlichen Arbeitsentlastung der Lehrer, damit sie mit der dadurch gewonnenen Zeit Schüler und Eltern besser beraten bzw. begleiten können. Ich bin der Überzeugung, dass Schüler weniger „bewertet“ als vielmehr „besprochen“ werden sollten. Wäre dies der Fall, dann könnten sowohl die Schulen als auch die Eltern und das Kind selbst viel besser auf eine entsprechende Situation hin reagieren und dem Kind auch wirklich helfen, seine noch bestehenden Schwierigkeiten zu überwinden.

Da die Kinder unsere Zukunft sind, müsste meiner Meinung nach viel mehr in die Kinder investiert werden. „Investiert“ aber nicht nur im Sinne von Geld. Meiner Meinung nach wäre den Kindern mehr geholfen mit mehr Zeit, mehr Verständnis für die jeweilige Situation, in der sie sich gerade befinden, mit einem größeren Interesse an ihrer Person sowie etwas mehr an Liebe. Die Eltern geben im Hinblick auf die Liebe zu ihrem Kind mit Sicherheit ihr Bestes. Die Frage ist nur: Weiß das auch das Kind? Weiß es wirklich um die Liebe der Eltern zu ihm? Kann es diese Liebe auch wirklich fühlen? – Was, wenn nicht? Was sollten die Eltern dann tun?

So wie sich das Kind im Verlauf seiner Entwicklung nicht nur seine Leistungen, sondern auch seine sogenannten „Schattenseiten“ anzusehen hat, sollten dies auch die Erwachsenen tun, die für das Wohlergehen und die Ausbildung des Kindes Sorge zu tragen haben. Die Entscheidung für oder gegen ein Kind sowie die Entscheidung für oder gegen den Lehrberuf sollte in jedem Fall bewusst getroffen werden. Für beides braucht man neben der Motivation und Begeisterungsfähigkeit ganz viel Liebe, damit das, was man tut, auch wirklich von der Liebe erfüllt ist. Denn die Liebe ist das Herzstück für alles in der Welt. Sie sollte der Motor unseres Denkens und Handelns sein, denn ein Leben ohne die Liebe ist kein wirklich schönes Leben.

Verantwortung für das eigene Leben übernehmen

Lernen wir, uns mehr mit uns selbst zu beschäftigen, um zu erkennen, was unsere guten, aber auch die weniger guten Seiten sind, dann müssen wir nicht mehr auf das Leben der anderen schauen, um von uns selbst abzulenken, sondern können lernen, auch wirklich die Verantwortung für unser eigenes Denken und Handeln voll und ganz zu übernehmen.

Zudem kommt mit dem Thema der Selbstreflexion noch dazu, dass wir dann bestimmte Gefühle nicht mehr nach außen projizieren müssen, wo sie im Grunde genommen gar nicht hingehören, denn: Was kann der andere dafür, dass es mir geht, wie es mir geht?

Der meiste Ärger, den wir in der Welt haben, resultiert daraus, dass wir uns unsere eigenen Probleme viel zu wenig anschauen und uns stattdessen mehr um die der anderen kümmern und darüber reden, was sie besser machen könnten. Ist das fair? Ist das wirklich so gedacht?

Wir sind Weltmeister im Verdrängen der eigenen Probleme, doch mit welchem Resultat? Letztlich verdrängen wir nicht nur die Probleme, sondern auch die Gefühle, die unter diesen Problemen liegen. Und vor lauter Problemen, negativen Gefühlen und daraus resultierenden Gedanken ziehen wir uns einem Magnet vergleichbar immer noch mehr Probleme an, anstatt sie bereits dann zu lösen, wenn sie noch klein und überschaubar sind. Das Problem mit dem Problem besteht nämlich darin, dass es immer undurchsichtiger wird, je größer es wird, weil sich darin dann bereits so viel alter Ballast angesammelt hat, der die Aufräumarbeiten umso schwerer macht, je größer unser Problem ist.

Die Kunst des Verdrängens von Problemen und der Projektion von Gefühlen nach außen ist alles andere als gesund. Sie schadet nicht nur uns selbst, sondern allen und zeigt sich letztlich auch daran, dass wir alle mit der Art und Weise, wie wir denken und handeln, kollektiv mit Schuld sind an der Realität, wie wir sie derzeit im Kleinen wie im Großen haben.

Was dem Menschen bewusstwerden muss, ist, wie wichtig es ist, Verantwortung für sich, sein Denken und Handeln zu übernehmen, mit dem er sich nicht nur das Heute, sondern auch das Morgen, also seine Zukunft erschafft. Wollen wir die Dinge in Zukunft besser haben, dann haben wir uns unsere sogenannten „Fehler", falschen Glaubenssätze, Verhaltensweisen, Gedanken, Gefühle etc. bewusst zu machen, denn nur, wenn wir durch diesen Prozess der Bewusstwerdung gehen, können wir auch wirklich nachhaltig etwas zum Besseren wenden.

Bis es so weit ist, ist es noch ein ziemlich langer Weg, den wir zurückzulegen haben, und auf dem es mit Sicherheit nicht nur Tage mit Sonnenschein geben wird. Hier haben wir sehr wohl mit allen Wetterphänomenen zu rechnen, so wie es auch die Natur tut, um sich all der negativen Energien immer wieder einmal zu entladen, die ihr zu viel geworden sind. Hier können wir sehr viel von der Natur lernen, die es immer wieder vermag, trotz der ganzen Herausforderungen, denen sie sich gegenüber weiß, nicht aufzugeben, sondern die sich uns immer und immer wieder aufs Neue in ihrer ganzen Schönheit zeigt.

Herzöffnung und bedingungslose Liebe

Was wir auf unserem Weg durchs Leben noch zu lernen haben, ist, unser Herz wieder zu öffnen, um künftig unsere Entscheidungen nicht nur aus dem Kopf heraus zu treffen, der schon ein Leben lang unser Denken und Handeln bestimmt. Viel schöner ist es, die Stimme unseres Herzens wieder in alle unsere Entscheidungen miteinzubeziehen, denn dann dienen diese nicht nur unserem eigenen Wohle, sondern dem Wohle aller.

Nur einem geöffneten Herzen ist es möglich, neben der Liebe im Kleinen auch die Liebe im Großen zu erfahren. Die „bedingungslose Liebe", mit der uns auch Gott, unser Vater, liebt.

Wenn wir uns unsere Beziehungen anschauen – egal ob zu den Eltern, Geschwistern, Partner, Kollegen etc. –, stellen wir fest, dass diese Liebe stets auf irgendwelchen Bedingungen beruht, die diese Liebe zu einer „bedürftigen Liebe" machen. Nach dem Motto „Gibst du mir, gebe ich dir" wird daraus mehr ein Tauschgeschäft, als dass diese Liebe auch wirklich ganz aus dem Herzen heraus gelebt wird. Schon das kleine Kind muss im Hinblick auf die Liebe seiner Eltern früh erfahren, dass es oft nur dann Liebe erfährt, wenn es auch wirklich gehorsam war und sich so verhält, wie es die Erwachsenen von ihm wollen. Ist dies nicht der Fall, dann gibt es Liebesentzug. Wie oft hören Kinder den Satz: „Wenn du das und das machst, dann hat dich Mama/ Papa nicht mehr lieb."

Dass mit einem solchen Satz jedoch die Angst des Kindes geschürt wird, die Liebe der Eltern, von denen es abhängig ist, zu verlieren, darüber hat wohl keiner nachgedacht, der diesen Satz jemals ausgesprochen hat, sonst wäre ihm bewusst geworden, was es für ein Kind bedeuten muss, mit diesem Hinweis und der Angst vor Liebesentzug aufzuwachsen.

Im Grunde genommen ist es diese Angst, die auch für unsere späteren Beziehungen der Motor unseres Handelns wird, denn auch in der Liebe zum Partner schwingt diese Angst ein Leben lang mit. Sie bewirkt nicht nur, dass wir uns auch hier der Liebe nur sicher sein können, wenn wir uns mehr nach den Bedürfnissen und Wünschen des anderen richten, als uns an unseren eigenen zu orientieren. Doch ein solches Verhalten macht die Liebe, die als die schönste Sache der Welt gilt, zu einer bedürftigen Liebe.

Stellt sich die Frage: Wo in dem Ganzen bleibt dann die Freiheit in der Liebe? Wo kann Liebe atmen? Und wie lässt sich eine solche Liebe auf Dauer halten, wenn wir sie nur dann bekommen, wenn wir uns so verhalten, wie es dem anderen gefällt? – Fragen. Fragen. Fragen.

Zufriedenheit als einer der Schlüssel fürs Glück

Es gibt so vieles, was wir in diesem Leben zu lernen haben, und alles führt uns immer und immer wieder zu uns selbst zurück. Doch je früher diese Phase des bewussten Lernens beginnt, umso gesünder ist dies für uns und alle unsere Beziehungen. Erst durch ein bewusstes „Ja" zu uns selbst und durch die Klärung unserer Beziehung zu Gott werden wir wieder heil (ganz), mit dem Ergebnis, dass uns dann auch unsere anderen Beziehungen wieder um ein Vielfaches besser gelingen, weil wir gelernt haben, nicht nur das Liebenswerte wieder in uns selbst zu spüren, sondern auch mit einem offenen Herzen auf den anderen schauen. Im Ergebnis zeigt sich uns dies mit viel mehr Freude und Glück. Für mich bedeutet Glück „Zufriedenheit". Bin ich zufrieden mit dem, wie es ist, bin ich glücklich und ruhe in mir. Nach und nach kehrt dann mit dem Glück und der Ruhe auch der Friede im Herzen wieder ein. Was wiederum einen wunderbaren Nebeneffekt hat, denn je mehr der Friede in mir selbst wohnt, umso mehr Frieden erfahre ich andererseits auch wieder um mich her. Wir dürfen darauf vertrauen: Was sich uns auf diese Art im Kleinen zeigt, wird so auch wieder im Großen Realität (Gesetz „Wie innen, so außen"). Eine Realität, die das Leben gleich um ein Vielfaches noch liebenswerter und schöner macht.

Ich kann es nur immer und immer wieder sagen: Klären wir unsere Beziehung mit Gott und lernen, wieder auf ihn zu vertrauen, der sich für jedes seiner Kinder nur das beste Leben wünscht, können wir seine Liebe viel besser spüren und öffnen uns so auch wieder für die Liebe zu uns selbst und den anderen. Ist dies der Fall, können wir wieder das Göttliche in allen sehen.

Gott hat den Eltern eine sehr wichtige Aufgabe übertragen, auch wenn dies den Eltern vielleicht nicht bewusst ist. Sie sind seine „Stellvertreter", wenn es um die „Liebe" innerhalb der

Familie geht. Gott wünscht sich für seine Kinder, dass sie von den Eltern das an Liebe bekommen, was er für jeden Einzelnen von uns empfindet. Er möchte, dass die Eltern ihre Kinder so lieben, wie er dies tut: „bedingungslos". Für ihn ist wichtig, dass sie ihre Kinder auf ihrem Lebensweg so begleiten, dass sie wieder heimkommen zu ihm, denn er wünscht sich nichts sehnlichster, als dass wir wieder alle seine „Königskinder" sind. Doch muss dies letztlich eine Entscheidung sein, die jeder von uns selbst trifft.

Damit der Weg zu Gott für uns alle machbar wird, stehen uns nicht nur Gott und Jesus zur Seite. Das ganze himmlische Team wartet nur darauf, dass wir es um Hilfe und Unterstützung bitten, denn es kann uns nur dann helfen, wenn wir es darum bitten. So will es das „Gesetz des Bittens", denn erst wenn wir auch wirklich bereit sind, um Hilfe zu bitten, sind wir auch wirklich bereit, sie zu empfangen. Das Universum wartet nur darauf, helfen zu können. Die einzigen, die sich an es wenden muss, sind wir selbst.

Wissen um den eigenen Seelenplan

Haben wir unser Gottesbild und unsere Lebenssituation insoweit geklärt, dass wir mit uns selbst wieder im Frieden sind, dann wird es uns auch selbst möglich, die Liebe bedingungslos zu leben, so dass nach und nach immer mehr an Heilung sowohl für uns selbst, als auch kollektiv geschieht. Diesen Weg der Heilung gilt es letztlich für uns alle zu gehen. Dafür sind wir derzeit hier, um uns durch einen Wandel unseres Bewusstseins wieder mit Gott rückzuverbinden und gemeinsam mit IHM (!) eine neue Welt zu erschaffen – Ein neues Zeitalter. Das sogenannte „Goldene Zeitalter".

Damit dies gelingt, sind derzeit alle gefordert. Egal in welchem Alter. Jeder von uns sollte hier seinen Weg finden und gehen. Letztlich wird es so viele verschiedene Wege geben, wie es Menschen gibt. Auch hierbei gilt es, die Individualität des Einzelnen zu akzeptieren. Kein einziger von uns ist ohne einen Seelenplan in dieses Leben gestartet. Jeder hat hier eine ganz bestimmte Aufgabe/Funktion übernommen, derer er sich wieder bewusstwerden sollte, um so auch seinen Beitrag zum großen Ganzen zu leisten.

Dabei ist jeder genau da richtig, wo er derzeit steht. Außer, er fühlt sich dort nicht wohl. Doch dann darf er erst recht davonausgehen, dass sein Leben und Handeln bislang zu wenig im Einklang mit dem Plan seiner Seele sind. Letztlich geht es darum, auf welche Art und Weise er dort agiert, wo er ist. Wird sein Handeln mehr vom Ego motiviert, sollte er dies in Frage stellen und seine Entscheidungen revidieren, denn es gilt, Kopf und Herz zusammenzubringen, damit alle Entscheidungen, die wir treffen, nicht nur für uns alleine gut sind, sondern der Gesamtheit aller Menschen dienen.

Doch wie erkennen wir, ob eine Entscheidung sowohl für uns wie auch für die anderen gut ist? Eine Entscheidung ist dann wirklich gut, wenn es uns mit dem, was wir tun richtig gut geht, denn dann befinden sich Kopf und Herz in Übereinstimmung (sind kohärent), dann fühlen wir uns rundherum wohl. Dann sagt auch unser Bauchgefühl (unsere Intuition) „Ja!“

Ist dies nicht der Fall, gilt es, unser Gewissen zu fragen, was uns motiviert, etwas auf eine bestimmte Art und Weise zu tun und unser Handeln dann entsprechend zu korrigieren. Mit der Zeit merken wir immer schneller und immer leichter, ob eine Entscheidung mehr aus dem Herzen heraus getroffen wurde oder vom Ego motiviert war. Sagen wir beherzt „Ja“ zu dem, was wir tun, dann sind wir in Verbindung mit Gott. Regt sich jedoch ein Widerstand, dann ist das Ego im Spiel.

Was zeichnet einen wahren Helden/Sieger aus?

Das, was einen wahren Helden/Sieger auszeichnet, ist sein Mut zur Rückkehr zu Gott.

Der Mensch lässt sich in allem, was er tut, sehr stark von seinem EGO leiten, als hätte er Angst, ohne diese Kraft, der er sehr viel Macht zugebilligt hat, kein gutes Leben führen zu können. Erst wenn er wieder im Kontakt mit seiner Seele ist und darüber reflektiert, welche Kräfte sein Leben denn eigentlich wirklich bestimmen, wird ihm nach und nach bewusst, wem er sich da alles unterworfen hat.

Doch wie kommt es, dass das Ego diese ungeheure Macht über unser Leben gewinnt, sodass es sogar zu verhindern weiß, dass wir die Stimme unseres Herzens hören, um dem Ruf unserer Seele zu folgen?

Unser Ego will vom ersten Moment an über uns herrschen und diktiert uns auf seine subtile Art, was wir alles brauchen, um ein erfolgreicher Mensch zu sein. Es leitet uns dabei so geschickt an, dass wir schon als Kind in diese ganzen Ego-Fallen tapsen, die es geschickt ausgelegt hat, um uns von klein auf in bestimmte Abhängigkeiten zu bringen, von denen wir mit der Zeit immer mehr glauben, dass wir sie brauchen, um ja einmal ein erfülltes und glückliches Leben zu haben. Am Beispiel der Erwachsenen lernen wir nach und nach, worauf es ankommt, um es entweder einmal genauso gut zu haben wie sie oder vielleicht sogar noch besser. Selbst der Spruch „Mein Kind soll es einmal besser haben als ich" mag noch so sehr von Herzen kommen und lieb gemeint sein, dennoch zielt auch er bereits darauf ab, dass wir ständig irgendetwas brauchen, was scheinbar von außen in unser Leben kommen muss, um dieses auch für wirklich gut befinden zu können.

Anstatt von Anfang an zu lernen, dass es im Leben einfach nur darum geht, zu sein und den Seelenplan zu leben, orientieren wir uns mehr an dem, was uns im „Konsumtempel des Lebens“ angeboten wird. Vieles davon ist selbstverständlich gut. Das will ich gar nicht bestreiten. Doch benötigen wir das wirklich alles?

Spätestens dann, wenn wir als Kinder ein Geschwister oder die ersten Freunde haben, beginnen wir automatisch, uns mit den anderen zu vergleichen und unseren Wert daran zu bemessen, was der eine und was der andere hat. Ist das gesund? Bestimmen die Dinge, die wir käuflich erwerben oder geschenkt bekommen, tatsächlich unseren „Wert“?

Warum lernen wir, diesen mehr über das, was in unser Leben kommt, zu definieren, anstatt von Anfang an zu erkennen, dass dieser in uns selbst liegt? Was ist da irgendwann einmal passiert, warum das so ist?

Warum tut sich der Mensch so schwer, sich mit dem, was er hat, zufrieden zu geben und dies dafür umso mehr wertzuschätzen? Kann er eine bestimmte Sache denn überhaupt noch genießen, wenn er sie nicht nur einmal, sondern gleich x-Mal in den verschiedensten Formen oder Farben hat? Egal, ob dies als Kind die Spielsachen oder später dann einmal bestimmte Haushaltsartikel oder die Kleidung bzw. das Auto sind. Der Konsum bestimmt und beherrscht unser Leben und diktiert uns, was wir alles brauchen, um auch ja ein angemessenes Leben zu führen, das dem Vergleich mit anderen standhalten kann.

Wir leben viel zu wenig aus uns selbst heraus und hören nicht auf die Stimme, die uns sagt, was wir wirklich bräuchten, um wirklich glücklich zu sein. Was unser Verhalten viel mehr bestimmt, ist, dass wir glauben, unser Glück käuflich erwerben zu müssen, damit wir mehr haben als die anderen. Damit wir die vermeintlichen „Sieger“ sind. Mit Argusaugen schauen wir auf das, was es noch so alles zu erwerben gilt, bevor wir davon sprechen können, dass unser Leben gut ist. Von dem Wort sinnvoll ganz zu schweigen. Doch stimmt das? Ist unser Leben wirklich nur dann gut, wenn wir dies alles haben, was uns im Vergleich mit anderen bestehen lässt? Nach welchen Vorgaben, Werten und Zielen leben wir dann?

Wir beginnen unser Leben als „Ich“, als ein Wesen, das heranwächst, um sich nach und nach dem „Du“ zuwenden zu können. Das beginnt in der Familie bereits mit den Eltern und Geschwistern und geht mit Freunden, Partner, Kollegen etc. immer mehr in ein gemeinsames Leben mit anderen über, das sehr stark geprägt ist von einem Sich-Vergleichen und einem Konkurrenzdenken, das mitunter alles andere als gesund ist, weil es nicht das Beste aus dem Menschen hervorbringt, das in ihm angelegt ist.

Ein solches Verhalten zeigt uns vielmehr, wo wir auch hier vom Weg unserer Seele abgekommen sind, weil wir den Weg aller gegangen sind, anstatt den Weg zu gehen, den Gott für uns gedacht hat.

Unser Blick auf das Leben ist so sehr auf alles im Außen gerichtet, dass wir es vollkommen übersehen, dass es bei allem, was wir tun, um die Entwicklung unserer Seele geht. Letztlich sind wir in einem dichten Netz aus Abhängigkeiten, Wünschen und Bedürfnissen gefangen.

Bis es dann so weit ist, dass wir merken, dass wir uns im Dschungel des Lebens verloren haben, vergehen etliche Jahre, und nicht selten braucht der Mensch einen „Lehrer“ besonderer Art, der sich uns dann in Form einer Krankheit oder Krise zeigt, damit wir begreifen, dass wir zwar bestens gelernt haben, nach bestimmten Bedürfnissen unseres Egos zu funktionieren, dass wir uns dabei aber immer weiter von unserer ursprünglichen Lebensaufgabe entfernt haben.

Erst nach einem sehr nüchternen Erwachen stellen wir dann fest, dass wir uns von den falschen Werten und Zielen durch unser Leben leiten ließen, ohne die eigenen überhaupt zu kennen. Wie finden wir bei diesem ganzen Durcheinander dann zurück zum eigentlichen Sinn unseres Seins?

Das Einzige, was mir dabei geholfen hat, war meine „Innenschau“, also die Zeiten der Meditation, in der ich Gott alle meine Fragen stellen und lernen konnte auf seine Antworten zu hören. Dabei hat er mir das Spiel von „Ich & Du“ erklärt und aufgezeigt, dass es im Leben auch darum geht, diese beiden Kräfte wieder miteinander zu einem „Wir“ zu vereinen, weil nur so ein wirklich gelingendes Miteinander möglich ist. Ist dies nicht der Fall, bleiben wir – egal ob bewusst oder unbewusst – viel zu sehr im Konkurrenzdenken stecken, das sich im schlimmsten Falle bis zu einem sogenannten „Hauen & Stecken" ausbauen kann, das alles andere als gesund ist, weil es uns in den Krieg führt.

Vom Ausgleich der Kräfte, die in uns wirken

Worum es letztlich geht, ist, zu einem Miteinander statt zu einem Gegeneinander zu finden und zu lernen, das Spiel von „Macht & Machtmissbrauch" zu durchschauen. Im Grunde braucht immer nur der Schwache eine Macht-Position. Er nimmt eine Macht-Stellung ein, weil er sich spüren muss. Mitunter nimmt er sich selbst sonst nicht wirklich wahr. Ein wirklich starker Mensch hingegen ruht in sich. Er braucht keine Macht-Spiele, weder im Kinderzimmer, noch in der Partnerschaft, noch in der Familie, Arbeit etc. Er braucht keine Konkurrenz, sondern lebt vielmehr nach der Maxime: „Geht es dir gut, geht es auch mir gut!"

Das Konzept von Ich, Du und Wir findet sich interessanterweise auch in der Astrologie und beschreibt dort ebenfalls die Hinwendung des Menschen in das „Wir-Bewusstsein", denn mit einem „WIR" wird es uns erst möglich, gesunde und wahrhaft gute Beziehungen zu leben.

Fehlt im Kreisdiagramm von Körper, Geist und Seele ein Teilchen, dann kann uns das Leben nicht mehr gelingen. Dann fallen wir aus der Balance und verlieren uns immer mehr im Ungleichgewicht. Dann laufen wir sozusagen nicht mehr „rund". Was es hier anzustreben gilt, damit wir wieder ganz werden, ist ein Gleichgewicht von Yin & Yang. Dabei gilt es zu lernen, dass ein jeder von uns männliche (Yang) wie weibliche (Yin) Anteile in sich trägt. Diese Kräfte, die miteinander – aus welchen Gründen auch immer – in Widerstand, in Streit geraten sind, gilt es, aus der Dysbalance heraus wieder zurück in die Balance zu bringen. Dabei ist es wichtig, zu wissen, wofür diese Kräfte von Yin & Yang in unserem Leben überhaupt stehen, um schlussfolgern zu können, ob wir sie der jeweiligen Situation entsprechend auch wirklich bewusst leben. Dazu gehört, dass wir uns anschauen, in welchem Verhältnis sie in unserem Leben grundsätzlich zueinanderstehen und wie wir sie bislang zum Ausdruck gebracht haben. Es gilt also zu erkennen: Wann im Leben ist es angebracht, mehr die männlichen Anteile (Yang: hell, hoch, hart, heiß, positiv, aktiv, bewegt) zu leben? In welchen Situationen wollen die weiblichen Anteile (Yin: dunkel, weich, feucht, kalt, negativ, passiv, ruhig, kreativ) gelebt sein? Und wie lebe ich sie so, dass ich sie entsprechend der Situation, in der ich mich gerade befinde, auch richtig einzusetzen weiß? In meinem zweiten Buch „Die Kraft, die aus der Liebe wächst!" habe ich beide Anteile genauer beschrieben. – Die Kräfte von männlich und weiblich zeigen sich uns nicht nur in der Natur, sondern auch in den Planeten. So wird die Sonne dem männlichen Prinzip zugeordnet, während der Mond für das weibliche, das empfangende, nährende Prinzip steht. Auch hier zeigt sich das Prinzip der Dualität von Tag und Nacht, von Aktivität und Passivität, von handeln (männlich) und ruhen (weiblich) …

Um beide Kräfte in den verschiedensten Situationen unseres Lebens sinnvoll einsetzen zu können, bedarf es der Bewusstwerdung, wann wir welches am besten gebrauchen, damit sich zum Beispiel ein zu viel an Aktivität (das männliche Prinzip), das im Beruf sehr stark gefragt ist, sich nicht zusätzlich auch noch im Privatleben behaupten will, wo es in vielen Situationen mehr schadet als nützt. Ist dies der Fall, müssen wir lernen, privat und beruflich besser voneinander zu trennen und uns darin üben, die konstruktiven Kräfte von Yin & Yang situativ besser zu gebrauchen. Auch in dieser Hinsicht hält uns unser Leben bzw. unser Partner/unsere Partnerin immer wieder einmal einen Spiegel vor.

Die Seele heilen

Hier zeigt sich wieder das Prinzip des Holismus. Diesmal im Ganzwerden unserer Seele. Was bedeutet, dass wir uns die „Seelen-Anteile" wieder zurückholen, die wir im Laufe vieler Leben irgendwann einmal aufgrund von zahlreichen Verletzungen verschiedenster Art abgespalten haben. Damit uns dies gelingt, müssen wir bestimmte alte Verletzungen aufarbeiten, sowie das energetische Feld klären, in dem wir leben.

Vergleichbar ist dieser ganze Prozess mit dem Bild einer Wunde, die erst gereinigt und desinfiziert werden muss, damit sie mit der Zeit auch wirklich ausheilen kann. Wenn wir zum Beispiel mit dem Fahrrad auf einer Schotterpiste stürzen, dann befinden sich viele kleine Steinchen/Splitter in der Wunde, die erst der Reinigung bedarf, bevor sie verbunden werden kann. Ob es uns gefällt oder nicht, die Steinchen müssen da raus, sonst kann es zu Infektionen kommen, wenn die Wunde unzureichend gesäubert ist. Ein solcher Reinigungsprozess ist unablässig, auch wenn er ziemlich weh tut, doch erst dann kann man die Wunde desinfizieren und verarzten. Nur so kann Heilung geschehen. Wenn ich stattdessen ohne eine solche Tiefenreinigung immer nur einen neuen Verband auf die Wunde auflege, selbst wenn es der schönste ist (Ablenkung, Konsum etc.), beginnt jede Wunde irgendwann früher oder später zu eitern, denn ihr fehlt ein gesundes Klima sowie die entsprechenden Bedingungen, um wirklich heilen zu können. Was ebenfalls nicht zu vernachlässigen ist, ist, dass die Wunde zum Ausheilen irgendwann auch Sauerstoff benötigt, um vollständig gesunden zu können. Sauerstoff als der Atem des Lebens. Wer spendet uns diesen Atem? – Gott! – Es ist die Energie des Prana, unsere Lebensenergie, die von Gott kommt und uns am Leben erhält. Sie erinnern sich?

Bei Wunden hat man früher „Jod" auf die Wunde gegeben, um das Alte (Bakterien, Keime) abzutöten, dem vergleichbar muss auch der Mensch im „Prozess der Läuterung" (Katharsis) durch diverse kleine Tode des Egos gehen, bis eine wahre Heilung auf tiefer Ebene geschieht. Auch wenn diese Phase mitunter sehr anstrengend für uns ist, gibt es weder eine Alternative noch eine Abkürzung. Dieser Prozess dauert, solange er dauert. Doch wir sind dabei niemals allein, denn Gott ist während der ganzen Zeit immer für uns da. Er bekommt jeden Schritt mit, den wir tun. Er führt uns. Darauf dürfen wir vertrauen. In seinem Plan gibt es keine Fehler oder irgendwelche Unzulänglichkeiten. Er reicht uns seine Hand, doch ob wir diese ergreifen, liegt allein bei uns.

Ich gebe es zu: Der Weg hin zu Gott ist kein einfacher, aber ein machbarer. Viele sind in schon gegangen und geben Beispiel, wie dies gelingen kann. Sobald wir bereit sind und gegenüber Gott unsere Absicht formulieren, diesen Weg der Katharsis zu gehen, unterstützt er uns mit der Hilfe, derer wir dabei bedürfen. Die schaut manchmal vielleicht etwas anders aus, als wir uns dies erwarten, doch selbst dann dürfen wir davon ausgehen, dass Gottes Entscheidung IMMER die Beste für uns ist, denn er liebt uns so sehr, dass er IMMER nur das Beste für uns will. Gemeinsam mit Gott den Weg zu gehen, bedeutet, ihm zu hundert Prozent zu vertrauen und alles, was kommt, willkommen zu heißen, anstatt in den Widerstand zu gehen. Dabei kann es auch sein, dass uns Gott zur Unterstützung sogenannte „weltliche Helfer/Lehrer" schickt. Ganz im Sinne von: „Ist der Schüler bereit, zeigt sich ihm der Lehrer!"

Worum es zudem immer und immer wieder geht, ist die Herz-Öffnung, die jeder für sich selbst machen muss, denn erst mit einem geöffneten Herzen können wir das Leben leben, das wir uns wirklich wünschen. Können sozusagen durch den Tod des Alten das Neue immer mehr willkommen heißen. Wie Phönix aus der Asche auferstehen und uns so selbst in ein neues Leben hinein gebären. Ist dies der Fall, bekommt unser Leben wieder einen Sinn. Dann sind wir nicht mehr länger in irgendeinem Funktionsmodus, sondern leben unser Leben aus uns selbst heraus, so wie es ursprünglich einmal vorgesehen war. Dann kann es sich uns von seiner schönsten Seite zeigen, und wir erleben es viel intensiver. Zudem lernen wir dabei, nicht mehr länger gegen uns und unser Leben anzukämpfen, sondern sind im Frieden damit. Was dann geschieht, ist, dass sich uns damit mit der Zeit auch der Frieden im Außen zeigt.

Lassen sie mich es noch einmal sagen: Wir haben uns dieses Leben mit all seinen Herausforderungen selbst ausgesucht, weil wir allesamt in dieser historischen Zeit dabei sein wollten, um gemeinsam mit Gott das „Goldene Zeitalter" zu erschaffen.

Gott liebt uns so sehr, dass er uns – wie in dem Fresko von Michelangelo Buonarroti „Die Erschaffung Adams" – seine Hand reicht, um gemeinsam mit ihm voranzuschreiten. Jetzt ist es an uns, uns an unser Versprechen, das wir ihm gegeben haben, wieder zu erinnern. Die Entscheidungsfreiheit ist uns nach wie vor gegeben. Gott akzeptiert jede unserer Entscheidungen. Er liebt uns, ganz egal wie wir uns entscheiden, denn er liebt uns bedingungslos. Nur lässt er uns auch wissen, dass wir die Konsequenzen für unsere Entscheidung auch zu tragen haben. Daran führt kein Weg vorbei, denn hier gilt das Gesetz der Verantwortung. Für ihn ist jetzt die Zeit gekommen, dass er uns als seine Kinder wieder heimführen will ins Paradies, indem wir uns GEMEINSAM mit IHM unser PARADIES hier auf Erden erschaffen.

Dem Leben einen Sinn geben und Erfüllung in Gott finden

Dem Leben einen Sinn geben bedeutet letztlich, sich wieder mit der Seele zu verbinden und den Weg des Herzens zu gehen, um unseren Seelenplan erfüllen zu können, denn dafür sind wir hier. Worauf es bei alledem ankommt, ist zugleich, dass wir Gott in unserem Leben wieder den ihm gebührenden Platz geben und uns ihm gegenüber dankbar für das Leben zeigen, das er uns zur Entfaltung unserer Seele gegeben hat.

Was sich Gott wünscht, ist, dass der Mensch den Mut aufbringt, sich der Fesseln des Egos zu entledigen, die er sich selbst angelegt hat, damit er wieder zu IHM zurückkehren kann. Worum es dabei letztlich geht, ist, dass wir den Christus in uns selbst auferstehen lassen und uns an ihm und der Art, wie er gelebt hat, ein Beispiel nehmen.

Christus will durch jeden Einzelnen von uns wiedergeboren werden, denn darin besteht der Weltenwandel. Unser Leben nach seinen Idealen auszurichten und zu leben, ermöglicht es uns, eine neue, friedvollere und vor allem auch liebevollere Welt zu erschaffen. Für jeden von uns ist es so wichtig, dass wir uns wieder an das Ideal erinnern, das uns Jesus vorgelebt hat. Mit seinem Leben hat er uns Beispiel gegeben, wie der Mensch wirklich denken und leben sollte. Wie der Mensch IN der Welt und MIT der Welt und ALLEN Lebewesen leben sollte, sowie MIT der Natur, die ihm als Lebensraum zur Verfügung steht.

Vermögen wir dies, dann erwacht in jedem von uns Christus und hilft uns, gemeinsam mit ihm unseren Beitrag für eine neue Zeit BEWUSST ZUM WOHLE ALLER zu leben. Dank seiner Hilfe und Unterstützung vermögen wir es, den wahren FRIEDEN und eine LIEBE, die ohne Bedingungen ist, auf das Schönste zu leben.

Zufriedenheit, Wertschätzung und Dankbarkeit sind die wahren Schlüssel zum Glück

Was ich mit Sicherheit sagen kann, ist, dass Dankbarkeit, Wertschätzung und Zufriedenheit die ultimativen Schlüssel zum Glück sind. Hält man diese Schlüssel in der Hand und gebraucht sie regelmäßig, dann öffnen sich einem wie von Zauberhand Türen, die man zuvor nicht einmal gesehen hat. Sie sind einfach da. Auf ihnen steht „Herzlich willkommen im *neuen* Leben!" oder „Ich grüße dich, du Wesen aus Licht und Liebe!" etc.

Neben dem Gebet und dem Segnen sind es für mich diese „Drei", die mich das Leben immer freudvoller und glücklicher werden lassen.

Um ein glückliches Leben zu haben, brauche ich keine Attribute mehr, die ich mir im Außen käuflich erwerbe oder in anderen Menschen suche, sondern die wahre Freude und das wahre Glück finde ich in mir selbst. Seit sie wieder in meinem Leben sind, kann ich gar nicht mehr anders, als dem Leben mit einem Lächeln zu begegnen.

Wenn ich zurückschaue auf die Zeit zwischen 2016 und heute, stelle ich fest, dass sich vieles in meinem Leben gewandelt hat. Da ist nichts mehr so, wie es einmal war. Doch ich bin vollkommen im Frieden damit. Ja sogar mehr, denn ich erfreue mich täglich an dem, was ich habe, und mache jeden Tag zum Besten und Schönsten meines Lebens. Meine Seele und mein Herz haben ihre größte Freude daran, mich wieder so strahlen und lachen zu sehen, wie mir das heutzutage wieder möglich ist. Und beides entspringt nicht einer Maske, die ich trage, sondern will einfach direkt aus dem Herzen heraus gelebt sein, weil ich so erfüllt davon bin. Noch nie war ich in meinem Leben so intensiv mit mir selbst verbunden und Gott so nah. Heute weiß ich, mein Leben hat einen viel, viel tieferen Sinn, als ich das jemals gedacht habe.

Ich mache täglich genau das, was ich am liebsten tue. Den größten Teil des Tages widme ich meine Zeit dem Schreiben, weil dies inzwischen meine Priorität geworden ist und ich mir damit sogar meinen Kindheitstraum erfülle, den ich zwischenzeitlich vollkommen vergessen hatte. Erst in etwa zur gleichen Zeit, als ich 2007/08 meine Stelle als Konrektorin antrat, meldete sich dieses zarte Stimmchen wieder, das mich damals fragte: „Wolltest du nicht einmal Schriftstellerin werden? Hast du's vergessen? Was ist mit deinem Traum?" Ich hörte damals also ziemlich genau, was mir mein Herz zuflüsterte, doch sagte ich mir: „Wie unrealistisch. Du hast dich doch entschieden, Schulleiterin zu werden. Also muss die Schriftstellerei noch warten, bis du einmal im Ruhestand bist. Bis dahin sind es noch gut fünfzehn Jahre. Und überhaupt, worüber willst du denn einmal schreiben? Was hast du denn schon Großartiges zu erzählen. Sieh das Ganze doch bitte realistisch. Glaubst du denn wirklich, du bist gut genug, um jemals Autorin zu werden? Besser, du bleibst bei deiner Liebe zu den Büchern und gehst jetzt den Weg, den du dir beruflich vorgenommen hast."

Folglich hörte ich nicht auf mein Herz, sondern folgte schön brav der Stimme, die sich in meinem Kopf „festgebissen" hatte. Dass dieser Weg der Weg des Egos sein sollte, der in Wirklichkeit gar nicht zu mir passte, das war mir damals nicht bewusst. Also verdrängte ich jeglichen Gedanken an die Schriftstellerei und machte da weiter, wo ich inzwischen mit meinem Leben stand.

Erst nachdem ich in den Jahren zwischen 2016 und 2019 größtenteils wieder für Ordnung in meinem Leben gesorgt hatte und mich fortan von Gott anstatt dem Ego durchs Leben führen ließ, lebte dieser Impuls mehr denn je wieder auf, sodass ich im Oktober 2019 tatsächlich mit dem Schreiben meines ersten Buches begann.

Dass ich mit diesem Buch in Auszügen einmal die Geschichte meines eigenen Lebens erzählen sollte, war mir damals ganz und gar noch nicht bewusst. Anfangs nahm ich das Schreiben eher sportlich und nutzte die Zeit in erster Linie dazu, um mithilfe des Schreibens auf andere Gedanken zu kommen, statt noch länger in der Vergangenheit zu verweilen. Nach und nach half mir mein erstes Buch, Rückschau zu halten auf das, was zwischenzeitlich passiert war. Und Gott half mir dabei, mutig genug zu sein, darüber zu schreiben, um die Geschichte meines Lebens auf diese Art und Weise sowohl mit dem Kopf als auch mit dem Herzen zu verarbeiten. Dass ich mir letztlich dann noch das Herz fassen sollte, dieses Buch nicht nur für mich zu schreiben, sondern damit sogar noch an die Öffentlichkeit gehen sollte, erzählte er mir klugerweise erst viel später. Denn er wusste genau, welche Themen ich mir zwischenzeitlich anzuschauen hatte, bis ich wieder so viel Mut gefasst hatte, um mir tatsächlich einen Verlag zu suchen, der es drucken sollte.

Auf diese Art erschloss sich für mich mit meiner Leidenschaft fürs Schreiben nicht nur ein *neuer* Weg, sondern ich erhielt mit dem *Novum*-Verlag, der es sich zur Aufgabe gemacht hat, *Neu*-Autoren bei der Veröffentlichung ihrer Bücher zu helfen, genau die Starthilfe, derer ich bedurfte, um meinen Kindheitstraum Wirklichkeit werden zu lassen. So ist es mir heutzutage möglich, meine wahre „Berufung“ zu leben, anstatt nach wie vor einem Beruf nachzugehen, der zwar äußerst vielfältig und interessant ist, mich im Herzen aber nicht so erfüllt hat, wie es das Schreiben tut.

Heute kann ich genau das Leben leben und mich an dem erfreuen, was in meinem Fall gut fünfzig Jahre lang auf sich warten ließ, um gelebt werden zu können. Was mich seit meiner Kindheit durchs Leben trug und dafür sorgte, dass mein Traum eines Tages zur Realität wird, war und ist meine Liebe zum Buch. Sie sorgte dafür, dass ich diesen Traum niemals wirklich vergaß.

Als ich Gott fragte, warum ich im Vergleich zu meinem Bruder so lange darauf warten sollte, bis es auch mir möglich wird, meine Berufung zu leben, sagte er mir: „Weil du erst diesen ganzen Weg zu gehen hattest, um heute darüber schreiben zu können. Doch mit dem Schreiben allein ist es nicht getan. Deine Bücher sollen all denen Unterstützung und Hilfe sein, denen es ähnlich ergeht, wie es dir ergangen ist. Du musstest erst durch diese ganzen Herausforderungen gehen, um dir dieser ganzen Themen bewusst zu werden, über die du heute schreiben kannst. Das war dir früher einfach nicht möglich. Deine Zeit zum Schreiben ist jetzt. Genieße sie und teile dein Wissen, das du dir in den letzten Jahren erworben hast, auf diese Art mit der Welt."

Weswegen ich Ihnen dies so ausführlich erzähle, liegt darin begründet, dass ich Sie wissen lassen will, dass wir in jedem Augenblick unseres Lebens geführt werden von einer Macht, deren größtes Interesse darin besteht, uns den richtigen Weg durch unser Leben zu zeigen, damit wir auch wirklich da ankommen, was sich unser Herz und damit auch unsere Seele für dieses Leben wünscht.

Wie glücklich und zufrieden bin ich heute, dass mir inzwischen die Freiheit gegeben ist, nicht mehr länger einem Beruf nachgehen zu müssen, der mein Leben zwar sehr bereichert, aber niemals erfüllt hat. Wie muss es erst denen gehen, die nicht einmal von einem Beruf sprechen können, sondern in dem, was sie tun, gerade einmal einen Job sehen, den sie nur deswegen machen, um sich so ihren Lebensunterhalt verdienen zu können. Sie tun mir leid und ich wünsche ihnen aus ganzem Herzen, dass es auch ihnen gelingen möge, sich für den Weg ihres Herzens zu entscheiden, um so eines Tages dann auch wirklich das Leben ihrer Wahl leben zu können.

Wenn ich einmal nicht schreibe, lese oder male ich. Koche mir zwischendurch immer wieder einmal etwas Feines oder gehe spazieren und genieße es, mit der Natur verbunden zu sein, in der ich in allem Gott sehe. Sie ist zusammen mit ihm immer wieder die Quelle meiner Inspiration. Gleichzeitig stelle ich fest, wie entspannend und schön ein einfaches Leben ist, und dass man bereits ein bezaubernd schönes Leben haben kann, wenn man im Frieden mit sich selbst ist.

Ich bedarf nicht einmal mehr der ganzen Annehmlichkeiten und des Konsums, von denen ich einst glaubte, dass sie notwendig sind, um auch ja ein erfülltes und erfolgreiches Leben zu haben. Zwar war ich nie das, was man ein „Luxus-Weibchen“ nennt, doch habe auch ich es geliebt, einen gewissen Lebensstandard sowie bestimmte Luxusgüter zu haben. Das will ich keineswegs leugnen. Ich stelle nur fest, dass ich das alles so nicht mehr brauche, seit ich mit Gott, der Quelle meiner Freude und meines Glücks verbunden bin. Seitdem bin ich im Außen nicht mehr auf der Suche nach etwas, das mein Herz beglückt.

Statt mir dieses kurzfristige Glück im Außen zu suchen, weiß ich heute, dass ich das wahre Glück nur in mir selbst finden kann. Und dass der Schatz, den ich dabei entdecke, bei weitem schöner, facettenreicher und größer ist, als es mir die „Schein-Welt“ geben kann, in der auch ich mich früher verloren hatte.

Heute erlebe ich Tag für Tag, wie schön es ist, neben dem Frieden in die Freiheit von all dem gefunden zu haben, was mir früher mein Ego diktierte. Deswegen muss ich kein Leben als „Mauerblümchen“ führen. Ganz und gar nicht. Ich darf mir das an Luxus gönnen, was mir gefällt, doch im Vergleich zu früher bin ich nicht mehr abhängig davon. So wie ich den Luxus heute genießen kann, kann ich morgen vollkommen darauf verzichten, ohne dass es mir weh tut oder ich das Gefühl habe, auf irgendetwas verzichten zu müssen. Das befreit ungemein. Und diese Freiheit macht es mir möglich, dass ich mich ganz anders daran erfreuen kann, wenn ich mir zwischendurch immer wieder einmal einen schönen Tag mit netten Annehmlichkeiten gönne.

Wenn ich mir anschaue, wo ich 2016 gestartet bin, dann war ich damals wirklich kurz davor, zu gehen, und hoffte, dass es mir irgendwann in einem späteren Leben gelingen mag, es einmal besser machen zu können als es in diesem Leben der Fall war. Doch dass ich so früh gehe, sollte nicht sein. Letztlich war das gut so, denn sonst hätte ich ja all das, was zwischenzeitlich passiert ist, niemals erlebt. Und um nichts in der Welt möchte ich diese Erfahrungen, die ich inzwischen machen sollte, missen.

Ich bin heute mehr als zufrieden damit, dass mein Leben ist, wie es ist. Ich habe mit meinem Leben meinen Frieden gemacht und mich mit den entsprechenden Menschen auf meine Art ausgesöhnt. Ich habe so vieles gelernt, was ich niemals im Leben gelernt hätte, hätte ich zuvor das Leben nicht genau so gehabt, wie es war. Da gibt es im Grunde keinen einzigen Tag zu bereuen. Ich kann einfach immer nur noch DANKE sagen. Zu jeder Herausforderung wie zu jeder Person, die mich in den ersten Jahrzehnten meines Lebens begleitet haben. Ihnen allen danke ich, dass sie sich mir gegenüber genau so verhalten haben, wie sie dies taten. Heute weiß ich, sie waren alles „Geschenke" für mich. Ich musste nur lernen, diese Geschenke erst einmal von der richtigen Seite aus zu betrachten. War der Blick, den ich früher auf all diese Gaben warf, getrübt und ich unwissend im Hinblick darauf, wie das Leben wirklich funktioniert, so haben sich inzwischen sowohl mein Blick als auch mein Denken insoweit geklärt, dass ich nur noch dankbar bin. Denn, dass ich heute die bin, die ich bin, das habe ich diesen ganzen Menschen und den diversen Lebensumständen zu verdanken, durch die ich zu gehen hatte.

Heute kann ich dies alles ganz anders wertschätzen, als mir dies früher möglich war. Heute weiß ich, dass dies alles ein großer Segen für mich ist, weil ich inzwischen einfach nur noch ich selbst bin. Ich habe zu meinem wahren Ursprung zurückgefunden. Ich habe mich wieder mit der Quelle verbunden, die mein Leben speist. Was kann es Schöneres geben, als mit ihr tagaus tagein im Einklang zu sein.

Ich weiß inzwischen, wer ich in Wahrheit bin. Eine Tochter Gottes, meines himmlischen Vaters. Ich lerne von Tag zu Tag immer noch mehr, das ganze Potential zu entdecken, das er in mich gelegt hat. Bin schon ganz gespannt darauf, was es hier noch so alles zu erfahren gilt. Das Leben hat mich wieder. Ich kann wieder mit der gesunden Neugier eines Kindes darauf schauen, welche besonderen Gaben das Leben noch so alles für mich bereithält. Ich weiß mich auf meinem Weg stets sicher, weil ich mein Leben in die Hände Gottes gelegt habe. Ich weiß, dass ich ihm zu hundert Prozent vertrauen kann. Was will ich mehr, als ihm zu

Diensten zu sein, und mit der Art, wie ich mein Leben heute lebe, dem großen Ganzen zu dienen, so wie es sich meine Seele für dieses Leben ausgesucht hat.

Für mich sind Zufriedenheit, Wertschätzung und Dankbarkeit nicht einfach nur Worte, die ich sage. Sie sind für mich zu einem Lebensstil geworden, der mir so viel an Glück und Lebensfreude beschert, dass ich die Welt oft einfach nur noch umarmen könnte.

Inzwischen habe ich selbst erfahren, wie schön es ist, wenn man tatsächlich sagen kann „Ich liebe mein Leben und mein Leben liebt mich!" Diese Worte habe ich mir von einer der großen spirituellen Lehrerinnen des 20. und 21. Jahrhunderts ausgeliehen. Luise Hay.

Neben ihr danke ich Diana Cooper, Doreen Virtue, Lise Bourbeau, Dr. Wayne Dyer, Dr. Joe Dispenza, Dr. Chuck Spezzano, Dr. Deepak Chopra, Pater Anselm Grün und noch vielen anderen, die mir in all den letzten Jahren zusammen mit Gott, Jesus, Mutter Maria sowie den Engeln meine treuesten Freunde und Wegbegleiter waren. Sie alle haben ihren Anteil daran, dass es mir heute wieder gut geht. Gott hatte sie mir alle in mein Leben gebracht, damit ich wieder ins Leben zurückfinde, während er mich darin unterrichtete, wie Leben wirklich funktioniert.

Danken möchte ich aber auch meinen Eltern sowie meinen Geschwistern, die für mich auf ihre Art ebenfalls sehr wichtige Lehrer waren bzw. noch sind. – DANKE. DANKE. DANKE.

Schlusswort

Schließen möchte ich mein Buch mit dem wunderschönen Gedicht von Arno Pötzsch[14], das er 1941 schrieb, als er als Marinepfarrer in Holland stationiert war. Es trägt den Titel „Unverloren", was uns bereits anzeigt, dass wir in Gott immer Halt, Trost, Sicherheit und Liebe finden. Ganz egal, wie sich uns die Situation im Außen zeigt. Darauf dürfen wir stets vertrauen.

Unverloren

Du kannst nicht tiefer fallen
als nur in Gottes Hand,
die er zum Heil uns allen
barmherzig ausgespannt.

Es münden alle Pfade
durch Schicksal, Schuld und Tod
doch ein in Gottes Gnade
trotz aller unsrer Not.

Wir sind von Gott umgeben
auch hier in Raum und Zeit
und werden in ihm leben
und sein in Ewigkeit.

---

14 Quellenangabe: Arno Pötzsch. Unverloren. Abrufdatum 15.07.2021, von https://st-marien-marienberg.de/du-kannst-nicht-tiefer-fallen-als-nur-in-gottes-hand/

Möge Gottes Schutz und Segen auch Sie auf all Ihren Wegen
begleiten.

Das wünsche ich Ihnen aus ganzem Herzen.

Alles Liebe und Gute für Sie

Hermine Merkl

Literaturverzeichnis

Cooper, Diana: Der spirituelle Lebensratgeber. Im Einklang mit dem Universum fühlen, denken und handeln; Wilhelm Heyne Verlag, München, 4. Auflage 2015

Yogananda, Paramahansa: Warum Gott das Böse zulässt und wie man sich darüber erhebt; Self-Realization Fellowship, Los Angeles, Kalifornien, USA 2007

Yogananda, Paramahansa: Autobiografie eines Yogi; Self-Realization Fellowship, Los Angeles, Kalifornien, USA, Nachdruck 2019

Quellenangaben

1. Meerweh. VisualStatements. Abrufdatum 15.07.2021, von
   https://www.visualstatements.net/visuals/visualstatements/
   erst-wenn-unser-normaler-alltag-nicht-mehr-normal-ist-
   merken-wir-wie-wertvoll-ein-normaler-alltag-eigentlich-
   ist-autor-meerweh/
2. Das Versteck der Weisheit – eine kluge Geschichte.
   Abrufdatum 06.01.2021, von https://www.lichtkreis.at/
   gedankenwelten/weise-geschichten/versteck der weisheit/
3. Die Geschichte von den zwei Wölfen. Abrufdatum
   06.01.2021, von https://einfachachtsam.de/geschichte-
   zwei-woelfe/
4. Einheitsübersetzung der Heiligen Schrift, vollständig
   durchgesehene und überarbeitete Ausgabe © 2016
   Katholische Bibelanstalt, Stuttgart. Abrufdatum 06.01.2021,
   von https://www.bibleserver.com/EU/Matthäus7
5. Mahatma Gandhi. Zitate zum Nachdenken. Abrufdatum
   06.01.2021, von https://zitatezumnachdenken.com/
   mahatma-gandhi/1706
6. Zenta Maurina. Zitate eu. Abrufdatum 15.06.2021, von
   https://www.zitate.eu/autor/zenta-maurina-zitate?page=2
7. Marc Aurel. Aphorismen.de. Abrufdatum 15.07.2021 von
   https://www.aphorismen.de/zitat/15933
8. Albert Einstein. Poetus.de. Abrufdatum 15.07.2021, von
   http://www.poeteus.de/zitat/Probleme-kann-man-
   niemals-mit-derselben-Denkweise-lösen-durch-die-sie-
   entstanden-sind/10
9. Jesus. Trachtet am ersten nach dem Reich Gottes. Bibeltext.
   Abrufdatum, 15.07.2021 von https://bibeltext.com/
   matthew/6-33.htm

10. Holismus. Abrufdatum 06.01.2021, von https://
de.wikipedia.org/wiki/Holismus
Die holistische Betrachtung des Menschen. Abrufdatum
06.01.2021, von https://hbdm.ch/index.php/philosophie.
html

11. Ralph Waldo Emerson. Aphorismen.de. Abrufdatum
15.07.2021, von https://www.aphorismen.de/zitat/81089

12. Jesus. Bibeltext. Abrufdatum 15.07.2021, von https://
bibeltext.com/john/14-6.htm

13. Paulus. Bibelkommentare.de. Abrufdatum 15.07.2021,
von https://www.bibelkommentare.de/kommentare/
k-3780/1-timotheus-2-eine-vers-fuer-vers-auslegung/
vers-5

14. Arno Pötzsch. Unverloren. Abrufdatum 15.07.2021, von
https://st-marien-marienberg.de/du-kannst-nicht-tiefer-
fallen-als-nur-in-gottes-hand/

Die Autorin

Hermine Merkl wurde 1961 geboren. Nach
dem Abitur entschied sie sich für das Studium
Lehramt an Realschulen in Bayern. Im Anschluss
daran erfolgte das Referendariat in München und
Bayreuth. Nach zwei Jahren an einer Privatschule
übte sie ihren Beruf weitere 26 Jahre als Lehrerin
für die Fächer Deutsch und Haushalt & Ernährung
an Staatlichen Realschulen in Bayern aus. Vier
davon als Konrektorin, fünf als Schulleiterin. 2017
trat sie aus gesundheitlichen Gründen in den
Vorruhestand.

Aufgrund ihrer gesundheitlichen Situation
beschäftigte sie sich umfangreich mit der
Literatur aus den Fachbereichen der Psychologie,
Epignetik, Psychoneuroimmunoendokrinologie,
Naturheilkunde, Ernährung und Spiritualität,
um ihre Selbstheilungskräfte zu aktivieren. Ihre
Beschäftigung mit Spiritualität sowie ihre sehr
innige und vertraute Beziehung mit Gott nehmen
in ihren Büchern eine tragende Rolle ein.

Hermine Merkl

Meine Seele will endlich fliegen

ISBN 978-3-99107-669-8
628 Seiten

Dass unsere Seele nicht grenzenlos belastbar ist, das wurde
Hermine Merkl erst so richtig bewusst, als ihr eine sehr um-
fangreiche Diagnose gestellt wurde. Trotz Krankheit, Sinn- und
Existenzkrise machte sie sich mit Gottes Hilfe auf den Weg, um
wieder zu gesunden.

Hermine Merkl

Die Kraft, die aus der Liebe wächst!

ISBN 978-3-99107-772-5
346 Seiten

Die Liebe ist die größte und mächtigste Kraft im Universum.
Eine Kraft, die aus sich selbst heraus zu erwachsen und zu
erblühen vermag. Erziehung, Beziehung und Leben gelingen,
wenn wir auf die Kraft dieser einzigartigen Liebe vertrauen,
die von Gott kommt.